JN439659

삶의 빛 사랑의 숨결

삶의 빛 사랑의 숨결

박귀덕 수필집

수필과비평사

■ 자서

내 마음의 문을 열면서

오래 전에 꽃대를 올리던 호접란이 봄을 알려왔습니다. 천천히, 아주 천천히 꽃대를 올리더니 꽃망울을 터트립니다. 그 꽃이 바로 봄소식을 전해 주는 전령사였습니다.

살다보니 가슴속 깊은 곳에서 수많은 말들이 파도처럼 밀려와 너울너울 춤을 추었습니다. 남존여비란 유교사상이 우리 사회를 지배할 때 여자로 살며 가슴앓이했던 일들, 꿈 많던 소녀시절의 꿈을 접고 속울음을 울었던 사연들, 이름만 들어도 포근해지며 입가에 미소가 피어나는 직장동료들과의 즐거웠던 일들, 딸 둘 아들 하나를 키우는 엄마로 살면서 행복했던 날들, 세상을 돌아다니며 느꼈던 깨달음들을 모두 다 좁은 가슴에 담아 두기가 버거웠습니다.

60여 년이란 오랜 세월을 사는 동안 더러는 하얀 포말로 분해되어 바닷물이 되기도 했고, 내 삶에서 지워버리고 싶은 일들은 꺼내지도 못했습니다. 좁은 마음으로 갈무리하기가 버거웠던 힘든 말들을 깊은 물속에 가라앉히기도 했습니다. 그런 내 삶의 이야기를 수필로 풀어 보려고 2002년부터 수필공부를 시작하여 그동안 쓴 글들을 한 권의 책으로 묶었습니다.

그러나 이 책을 세상에 내놓기가 두렵습니다. 가슴이 떨려 밤을 지새며 고민도 했습니다. 험한 꿈을 꾸면서 시달렸지만 언젠가는 꼭 한번 겪어야 될 일이기에 용기를 내보았습니다.

한 알의 씨앗이 땅에 떨어져 발아하고, 떡잎이 돋아나며, 줄기가 생기고, 잎이 무성해지며, 꽃이 피었다가 지고 열매를 맺기까지 매듭 매듭마다 아픔을 견뎌내듯이, 내 삶의 이야기도 첫 번째 매듭을 만들고자 두려움을 견디기로 했습니다.

꽃 중에는 모란이나 장미, 백합도 있지만 이름 모를 들꽃도 많다는 사실에서 용기를 얻었습니다. 아름다운 꽃만이 꽃이 아니며, 이름 없는 들꽃도 분명 꽃이라 불러준다는 사실에 용기를 얻었습니다.

글을 배울 수 있도록 도와주신 모든 분들과 글 소재를 풍부히 제공해 주고 격려해준 가족들, 오랜 기간 같이했던 글벗들, 책을 내도록 지원해준 C계장, 부족한 글을 책으로 엮도록 도와주신 수필과비평사 서정환 사장님과 유인실 편집장님, 그리고 글을 쓸 수 있도록 지도해 주신 김학 교수님께 진심으로 감사드립니다.

2009년 3월 햇살이 따사로운 봄날
위브어울림에서 **박귀덕**

■ 차례

| 자서 | 내 마음의 문을 열면서

1부 | 고향

아버지, 그 상쇠의 혼•14
맹씨행단과 어머니•18
새 식구•22
진달래집 식구들•28
남도민요의 흥•33
망해사•36
뜨개질•41
주례의 선물•44
카네이션•49

2부 | 머무르고 싶은 순간들

머무르고 싶은 순간들
- 만년설과 비취빛 호수들•54
- 퀸스타운의 봄•58
- 밀포드사운드•62
- 공교육이 살아 있는 나라•66
- 반딧불이가 사는 동굴•71
- 항이쇼와 아리랑•74
- 에덴동산에서•78
- 환상의 파티•81

3부 | 세계로

북경관광
86• - 여행자의 마음
91• - 하룻밤과 평생을 바꾼 사나이
95• - 부귀영화는 어디로 가고
100• - 권력이 남겨준 이름
유럽여행의 매혹에 취해서
102• - 바디칸 시국
107• - 로마, 로마사람들
111• - 하이델베르크
116• - 프랑크푸르트
환상의 섬 하와이
121• - 알로하와 마할로
128• - 할레아칼라 산 분화구의 신비
134• - 환상의 섬 오하우

4부 | 그 섬에 가고 싶다

엄마 머리 올리기•144
쇼 쇼 쇼•148
제주도 여행 마지막날•153
홍도 이야기•157
아름다운 남해•161
초도 이야기•165
등대•169
섬마을의 전설•172

5부 | 선녀의 차생활

6월의 밤•176
설예원 마당에서•177
행복을 나누는 바구니•182
꽃달임•187
초록의 변신•193
선녀의 차생활•197
선녀의 차생활(2)•200
東, 同, 童心圓에서•202
뱀사골의 봄맞이•207

6부 | 회상

212• 회상
217• 청남대, 그 권력의 흔적
221• '최 여사'
224• 꿈속의 길
228• 현장체험
232• 무자식이 상팔자라고
237• 청단풍 낙엽이 되어
241• 순간의 여유

7부 | 그 곳에 두고 온 정

설악산 여행

- 미시령고갯길•246
- 단풍은 그래도 설악산•248
- 유턴 없는 고속도로•252

그 곳에 두고 온 정

- 꿈에 그리던 금강산•254
- 손수건의 인연•258

아래로 흐르는 어머니의 정•261

어머니가 무거운 짐을 내려놓을 때•267

어느 퇴직 공무원의 하루•272

| **작품해설** | 心 · 情 · 知로 잘 비벼진 비빔밥 같은 수필가, 박귀덕 | **김 학**•284

1부 | 고향

아버지, 그 상쇠의 혼

가을 날씨가 청명하다. 굿 한판 벌여 신나게 놀기에 아주 좋은 날씨다. 사선대四仙臺의 기암절벽과 맑은 물이 단풍과 어우러져 가을의 정취를 돋운다. 네 선녀가 목욕을 하며 놀았다는 전설이 깃든 명승지에 전국의 풍물놀이패들이 모여들었다.

풍물놀이패는 큰 기, 영기, 상쇠, 꽹과리, 장구, 북, 소고, 상모, 대포수, 양반, 각시, 할아범, 할멈으로 구성되어 있다. 모두가 화려한 복장에 울긋불긋 꽃송이로 장식된 고깔을 썼다. 빨강, 노랑, 남색 띠를 두르고 파란 잔디밭 위를 수놓는다. 장구 가락이 하늘을 날고, 북 한번 두드리며 땅을 구른다. 훨훨 나는 몸동작이 예쁜 꽃을 찾아다니는 호랑나비의 춤사위와 흡사하다. 바라보는 것만으로도 흥겹고 화려하다.

상쇠의 손장단에 따라 굿 가락을 연주하기도 하고 목청껏 창을 부르기도 한다. 풍류굿 가락에 덩실덩실 춤을 추고, 휘모리장단에는 가을하늘을 날아오른다. 꽃봉오리를 만드는가 하면 다시 활짝 피우기를 반복한다. 달팽이처럼 휘감아 도는 놀이꾼들의 얼굴엔 웃음꽃이 활짝 핀다. 폭포가 쏟아지듯 휘모리장단을 연주하다가 큰 강물이 흐르는 듯 굿 가락을 연주한다. 호허굿 가락을 연주할 때에는 잔잔한 호수가 되었다가 갠지갱 느린 가락에 시냇물이 흐르는 듯 이어지고…. 설장구 잔가락에 혼을 빼앗긴다.

덩~기 덩~기 덩~따 궁따.

더덩 덩~기 떵~따 궁따.

덩~따 궁, 궁~따 궁.

그 몸동작과 그 소리가 참으로 매혹적이다.

내 몸에는 대포수 장식을 했다. 빨강색 바탕에 색동 소매를 달아 만든 마고자를 입었다. 철로 만든 '대장군' 모자를 쓰고 손에는 장총을 들었다. 입술은 잘 익은 감처럼 빨갛게, 눈썹은 호랑이처럼 위로 치켜 올려 까맣게 그렸다. 귀밑에서부터 수염을 달아 얼굴을 가렸다. 분장을 마치고 거울을 보니 알 수 없는 사람이 나를 쳐다보고 있다. 망태기에 박제오리를 담아 등에 짊어졌다. 오늘 하루 내 삶은 대포수로 흥겹게 살아가리라. 풍장 소리에 잡색, 소고, 상모가 같이 어우러져 흥겨운 세상을 만들어 가리라.

우리 농악을 연주할 때, 꽹과리 소리 하나만으로 이렇게 아름다운 하모니를 이룰 수 있을까? 대포수 혼자서 춤을 춘다고 이렇게 아름다운 그림을 만들어 낼 수 있을까? 수십 명이 내는 소리가 하나되고, 춤을 추고 노는 놀이패가 그 소리와 하나되어 장관을 이루지 않던가. 그러면 즐거운 여흥이 살아난 구경꾼들의 마음도 함께 모아져 껑충거리며 환희의 춤을 추는 한 폭의 멋진 그림이 되지 않던가. 그 기쁨은 우리 가락을 좋아하는 이들의 마음에 진한 감동으로 남으리라….

내 아버지가 바로 그 소리와 신명에 취해 농악을 하셨던가 보다. 상쇠의 상기된 표정에서 옛날의 내 아버지 모습을 보았다.

아버지는 평소에 사랑방에서 북을 두드리며 시조를 읊으셨다. 정월 대보름날에는 풍물패가 되어 집집마다 돌며 풍장을 치셨다. 마을 기금을 모으기 위해서는 걸립굿도 하셨다. 모내기, 김매기가 끝나고 복더위가 오면 칠월칠석날을 받아 굿판을 벌였다. 멀리 경상도에서 머슴살이를 온 일꾼들도 이날만은 농사일을 놓고 막걸리를 마시며 동네 잔치에 참여했다. 모두 놀이마당에 모여 껑충거리며 어깨춤을 추었다. 마을사람 모두 하나가 되는 순간이었다.

기운 센 청년의 기춤도 일품이었다. 큰 기를 배 위에 올려놓고 묘기를 부렸다. 깃발을 들고 춤을 추는 기수도 멋스러웠다.

그때 청년들은 공동 작업으로 간이급수 시설 청소와 마을 안길을 정비하기도 했다. 그 해 농사일을 하면서 물꼬 싸움 등으로 서운했던 감정은 모두 풍장 소리에 날려 보냈다.

정읍아저씨 집에서는 막걸리 한 통을 내고, 김제아저씨 집에서는 돼지 한 마리를 희사했다. 집집마다 추렴하여 만든 음식을 나눠먹고, 바다처럼 넓은 마음으로 화해하며 이웃사촌이 되는 날이었다. 거나하게 취한 모습으로 풍장을 치며 마을의 단합을 어우르던 그런 풍물이 아직도 내 고향마을에 남아 있을까?

우리 가락 속에는 나를 녹여 상대와 어우러질 때 그 속에 조화로움이 있다는 것을 깨달았다. 풍물놀이패, 그 큰 강물의 흐름에 내 몸을 맡길 때 모든 시름이 사라지고 평안함과 기쁨을 얻었다는 것을 알았다. 이웃을 배려하는 마음, 화합하려는 마음, 같이 즐기려는 마음, 모두에게 기쁨을 나누어주려는 마음이 하나되어 평화롭고 살맛 나는 세상이 됨을 알았다.

서로가 자기의 맡은 배역에 충실하려고 최선을 다해 노력했고 춤과 소리의 조화로 흥을 일궈냈다. 풍물놀이패 개인의 기교보다 꽹과리, 장고, 징, 북의 화음과 유쾌한 가락이 관객들을 감동시켜 흥을 돋우었다. 덩실덩실 춤을 추며 즐거운 한마당이 되었다. 호남좌도 임실필봉농악 전국대회에서 내 아버지, 그 상쇠의 혼을 만났다.

≪수필과비평≫ 2004, 1/2월호. 등단작.

맹씨행단과 어머니

문학기행이 내게 주는 느낌은 학생 때 수학여행을 떠나는 느낌, 바로 그것이었다. 오랜만의 여행인데다 문학기행을 같이 떠나는 동료들에 대한 호기심과 첫 만남의 설렘도 있어서 마음이 들떴다. 간밤엔 이 생각 저 생각으로 잠을 설쳤다.

들뜬 내 마음을 모르는지 이른 아침부터 추적추적 비를 뿌리는 늦가을 날씨는 을씨년스러웠다. 쌀쌀한 바람에 노란 은행잎은 낙엽이 되어 길가에 나뒹굴고 있었다.

관광버스 앞 유리창에 '행촌수필문학기행'이라고 써 붙여 놓은 차에 올라 몇 시간을 달리는 동안에도 비는 계속 내렸다. 날씨가 좋아야 하는데, 은근히 걱정이 되었다.

다행히도 일행이 관광버스에서 내려 '맹씨행단'을 향해 가는 무렵부터는 서서히 비가 그치기 시작하더니 이내 하늘이 맑게 갰다.

맹씨행단은 고려말~조선초의 문신인 맹사성의 가족이 살던 고택이다. 최영 장군이 맹사성을 처음 보았을 때 그의 총명함과 늠름한 대장부 기상을 보고 손녀사위로 삼았는데 조선시대 청백리로 유명한 고불 맹사성에게 최영 장군이 물려준 기와집이다.

맹씨행단의 본채는 H형의 건물로, 정면 4칸, 측면 3칸의 팔작지붕 건물이었다. 중앙 2칸은 대청, 양쪽에 온돌방이 있고, 홑처마 맞배지붕으로 지어졌다. 우리나라 민가民家 중에서 가장 오래된 건물이라고 한다. 기둥 위에 공포의 짜임이나 대들보 위 대공의 형상 등은 고려말, 조선초의 목조건물 특징을 간직하고 있다.

그 집 옆 마당엔 아름드리 큰 은행나무 두 그루가 그대로 서 있다. 공자가 은행나무단에서 제자들을 가르쳤다 해서 그 은행나무를 '맹씨행단'이라 하고, 후학을 닦는 터전이 됐다고 한다. 거대한 은행나무를 두 사람이 안아 봤지만 서로의 손이 잡히지 않는 것으로 보면 족히 둘레가 6m는 넘으리라 짐작된다. 600년의 긴 세월만큼이나 몸살을 앓고 난 흔적이 많은 나무였다.

외암리 민속마을을 거쳐 온양민속박물관을 관람하다가 뜻밖에 2층 관람실에서 발이 멈췄다. 가슴에 와 닿는 어떤 분을 만났기 때문이다. 정갈한 모습으로 베틀에 앉아 사랑하는 가족을 위해 베를 짜는 모습이 우리 어머니를 닮았다. 불현듯 하늘나라에 계신 어머니가 보고 싶다. 가슴이 아려온다.

초점 잃은 시선으로 진열장을 응시했다. 정갈하게 쪽찐 모습으로 북통을 들고 베틀에 앉아서 베를 짜는 어머니. 핑그르르 눈시울이 뜨거워진다. 동트기 전에 자리에서 일어나 세수를 하고, 동백기름으로 머리를 매끄럽게 단장하신 후, 안방 윗목에 등잔불을 밝혀놓고,

단정하게 무릎 꿇고 앉아 기도를 드렸던 정갈하신 어머니의 생전 모습이 아련히 떠올랐다.

가족 모두의 이름을 하나하나 부르며 기도드리시던 어머니. 그 모습은 성모 마리아의 분신 같았다. 오빠, 언니들에 대한 기도 소리가 끝나면 막내인 나를 위해 "늦게 낳아 잘 돌보지도 못하는 저 어린것을 하나님이 잘 돌봐주시고, 그 딸에게 지혜와 총명을 주옵소서." 하며 눈물을 흘리면서 간절히 기도를 하셨다. 나는 엄마 뒤에서 숨을 죽이며 매일 그 기도 소리를 듣고 자랐다.

고향집은 꽤나 넓었다. 탱자나무 울타리 안에는 뽕나무 십여 그루가 빙 둘러 있었다. 땅이 비옥했던지 고목이 됐는데도 뽕잎은 푸짐했다. 그렇다고 전문적인 양잠농가는 아니었다. 농사를 지으면서 여가에 누에를 치셨다. 모내기가 끝날 때쯤이면 오디가 검붉게 익었다. 지나가는 이들이 뽕나무 위에 올라가 오디를 따먹으면 뽕잎이 상할까 봐 그걸 말렸지만 동네 아이들이 몰래 오디를 따먹다가 뽕잎을 상하게 하곤 했다. 누에는 뽕잎을 먹고 나서 다섯 번 잠을 자고, 허물을 벗으며 커간다. 그렇게 마지막 잠을 자고 허물을 벗고 나면 더욱 뽕잎을 많이 먹었다. 한창 밥(뽕잎) 먹을 때 나는 소리는 마치 소나기 오는 소리 같았다.

어머니는 누에의 빛깔을 보시고 약찬 누에만 골라 잘 다듬어진 지푸라기 위에 올려놓으셨다. 그러면 누에는 집터를 잡듯이 여기저기 돌아다니다가 집을 지었다. 고치가 만들어지면 끓는 물에 누에고치를 넣고 실을 뽑아내어 실꾸리를 만들었는데 실 뽑는 어머니 곁에 쪼그리고 앉아 있다가 번데기가 나오면 얼른 받아먹을 때의 그 맛은 지금도 잊을 수 없다.

넓은 마당에서는 날실에 풀을 먹여 베메기를 한 후 베틀에서 북질을 하고, 바디로 꼼꼼히 실을 엮어 비단을 만드셨다. 정성스레 짠 비단에 곱게 물을 들여 혹시라도 추울까봐 솜을 넣고 누빈 설빔을 만들어 주셨다. 그때마다 난 그 옆에서 잠들지 않으려고 눈을 비비며 앉아 있다가 어느새 새우잠이 들면, 안아다 잠자리에 눕혀주시던 다정했던 나의 어머니. 늘 따뜻한 가슴으로 품어 주시던 나의 어머니는 바로 그런 분이셨다.

어린 시절의 어머니에 대한 그리움이 파노라마처럼 펼쳐진다. 어머니가 비단을 만들고 계시는 듯, 환상 속에 오랫동안 발길이 떨어지질 않았다. 다음 주말에는 내가 자랐던 옛날의 그 집을 찾아가 다시 한 번 내 어머니를 만나 뵙고 싶다.

어머니에 대한 그리움을 한동안 떨치지 못하고, 그 주변을 서성이다가 현충사를 거쳐 천안삼거리에 도착했다. 박현수 선비와 능소 아가씨의 애절한 사연을 듣고 오늘의 문학기행 일정이 마무리됐다.

이번 문학기행은 평소 들르지 못했던 특별한 장소들을 방문하여 하나하나 살펴볼 수 있어 좋았다. 선배님들의 문화탐방 안내서와 후배들을 배려하는 마음이 있어 더욱 정겨웠다. 요근래에 제일 값지고 멋있는 여행을 다녀왔다.

≪행촌수필≫ 제3호, 2002.

새 식구

오늘 우리 집에 새 식구가 들어왔다. 작고 귀여운 새 식구를 맞이하기 위해 부산을 떨었다. 낯가리기를 심하게 해 서운하기도 했었는데 요즈음은 손을 주며 재롱도 잘 떤다. 깊게 쌍꺼풀진 눈에 소리 내어 활짝 웃는 모습이 영락없는 천사다. 세상에 어떤 아름다움이 어린아이의 웃음과 견줄 수 있을까? 만날 때마다 새로운 기쁨을 선물해 주는 세 번째 내 손자의 이름은 찬우다. 그 예쁜 찬우가 일주일 동안 엄마와 떨어져 지내야 한다는 것이 안쓰럽다.

32년 전, 우리 가정에 태어난 큰딸은 다른 아이들에 비해 부모들의 보살핌이 부족해도 건강하게 자라주었다. 학교생활에서도 부모에게 걱정끼치지 않고 무난히 대학까지 졸업해 생각할수록 한없이 대견하고 고마운 사랑하는 딸이다. 학교를 마치고 백수로 지내던 1년, 딸이 힘들어할 때도 난 딸을 믿었다, 훌륭한 사회인이 되리라고. 그러던 어느 날 총무처에서 실시하는 행정직 공무원 시험에 합격하여 우리 가정에 큰 기쁨을 안겨 주었다.

어느 날 딸이 결혼하고 싶다며 상진이라는 총각을 소개했다. 결혼 조건이 내 욕심에는 흡족하지 않아 처음엔 반대를 했다. 장남에다 혼자 살면서 4남매를 기르신 시어머니, 그리고 결혼을 앞둔 시동생들…. 시어머니가 아무리 훌륭한 분이라 해도 나로서는 쉽게 승낙할 수 없었다. 엄마의 마음을 헤아리지 못하는 딸 때문에 내 가슴은 무너져 내리는 것 같았다. 그러나 결국 딸의 행복을 엄마가 막을 권리가 없어 결혼을 승낙하고 말았다.

올해 결혼기념일 축하 선물을 고를 때 보니 어느새 딸은 현실과 타협하는 생활인으로 변해 있었다.

"엄마, 그런 것들은 실용적이지 못하니까 받은 걸로 할게."

그런 딸의 모습을 보면서 생활인으로 변모해 가는 딸이 한편으론 대견스러웠다.

딸아! 아무리 현실이 중요해도 가끔은 낭만적인 추억을 만들며 살아가기 바란다. 네가 결혼해서 정신없이 사는 동안 현우가 태어나고 둘째 찬우가 태어났지. 아이를 맡길 곳이 없어 쩔쩔매는 너를 보고 다른 친정 부모들은 손자를 돌보아 준다는데…. 내가 얼마나 가슴 아파했는지 아니? 내가 직장을 그만 두고 찬우를 돌봐줄까 하는 생각도 했었지. 다행히 찬우가 복이 있었던지 착한 아줌마를 만나 온 정성으로 돌봐주는 것이 고맙기만 했단다. 여성들의 인력개발과 사회참여를 위해서는 탁아문제가 국가적 차원에서 이루어져야 될 것이라는 생각도 그때부터 해보았단다. 그래야 인구가 줄어드는 것도 막을 수 있을 테니까. 네가 어렸을 때 엄마에게 얘기했던 말이 지금도 귓가에

맴도는구나. '내가 엄마를 필요로 할 때 엄마는 내 곁에 없었잖아? 학교가 끝나고 비 오는 날에는 친구들의 엄마가 우산을 가져와 친구들을 데리고 교문을 빠져나갈 때, 나는 창가에서 그 모습을 보면서 한없이 슬펐어!' 하며 눈시울을 적실 때 엄마의 가슴은 무너졌지. 엄마가 있어도 도움을 받지 못한 너였지만 곱게 자라 준 너를 생각하면 지금도 그저 고맙기만 하단다.

딸이 천안으로 교육을 받으러 가기 위해 밤에 찬우를 맡아 줄 사람을 구해야 한다는 말을 듣고 '내가 찬우를 돌봐주어야 편안한 마음으로 교육을 받을 수 있겠구나.' 하는 생각이 들었다. 두 아들을 두고 천안으로 교육을 떠나야 하는 딸의 마음을 나는 안다. 난 가정을 떠나 며칠씩 교육을 간다는 것은 생각조차 못했으니까. 딸의 걱정을 덜어 주기 위해서는 내 생활의 불편함 따위는 문제가 되지 않았다.

사위는 같은 직장인이어서 서로를 이해하고 배려해주는 마음이 넓다. 그래도 아이 양육은 사회 통념상 여자들의 몫이게 마련이다. 아직도 우리나라 여성들은 낮에 직장에서 일하고, 밤에는 밀린 가사에다 어린아이 양육까지 떠맡아야 하는 분위기이다. 그래서 내가 젊어서 겪었던 직장여성으로서의 어려움이 그대로 딸에게 답습될까봐 마음 졸이기가 다반사다.

하루는 딸의 행복한 목소리가 전화선을 통해 전파되었다.

"아침에 일어나면 오빠가 집안 청소며 정리 · 정돈을 하고, 현우의 하루 생활에 불편이 없도록 준비물을 챙겨 어린이집에 데려다주기 때문에, 나는 찬우만 아줌마에게 맡기고 출근하면 돼!"

저녁에도 아이들을 데려오면 저녁 식사를 준비하는 동안 사위가 세탁을 한다나? 요즈음 젊은이들은 현명해서 서로가 업무를 분담하여 슬기롭게 살아가는 듯했다. 맞벌이 부부의 가정생활이 지혜롭고 슬기롭게 느껴진다.

내 어릴 때 시골에서 생활하던 모습이 떠오른다. 며느릿감을 선볼 때는 몸이 튼튼해서 일을 잘할 수 있는지, 엉덩이가 커서 아이를 잘 낳을 수 있는지를 살폈다. 여자들이 시집을 오면 꼭두새벽에 일어나 밥을 짓고, 논에 가서 일을 하고, 늦은 밤 집에 돌아와 저녁밥을 지어야 했다. 남자들은 아침에 일어나 밥을 먹고 논에 가서 일을 한 후 집에 돌아와 깨끗이 씻고 저녁밥상을 받는다. 그 후로도 여자들은 설거지며 어린아이를 씻기고 방안청소를 한 뒤에야 잠을 잘 수가 있었다. 여자들의 일이 남자들에 비해 훨씬 많았다. 그 힘든 삶을 묵묵히 견디며 살 수 있었던 것은 모성애와 인내심이었으리라.

어느 가정이든 남자가 있고 여자가 있다. 아들을 낳아야 가문을 잇는다 하여 '귀남이'가 생겨났고, 딸을 많이 낳아 '딸고만이'가 생겨났다. 딸로 태어나면 할머니들의 차별 대우에 어린 마음이 멍들었다.

내 경우도 딸을 둘 낳은 후 7년 만에 우연히 임신임을 알았을 때, 기를 자신이 없어 가족들과 상의를 했다. 신랑과 시어머니께서 강력히 출산을 원했다. 아들을 낳자, 시어머님께서 하마터면 큰일날 뻔했다면서 여간 기뻐하지 않으셨다. 아들만 선호하여 딸이라 진단받으면 지워버리는 비정함이 사회의 병리현상으로 나타나던 때였다.

그 후 성비의 불균형이 노총각을 만들고, 농촌 총각들이 장가를 갈 수 없어 외국에서 처녀를 모셔오게 되었다.

딸 둘과 아들 하나를 기를 때 친정어머니는 손자를 유난히 편애하셨다. 맛 좋은 음식은 두었다가 외손자에게만 주셨다. 딸들은 그게 서러워 퇴근하는 내 치마꼬리에 매달리며 눈물을 글썽였다. 셋이서 어울려 놀다가 남자동생을 때리기라도 하는 날에는 '쓰잘데기없는 가시내가 보기도 아까운 손자를 때렸다.'며 야단을 치셨다.

그런 딸들에게 나는 남녀 차별을 두지 않으려고 노력했다. 학교 교육도 똑같이 기회를 주려고 했던 것은 내가 겪은 일이기에 더욱 그랬다.

41세에 막내딸을 낳으신 어머니는 여자가 글을 알면 시집가서 쫓겨난다고 하셨다. 여자는 글을 많이 알 필요가 없다고 하셨다. 아버지는 가끔 나를 안아주시면서 "네가 남자로 태어났으면 얼마나 좋으냐? 네 총명함을 써먹을 수 있을 텐데!" 하시며 알 수 없는 말씀만 하셨다. 나는 영문도 모르고 남자가 아님을 서운하게 생각하면서 자랐다.

새 식구를 맞이하러 큰딸 집을 방문했을 때의 일이다. '띵 ~똥' 소리와 함께 "아빠?" 하며 뛰어나오는 힘찬 현우의 목소리가 들렸다.

"현우야, 할머니야. 현우 잘 있었어?"

"할머니, 잘 오세요?"

하고 안으로 들어갔다. 이제 말을 배우는 현우는 단어를 연결하여 사용하는 데 미숙하다. 그래도 낱말을 연결하여 사용해 보려고 "잘~ 오세요." 하는 것이 기특하고 예쁘다. 아빠가 아니어서 서운했는지 놀이방으로 들어갔다. 아빠를 기다리는 현우에게 실망을 준 것 같아 미안했다.

찬우의 짐 챙기는 일을 도왔다. 일주일 동안 비워둘 집을 깨끗이 정리정돈하고 있는 딸에게 "내가 할게."

하며 같이 일하는 사위의 모습을 보니 흐뭇했다.

젖병을 씻어 소독하고, 세탁물을 정리하여 세탁하고, 베란다와 화장실 청소를 했다. 가사노동을 분업하고 있는 것 같았다. 현우도 아빠를 따라서 청소를 하느라 부산하다. 귀찮아도 놀이로 생각하게 하며 같이 논다. 모든 일을 마치고 찬우의 낯가리기를 없애기 위해 찬우 가족 모두가 새 식구로 우리 집에 왔다.

즐겁고 행복한 딸의 가정생활을 보면 흐뭇하다. 가족 모두가 만족한 삶을 살아가도록 서로 인격을 존중하고 있다. 진정한 행복은 서로를 사랑하는 마음에서 피어나는 꽃이다. 서로가 상대를 사랑하고 배려해주면 삶이 훨씬 윤택해지고 진정한 양성평등의 삶이 될 것이다. 새 식구 찬우의 웃음소리가 조용하던 집안에 가득하다. 행복감이 내 마음속에서 샘처럼 솟는다.

'2003년 전주시 양성평등 수기 공모' 우수상 수상작, ≪행촌수필≫ 제5호, 2003.

진달래집 식구들

매월 둘째 주 토요일은 자원 봉사하는 날이다. 전주에서 금산사 쪽으로 한참 올라가다 보면 전주시 완산구 용복동 독배마을 길 왼쪽에 '진달래집'이라 쓰인 작은 표지판이 서 있다.

옆으로 난 골목길을 따라 올라가면 20여 명의 할머니, 할아버지들이 살고 있는 숙소가 나온다. 오늘은 비가 온 뒤라서 고구마밭 이랑을 만들어야 한다며 우리를 반겼다. '진달래집' 식구들과 자매결연을 한 우리는 고구마밭으로 갔다.

여자숙소에서 300m 정도 떨어진 곳에 남자들의 숙소가 있다. 빨간 벽돌집 뒤로는 야산이 있는데 오래 전부터 이곳을 일궈 콩이나 야채를 심었다. 식량을 자급자족할 수는 없지만 23명이나 되는 대가족의 먹을거리를 만들 수 있는 유일한 방법이다. 인가를 받지 않은 시설이라서 정부의 보조금을 한 푼도 받지 못하는 사회복지시설이다. 이곳에 사는 할머니, 할아버지는 일을 못하신다. 아니 할 수가 없다. 그래서 원장 수녀는 이 집의 가장으로서 농사꾼이 되셨나 보다.

사회복지사업 단체인 '예수의수화수녀회'에서 일하던 수녀님이 이곳에 처음 오신 것은 35년 전 일이다. 29년째 원장으로 계시면서 어려운 이웃과 더불어 사랑을 실천하고 있는 원장 수녀님의 얼굴에는 언제나 잔잔한 미소가 머문다. 인자한 모습이 참 좋다. 순박한 모습이지만 다부진 면도 있고, 그런가 하면 성스러운 기품이 몸에 배어 있다. 괭이를 들었어도 인자한 성직자의 인상이다. 요셉에게 농사일을 자상하게 가르치는 가장이기도 하다.

땀을 뻘뻘 흘리며 삽질을 하고 괭이로 이랑을 만들었다. 호미로 잡초를 제거하며 돌을 골랐다. 농부들이 땀 흘려 농사를 지었기에 우리가 편히 밥을 먹을 수 있다는 상식이 새삼 나를 부끄럽게 했다. 풀을 고르는 작업이 너무 힘들어 수녀님에게 넌지시 말을 건넸다.

"수녀님, 제초제를 쓰시지 그러세요?"

수녀님은 해맑은 얼굴로 눈을 지그시 감았다가 뜨면서 의외의 답변을 하신다.

"먹을거리만이라도 농약을 사용하지 말아야지요. 힘들게 일하지 않으면 먹을 수 없다는 것을 우리 가족들에게 가르쳐 주기도 하고요. 성경말씀에 일하지 않으면 먹지도 말라고 하셨지 않아요? 요셉, 그렇지?"

지금까지 나는 힘든 일을 피하고 편안하게만 살려고 하지는 않았는지, 토양오염이나 수질오염은 생각하지 않고 내 생활의 편리함만 좇아 살아오지는 않았는지 스스로를 돌아볼 수 있었다.

지난해 팔월 어느 날, 뜨거운 태양 아래서 콩밭의 잡초를 제거한 일이 있었다. 비닐을 덮어놓지 않아 우북이 자란 잡초는 호미질을 못하는 우리를 콩밭에 주저앉혀 놓았다. 땡볕에 말라버린 땅은 호미가 닿으면 푸석푸석 먼지가 일고 풀은 뽑히지 않아 애를 먹었다. 잡초가 적게 있는 밭두렁을 찾아 앉았더라면 좀 수월했을까 하는 생각을 해보기도 했었다. 촘촘히 자라난 풀들을 호미로 모두 뽑아냈다. 땅이 굳어 호미질이 잘 안 되었다. 쟁기질을 하지 않고 노타리만 쳐서 농사를 짓다보면 땅이 다져진다고 했다. H타이어 복지재단에서 트랙터를 구입해 주었는데, 가격이 너무 비싸 트랙터 몸체와 노타리 치는 기계만 구입해 주었단다. 해마다 쟁기로 땅을 깊이 갈아주어야 흙이 부드러워지는데 쟁기가 없어 땅이 다져진 상태다. 그래서 올해는 삽으로 깊이 파줘야 했다. 삽질하기가 몹시 힘들었다.

지난겨울에는 목욕봉사를 했다. 그 날은 눈이 많이 내렸다. 20여 명을 씻기기 위해서는 물을 아끼라고 했다. 정신박약아인 아줌마가 먼저 들어왔다. 춥다고 몸을 웅크렸다. 옷을 입게 하고 방안에서 잠시 기다리게 한 후, 더운물을 받아 공기를 따뜻하게 하고서 차례로 목욕탕에 들어오게 했다. 때를 밀고, 머리를 감기고 깨끗이 씻겼다. 할머니도 아줌마도 몸을 내맡겼다. 목욕을 하면 기분이 좋다고 했다. 몸은 어른이지만 그들의 사고와 행동은 모두 천진한 어린이와 같았다. 그들은 누구를 미워하거나 시기하지 않았다. 그들 나름대로 순서도 지켜가면서 목욕을 즐겼다. 중복장애인이라고 안쓰럽게 생각하는 우리들의 생각이 잘못된 것 같았다. 천사처럼 행복한 미소를 짓고 있었다. 이는 어디에서 오는 평화일까?

진달래집 식구들은 사연도 다양했다. 87세 된 김월해 할머니는 백

내장을 치료하지 못해서 앞을 못 본다. 활동이 어려워 다른 사람들의 도움을 받으며 살고 있다. 할머니는 어렸을 때부터 몸이 불편해서 친정 부모들이 재산을 얹어 출가를 시켰다. 출가 후 아이를 낳지 못하자 할아버지께서 작은마누라를 얻었다. 거기서 낳은 호적상 자식은 4명이나 되지만 자식들은 낳아준 엄마가 아니어서 부양을 포기했다. 돌보아 주는 이가 없어 N교회에서 머물다가 이곳에 오게 되었다고 한다. 호적상 자식이 있기 때문에 정부에서 돌보아 주는 생활보호대상자로도 선정될 수도 없게 된 할머니는 오갈 데 없게 되자 이곳 방 아랫목에 누워서 하나님 나라에 갈 날만을 기다리신다.

할아버지 한 분은 지능이 모자란다. 뇌성마비, 간질 등 중복장애인이라서 결혼도 못해 보고 늙었단다. 그래도 영혼만은 때 묻지 않아 순수하다. 이들의 식사를 준비하는 41세 아줌마가 있다. 20대 초반에 동상에 걸렸는데 치료를 못해 발목을 절단해야 했단다. 그런데도 23명의 밥 엄마가 되었다. 손재주가 있어 음식을 맛있게 잘 만드는데 타고난 재주를 발휘할 기회를 빼앗긴 채 우울한 삶을 살고 있다. 그래도 자기 처지보다 더 어려운 사람들에게 봉사하면서 살아간다.

여기 모인 20여 명 모두가 중복장애인들이다. 혼자서 살아갈 수 없기 때문에 남의 도움을 받아야 한다. 부모님이 살아 계실 때에는 생활을 돌보아 주셨지만 부모님이 안 계신 지금은 동기간마저 이들을 외면해 이곳에 모여 살게 된 것이다. 이렇게 생활하다가 생을 마치게 되면 그 주위의 야산에 묻힌다. 한 많았던 삶을 접고 편안히 돌아갈 수 있도록 정성으로 돌보아 주는 곳이 바로 이곳 진달래집이다.

원장수녀님은 일꾼도 아닌 우리를 환한 미소로 반갑게 맞아주셨다.

나도 남을 도울 수 있다는 깨달음을 얻고 한없는 기쁨을 맛보았다.

신께서 주신 모든 것들이 새삼스럽게 감동으로 다가왔다. 이제부터는 '내게 주신 모든 것을 감사해야지! 범사에 감사해야지!' 흘린 땀에 비해 값진 선물을 한아름 안고 돌아왔다. 파란 하늘에 하얀 뭉게구름을 타고 날아가는 기분이었다. 분명 수녀님은 심리치료사였다.

'2003. 사회복지공동모금회 창립5주년 기념 함께해요 이웃 사랑' 우수상작,

≪한국수필≫ 2009. 4.

남도민요의 흥

핸드폰에 찍힌 부재중 전화를 보니 찬우네 유치원이다. 웬일일까 싶어 딸에게 유치원에 무슨 일이 있느냐고 물어보니 모른다고 한다.

원장에게 전화를 했다.

"안녕하세요? 찬우 할머니예요. 부재중 전화가 와서…."

"예, 안녕하세요? 유치원 원장이에요. 부탁드릴 말씀이 있어서요. 12월 24일 겨울 방학하는 날 산타행사를 하는데 아이들에게 종전의 행사를 반복하느니 다른 방향으로 한번 시도해 보려고요. 어려서 여러 가지를 접해 볼 수 있는 기회를 주고 싶은 생각이 나네요. 그래서 말씀인데요, 아이들에게 민요를 좀 가르쳐 주실 수 없으세요?"

"알았어요. 저 혼자는 어렵구요. 같이 참여할 동료를 알아보고 전화를 드리겠습니다."

12월 24일이 다가오는데 걱정이 생겼다. 캐럴을 열창하던 아이들이 과연 우리의 민요를 즐겨 들을 수 있을까? 옛 어른들 말에 고기도 먹어본 사람이 더 잘 먹는다고 했고, 아기도 처음에 우유병을 먼저 물려주면 후에 엄마 젖을 빨지 않고 혀로 자꾸 밀어내는 법이다. 서양 음악에 길들여진 아이들이 흥겹게 캐럴을 부르다가 익숙하지 않은 우리 음악을 재미없어 하면 어쩌나 걱정을 많이 했는데 그것은 기우였다.

같이 동행했던 김 선배가 나긋나긋한 목소리로 남도민요에 대한 설명과 함께 추임새를 알려주고, 우리나라의 옷과 쪽머리에 대한 설명을 하면서 아이들을 우리 민요로 끌어들였다.

민요에 흠뻑 취한 아이들의 눈망울이 초롱초롱 보석처럼 빛났다. 처음 듣는 낯선 노래일 텐데도 흥미진진하게 감상을 했다. 손뼉으로 박자도 맞추고 선생님과 어울려 추임새도 넣으면서 즐겼다.

김 선배는 고운 우리 춤솜씨도 보여주었다. 부채를 펴며 날렵하게 돌아 살짝 앉아 생긋 웃는 모습이 아름다웠다. 치맛자락을 살짝 걷어 올려 버선코를 보이고 깨금발로 종종걸음을 치는 춤 동작이 흥겨웠다. 갑자기 이뤄진 한춤, 화려한 춤 의상은 아니어도 허튼춤을 아이들에게 알릴 수 있어 좋았다. 여기 오길 참 잘했다는 생각이 들었다.

나는 어려서부터 아버지가 시조창을 하는 모습을 보면서 자랐다. 그 영향인지 늙은 할머니가 되어서도 우리 소리를 찾아 민요를 공부하고 있다. 어려서의 경험이 일생 동안 잠재의식 속에 남아 우리 소리를 사랑하는 사람으로 만들었는가 보다. 그때 기억 때문인지 우리 소리를 들으면 가슴이 촉촉하게 젖어온다. 그것이 우리 민족의 혼이라면, 오늘 남도민요와 만난 200여 명의 어린이들에게는 훗날 어떤 감성이 싹틀까? 어려서부터 우리 정서에 맞는 우리 노래를 배울 수 있는 환경이 만들어지길 바란다면 욕심일까?

오늘 아이들에게 〈금강산〉, 〈각시풀〉, 〈진도아리랑〉 등을 불러주고 내가 얻어가는 마음의 기쁨은 그보다 훨씬 더 컸다. 자원봉사 때 맛볼 수 있는 그 기쁨처럼 가슴이 충만했다.

의외로 아이들은 우리 것에 대해 많은 것을 알고 싶어 했다. 신발은 무엇을 신고 양말은 어떤 것을 신었을까, 궁금해 했다. 그럴 때마다 꽃신도 보여주고 양말 대신 버선도 보여주었다. 눈물고름 위에 매달아 놓은 예쁜 노리개도 설명해 주었다. 몸 컨디션이 안 좋아 걱정하던 김 선배도 아이들 모두가 좋아하고, 관심 있는 초롱초롱한 눈망울을 보니 흐뭇하며 몸이 가벼워졌다고 웃는다. 남도민요의 흥은 아픈 몸도 치유할 수 있는 모양이었다.

현, 우리나라의 음악교육에서는 우리 음악을 많이 가르칠 수 없는 상황이지만 우리 민족의 정서가 서로에게 흐르는 듯하여 가슴 뭉클한 경험이었다.

(2008. 12. 24)

망해사

- 추억의 회상 -

망해사. 그 곳은 언제나 가보고 싶은 곳이었다. 서해 바다와 맞닿은 절벽에 고즈넉이 서 있는 그 고찰古刹은 내 마음의 고향이었다.

늦은 봄날이면 절마당과 뒷동산에 아름드리 나무마다 왕벚꽃이 활짝 피었다. 바다를 향해 망부석처럼 서 있는 웅장한 절, 고목나무마다 장미꽃송이처럼 탐스런 벚꽃을 피웠다. 진분홍 빛깔의 예쁜 꽃봉오리가 활짝 필 때면 고즈넉한 절에 운치를 더해 주었다. 단청은 어찌 그리도 곱던지, 시오리를 걸어 봄소풍 나온 초등학생의 마음을 사로잡는 데 충분했다.

집 밖을 나가보지 못했던 어린 시절, 그 절을 바라보면서 궁궐도 저렇게 좋을까, 저 그림처럼 나도 그림을 잘 그려봤으면…, 그런 생각이 들었었다. 마음속 깊이 담아 놓은 그 아름다움이 오랜 세월 동안 꿈속을 헤매게 했는가 보다.

바다의 정령이 유혹하던 수많은 밤, 갯바람을 맞고 둑 위에 우뚝 서 있는 예배당 뒤로 난 길을 걸었다. 파도를 벗삼아 걷다가 산과 바다가 맞닿으면 산 아래 아슬아슬한 바위 위를 걸었다. 파도가 밀려와 바위에 부서져 하얀 포말을 이루고 흩어진다. 철썩 차르르~~, 철썩 차르르~~. 부서진 파도는 잔잔한 바닷물이 되어 말없이 서해 바다로 흐른다.

살아 있는 바다를 보며 둑 아래 갈대의 속삭임도 들을 수 있었다. 그 길을 걸을 때면 시흥이 절로 났다. 그 땐 해변의 시원한 바람소리를 들을 수 있었고, 파도의 합창을 감상할 수 있었다. 다정한 벗을 그리워하는 풀벌레들의 사랑 이야기도 들을 수 있었으며, 밀물에 밀려오는 고기들의 생동감 넘치는 춤도 볼 수 있었다. 갈대밭에서 놀다 온 바닷바람은 부드러운 감촉으로 귓불을 스치고, 5월의 훈풍에 실어온 아까시 꽃향기는 코끝에 머물다 갔다.

긴 머리를 바람에 휘날리며 강둑 위를 걷는 그 낭만이 그립다.

망해사를 휘돌아 상무지에 가면 어촌 마을이 있고, 확 트인 넓은 바다엔 어부들의 고깃배가 몇 척 떠 있다. 등대는 없어도 방파제에 서서 파도의 출렁임을 몸으로 느낄 수도 있다. 밀물이 싸~아~한 바람을 몰고 올 때 망둥어를 낚아 올리는 낚시꾼의 얼굴엔 희열이 넘친다. 구럭에 생합을 가득 담고 나오는 어부들의 해맑은 미소도 있다. 갓 잡아온 생합을 길바닥에 늘어놓고 호객하는 모습은 재래시장처럼 생동감이 넘쳐 좋다. 갈매기 몇 마리가 하늘을 날아 뱃전을 맴돌며 먹이 사냥을 하는 모습도 아직 남아 있다. 통통배가 고기를 잡으러 먼 바다로 나가는 풍경, 강산이 몇 번이나 변했을 세월인데도 바다는 아직도 변하지 않고 침묵한다. 객지로 떠나간 이들이 돌아오기를 기다리는 고향 바다가 좋다.

이곳엔 지난날의 내 삶과 추억이 숨어 있다. 꺼내 보이지 않은 마음 속 갈피에 깊이깊이 간직한 고향이었다. 어머니 가슴처럼 포근한 고향바다는 고단한 삶을 모두 잊게 해줄 것 같다. 마음이 울적하거나 외로울 땐 달려와 위로를 받고 싶은 곳이기도 하다. 삶이 풍요로워질 땐 목청껏 큰소리로 자랑하고 싶은 곳이며, 좋은 사람 만나면 곱게 간직했던 고향의 추억을 한보따리 풀어 놓고 술 한잔 나누고 싶은 곳이다.

어느 여름 밤, 삶의 환희를 노래하는 별들의 합창에 이끌려 은하수를 따라 망해사까지 왔다. 책을 읽고 그 내용을 이야기하며 시간 가는 줄 모르고 걸었다. 그 때는 화제의 중심에서 벗어나지 않기 위해서 아무 책이나 닥치는 대로 읽어야 했다. 그 날의 대화 내용이 정확히 기억되지는 않는다. 아마 버트란드 러셀의 '나는 왜 기독교인이 아닌가?'에 대한 토론이었던 것 같다. 망해사에 도착하니 새벽이었다. 그 때는 통행금지가 있었다. 간첩들이나 활동하는 시간에 바닷가에서 철없이 놀다가 경찰서로 끌려가면 망신이었다. 모두가 바짝 긴장하고 걸었다. 전투경찰이 지키고 있는 초소엔 빨간 불이 켜 있었다. 우리 모두 다 숨을 죽이며 포복으로 그 앞을 지났다. 인옥이는 지금 어떻게 변해 있을까? 무사히 집에 돌아올 수 있었던 그때 그 친구들이 보고 싶다.

한낮의 바다는 금빛 은빛의 햇살로 다가오지만 석양의 바다는 붉은 산호를 깔아 놓은 듯 화려하게 몸치장을 하고 찾아온다. 바다를 가슴에 품고 꿈속을 헤매던 고향집이 그립고, 고향 바다와 그곳에 활짝 핀 왕벚꽃이 보고 싶다.

이런 내 마음을 알아줄 것 같은 벗과 절 마당에 섰다. 바다는 변하지 않았는데 절이 변했다. 어린 시절엔 그렇게도 웅장하게 느껴졌던 절이 초라하고 작아 보인다. 소풍 나온 사람들로 북적이던 절이 한적하다. 고목나무였던 왕벚꽃 나무도 어린 나무로 바뀌어 예전의 운치를 찾아볼 수 없다.

"백제 의자왕 2년(642년) 부설거사가 이곳에 와 사찰을 지어 수도하였고, 당나라 승려 중도법사가 중창, 조선 인조 때 진묵대사가 1589년 낙서전(문화재자료 128호)을 지었으며, 1933년 김정희 화상이 보광전과 칠성각을 건축하고 중수했다."

안내표지판이 고찰임을 증명해 주고 있을 뿐이다.

대웅전 동쪽으로 승방이 있고, 종각은 예전 그대로 절 마당 가장자리 절벽에 있다. 절벽 주변엔 여러 가지 들꽃이 예쁘게 피어 있다. 노란 민들레꽃이 유난히 탐스럽다.

그 옆으로 듬성듬성 클로버가 있다. 클로버는 세 잎이 행복이고 네 잎은 행운이라고 하던가. 어찌 보면 행운보다 행복이 더 좋은 것인데도 클로버만 보면 네 잎을 찾게 된다. 난 아직 행운을 찾아야 할 일이 많이 남았나 보다. 눈에 들어온 네 잎 클로버를 꺾기 위해 주저앉았다. 한 잎을 꺾으며 아들의 시험합격을, 두 잎을 꺾으며 멀리 몽골에서 공사를 하고 있는 사위의 건강과 사업 성공을, 세 잎을 꺾으면서 큰사위의 승진을, 네 잎을 꺾으면서 가족 모두의 건강과 행복을 비는 간절한 마음을 내 책갈피에 펴 놓았다.

계란 두 판이 되어버린 이 나이에 봄은 왜 그리도 기다려지며 망해사의 왕벚꽃은 어찌 그리도 보고 싶은지, 해넘이 시간까지 시간을 끌며 방파제를 걸었다.

밀물 때 불어오는 봄바람이 온몸을 휘감아 돈다. 매일 찾아오고 싶은 곳에서 봄맞이를 하고, 바다 소리를 들으며, 수평선을 바라보니 마음이 풍요로워진다. 답답했던 가슴이 뻥 뚫린다. 모든 근심이 사라지고 머리가 맑아진다. 가슴이 후련하다. 꿈을 키울 때 또다시 찾아와 네 잎 클로버를 꺾으며 소원을 빌고, 갈대의 속삭임을 가슴 가득 안아 가야겠다.

수필과비평작가회의 동인지 제5집, 2007.

뜨개질

올여름은 유난히 무덥고 짜증나는 일이 많았다. 낮에는 직장에서, 밤에는 집안에서, 뭐 한 가지 즐거운 일 없이 따분하고 후텁지근한 하루하루가 흘러갔다.

이런 날 밤이면 실타래를 굴려가며 한 땀 한 땀 정성을 들여 뜨개질을 하는 게 상책이다. 어느 때는 꽃무늬의 화장지 커버도 만들고, 어느 때에는 다이아몬드 무늬의 침대 시트도 만든다. 마음을 가다듬기 위해 승용차 안의 의자 방석도 만들어 정갈하게 펴놓는다. 예쁜 모자를 만들어 딸과 손자에게 씌워주기도 하고, 꽃을 만들어 모자에 멋을 부려보기도 한다.

여름의 무덥고 짜증난 일들을 잊기 위해서 오늘 밤도 나는 실타래를 굴린다. 뜨개질을 하면서 시름을 잊는다.

서울로 유학을 보낸 막내아들이 휴학을 하겠단다. 날마다 정화수를 떠놓고 하늘에 빌었다. 하나밖에 없는 아들이 객지 생활에서 건강하게 잘 지내고, 열심히 노력하여 필요한 자격증을 받을 수 있도록 빌고 또 빌었다. 졸업을 앞두고 휴학하는 일이 과연 아들에게 잘된 일일까? 졸업 후에 자격증을 따라고 권해 볼까? 불안한 마음은 여전히 남는다. 딸들은 착하게 잘 자라 시집가서 잘 살고 있다. 막둥이인 아들도 누나들처럼 평생직장을 얻고, 평범한 가정을 이뤄 행복하게 살기를 바랐다. 그런데 부모가 세대차이 탓인지 제대로 충고를 해줄 수 없어 답답하다. 졸업 전에 자격증을 따야 취직하기가 유리하다고 한다. 어떤 것이 정령 그 애를 위한 길인지 판단할 겨를도 능력도 없다. 그냥 손에 실을 걸고 뜨개질이나 하며 답답한 심사를 달래고 있다.

직장에선 구조조정에 따라 직원들의 수가 많이 줄었다. 직원 수가 줄면 직원의 정예화는 필수적이다. 맡은 일을 혼자서 능히 감당할 수 있어야 한다. 능력 있는 전문직원이 아니고서는 옆자리 동료에게 피해를 준다. 일을 하다 보니 민원처리에 많은 애로를 느낀다. 직원과 민원인과의 매끄럽지 못한 일들은 민원民怨으로 확산되고, 이런 일이 자주 반복되어 마음이 산란해진다. 그 일을 감당할 수 있겠다 싶은 직원은 다른 곳으로 배치를 한다.

업무의 특성상 단순 업무와 전문성이 필요한 복잡다양한 민원처리 업무능력을 구분, 배치해야 할 것 같은데도 그게 그렇게 되지 않아 속앓이를 한다. 내 능력의 한계를 넘는 일이기 때문이다. 이렇게 양보하고, 저렇게 참아보고 하지만 속이 상한 것은 말로 표현하기 힘들다, 민원처리가 매끄럽고 친절한 직원과 같이 근무하고 싶은 마음은 나의 욕심일까? 내 마음대로 이루어지지 않는 모든 것들이 몹시 마음을 산란하게 만들어 손에 실을 잡는다. 뜨개질을 하고 있으면 원망과 미움과 욕심이 나도 모르게 사라진다.

쉰을 훨씬 넘긴 몸은 일기예보가 되어 궂은 날씨면 뼈 마디마디가 쑤셔오고, 집안의 잔일이라도 한 날에는 어깨, 허리, 무릎 등 아프지 않은 곳이 없다. 저녁에 잠자리에 들어도 쉬이 잠을 이루지 못하고 불편한 몸을 뒤척이며 상념想念에 잠기곤 한다. 낮에 직장에서 불편했던 감정처리며, 우격다짐으로 사납게 나오는 민원인을 대하고 난 후 집에 돌아와 속앓이를 하는 밤이면 더 몸살이 난다. 마음이 불편하면 몸도 따라 불편해지는가 보다.

이러저러한 잡념과, 원망, 미움, 절망이 뒤범벅되어 잠 못 드는 밤이면 뜨개질을 한다. 뜨개질을 하면 마음의 평안을 찾을 수 있어서 좋다. 남을 원망하던 마음도, 미워하던 마음도, 서운한 마음도 눈 녹듯 사라진다. 모든 시름과 함께 뜨개실을 엮으며 세월도 엮고, 미움도 엮고, 욕심도 엮고, 고통도 엮는다. 자동차 시트, 화장지 커버, 장갑이나 양말 등 닥치는 대로 엮는다.

작품이 완성되면 올올이 엮인 시간들을 음미하기도 한다. 한참을 뜨개질을 하다가 먼 허공을 응시하면 '네덕, 내탓'이라고 쓰인 원형접시가 눈에 보인다. 남을 원망하지 말라는 뜻일 게다. 불교에서 말하는 해탈의 경지는 어떻게 갈 수 있을까?

올여름 뜨개실을 만나지 않았다면 그 무더위와 짜증을 어떻게 견딜 수 있었을까? 마음을 비우는데 뜨개질만 한 일이 없으려니 싶다. 하얀 올이 사람의 손을 만나 한땀 한땀 정성으로 형상을 이뤄내는 뜨개질. 그렇게 만들어진 작품들은 많은 사람들로부터 사랑을 받는다. 온갖 시름을 잊기 위하여 뜨개질을 하고 내 손으로 만든 작품들을 정든 이웃에게 선물로 나눠주기도 했다. (2002. 10. 29)

주례의 선물

어제부터 내내 분주했다. 조카의 결혼식에 꽃단장을 하고 가고 싶어서 금요일 오후 연가를 내 파마를 했다. 내가 입던 옷 중에서 가장 좋은 옷을 고르느라 하나하나 점검하며 생각했다. 결혼식장이 멀어서 한복은 입지 않기로 하고, 구두는 치마 길이와 색상의 조화를 위해 앵글부츠를 신기로 했다. 스타킹은 퉁퉁 부은 것처럼 살이 찐 종아리를 감추기 위해 진한 커피색을 택했다. 아침 일찍 일어나 몸단장을 곱게 하고 올케언니들을 미장원으로 불러냈다. 셋째 올케언니가 늑장을 부려 전화독촉을 하며 이른 아침부터 수선을 떨었다.

내가 결혼식에 참석하려고 열심히 준비를 한 것은 세 살 터울인 바로 위 언니의 큰아들이 장가가는 날이기 때문이다.

언니와 나는 농촌에서 함께 자랐다. 기쁨과 슬픔도 같이 나누고, 힘든 일도 같이 거들며 살았다. 우리 형제는 칠 남매였다. 그 중 현재 생존한 형제는 막내오빠와 둘째 언니 그리고 나뿐이다. 그 언니의 큰아들이 평생을 같이 살 여자친구를 만나 결혼을 한다. 더욱이 내 마음을 사로잡는 것은 조카 Y가 어머니의 소원을 들어주었기 때문이다.

어머니께서는 살아 계실 때 Y를 하나님의 종으로 삼아 하나님의 영광을 드러내는 삶을 살게 하소서, 하고 항상 기도하셨다. 그 기도가 이루어진 것이다.

그는 어려서부터 교회에서 신앙생활을 하며 자랐다. 유아세례를 받고, 일요일이면 주일학교에서 성경말씀을 들으며 자랐다. 집에서는 외할머니와 어머니의 기도가 있었고, 청년이 되어서는 신학을 공부하여 Y교회에서 전도사로 일하기도 했었다. 오늘은 교역자로서 그 어려운 길을 함께 가야 할 배필을 맞아들이는 날이다.

전주에서 서둘러 출발했지만 평택에 도착한 것은 결혼 시작 2시간 전, 언니네 집에서 차 한 잔 마시고 결혼식장인 S교회로 갔다. 처녀시절, 이 교회의 유치원 보조교사로 있을 때에는 건물이 낡고 초라했었는데, 새로 지은 교회의 모습은 웅장했다.

언니와 형부에게 축하인사를 건네고 조카의 손을 잡았다. 생긴 모습도 영화배우 못지않게 잘생겼다.

"의젓한 네 모습을 보니 정말 장하구나. 외할머니의 기도로 사도使徒가 된 디모데처럼, 외할머니의 기도를 완성시켜 하나님의 종이 되다니…. 교역자의 길이 험하고 그 삶이 어려운 줄 알면서 지혜로운 교역자가 되기 위해 열심히 기도하며 노력하는 네 모습이 정말 자랑스럽다. 이제 네 삶의 동반자를 만난 것을 축하한다."
라고 말했다. 조카는 좋아서 싱글벙글한다. 마음에서 우러나오는 축하의 말을 한 후 식장 맨 앞줄에 앉아 신랑·신부의 성장과정을 보여주는 대형 스크린에 눈을 고정시켰다. 하늘나라에 계시는 어머니께서 이 광경을 내려다보신다면 뭐라고 말씀하셨을까? 자꾸만 어머니가 보고 싶어졌다.

결혼식이 시작되었다. 양가 어머님들이 나와 화촉을 밝히고, 신랑 입장 후 신부가 아버지의 손을 잡고 입장하는 것은 여느 결혼식과 다를 바 없었다. 지혜롭게 좋은 가정을 가꾸어 가도록 많은 말들을 해주는 주례사도 여느 결혼식과 다르지 않았다. 다만 교회에서 하는 결혼식이라서 다른 예식장에서처럼 시장같이 붐비지 않아 좋았다. 결혼식장이 엄숙하리라는 생각은 잠시뿐, 주례목사님은 가끔 위트 있는 말로 하례객들에게 웃음을 선사하기도 했다.

주례사가 끝난 후 신랑·신부 결혼서약이 있었다. 그 독특함은 다른 결혼식에 비해 확실히 돋보였다. 신랑이 작성한 신부에 대한 사랑 고백과 평생 변치 않겠다는 서약문을 낭독했다. 이어서 신부 또한 어진 아내로 평생을 존경하고 어떠한 어려움도 잘 견디며 교역자의 아내로 살겠노라고 자기의 마음을 고백한 후 서약했다. 이어 주례가 엄숙한 목소리로 하나님이 맺어 놓은 이들 부부는 어떠한 힘으로도 갈라놓을 수 없는 부부라고 성혼공포를 했다. 결혼식을 치르는 시간들이 여유가 있어 좋았고, 축가 등 축하의 메시지를 모두 전달할 수 있어 좋았다.

주례목사님이 오늘 이룬 신랑·신부의 가정에 세상에서 제일 값진 선물을 주시겠다고 했다. 그 선물이 어떤 것일까 궁금했다. 어떤 사람이든지 주례를 설 때마다 꼭 주는 선물이라고 해서, 가죽으로 만들어진 성경과 찬송가를 주시겠지, 지레짐작을 했다. 그러나 주례목사님이 손에 들고 있는 선물은 예상 밖이었다. 그것은 예쁘게 포장된 양초였다. 신혼부부 방을 장식하기에 부족함이 없어 보였다. 양초의 쓰임새에 대하여 설명하기 시작했다.

"양초는 자기 몸을 태워 어둠을 밝히는 희생 · 봉사정신으로 오랫동안 인식되어 왔습니다. 하지만 요즈음에는 그 쓰임새가 자기의 생각을 상대방에게 표현하는 방법으로 변화되어 가고 있으며, 마음을 전달하는 수단으로 많이 쓰이고 있습니다."

라고 말씀하시면서 서울 거리의 촛불행사 내용을 설명하셨다. 여러 사람들이 마음을 모으면 보이지 않는 힘이 생긴다면서 가정에서도 평화를 위해 두 사람 마음이 하나가 되는데 이 초를 이용하기 바란다고 말씀하셨다.

세상에 태어나서 서로 자라난 환경이 다르고, 성장 과정이 다른 남녀가 만나 결혼하여 하나의 가정을 이룰 때, 나를 내세우지 말고 상대방을 이해하려는 마음을 가지고 살아가라고 한다. 그렇다. 서로를 이해하려는 마음이 없이 의견일치는 어렵다. 상대방의 의견을 인정해주면서 내 의견도 인정받기를 원해야 한다. 내 의견만 주장하게 되면 서로의 의견이 대립될 수도 있다.

주례목사님은 이걸 염려하여 양초를 선물한 것이다. 상대의 마음을 다치지 않도록 대화로 문제를 해결할 수 있는 길을 열어준 것이다. 촛불이 켜지면 상대방의 마음을 달래주기 위해 노력하라는 당부와 함께 신랑 · 신부에게 양초를 건네준다.

현대인들의 모든 생활에 애프터서비스가 필요하듯이 결혼생활에서도 애프터서비스가 필요하다며 그것이 필요할 때 주례목사님을 찾으라고 했다. 결혼한 지 얼마 되지 않은 어느 신혼가정을 방문했을 때 양초가 많이 닳았더라고 말씀하시면서 애프터서비스 신청을 받아 새로운 양초를 선물했다고 한다.

주례목사님의 양초를 선물로 받아 사용하면서 다툼 없는 삶을 살 수 있다면 얼마나 다행한 일이랴. 재미있는 동화를 이야기하듯 설명하시는 주례목사님 말씀에 모든 하객들이 고개를 끄덕였다.

주례의 선물이 목회자로 살아가야 할 조카의 가정에 평안을 가져다 줄 밝은 촛불이 되기를 빌고 또 빌었다.

(2003. 1. 2)

카네이션

봄 햇살이 창가에 스며드는 오후. 빛 바랜 사진첩을 뒤적이다가 시선을 붙잡는 사진 한 장을 손에 들었다. 창밖을 내다보니 산수유 나뭇가지가 노랗다. 벌써 봄이 왔나 보다.

1960년대, 해마다 5월이면 김제시 진봉면 K교회에서는 카네이션꽃을 접는 손이 분주했다. 잔손이 많이 가는 작업이고, 많은 시간이 필요했지만 부모님을 생각하는 마음을 담아 정성으로 꽃을 만들었다. 여러 명이 한 방에 모여, 한쪽에서는 종이를 접고 다른 한쪽에서는 종이를 펴면서 서로 손을 맞춰 즐겁게 작업을 했다. 빨갛고 하얀 꽃에 파란색의 이파리를 달아주면 생화 못지않은 아름다운 꽃이 되었다. 그 때는 생화도 흔치 않았지만 돈도 귀해서 정성들여 만든 카네이션은 어느 꽃 못지않게 귀한 대접을 받았다.

설교 시간에 L목사님이 가슴에 카네이션을 달게 된 유래를 말씀하셨다.

"미국에 안나라는 한 소녀가 살았다. 그 소녀는 돌아가신 어머니에 대한 그리움이 깊었다. 추도식에 참석하신 친지들에게 감사한 마음을 표현하려고 왼쪽 가슴에 카네이션을 달아드렸다. 그 뒤 매년 5월 두 번째 일요일을 어머니의 날로 정하고 카네이션을 달고 그 날을 기념하게 되었다."

그 유래를 들은 후로 우리는 더욱 정성을 다하여 어머님이 살아계시면 빨강꽃을, 돌아가신 분은 하얀 꽃을 가슴에 달아드렸다.

자식들 뒷바라지에 거칠어지셨을 부모님은 까칠한 손으로 내 손을 덥석 잡고, 주름진 얼굴에 함박웃음꽃을 피워 천국을 보여주셨다.

한 송이의 꽃이 정이 되어 진한 감동으로 전이되면 400여 개의 꽃을 접느라 잠이 좀 부족했던 육신의 피로쯤은 씻은 듯이 사라졌다. 남을 즐겁게 해 준 것이 결국은 내 마음을 즐겁게 한 셈이다. 그 때는 부모님의 가슴에 꽃만 달아드려도 효도를 다한 것처럼 흐뭇했었다.

카네이션을 가슴에 달고 골목길에서 두 분이 나란히 서서 찍은 사진 속으로 빨려든다. 젊어서 한 고생은 사서라도 한다지만, 다 늙어 자식들로부터 얻은 마음고생이 얼마나 크셨을까? 7남매의 탯줄을 묻은 너른 고향집을 등지고, 큰아들 따라 전주 경원동 철길 옆 허름한 집으로 오실 때의 서글픔은 얼마나 깊으셨을까? 발걸음은 얼마나 무거우셨을까? 세간을 들여놓을 공간조차 없는 좁은 방에 갇혀 외롭게 사시다 가신 부모님이 생각나 눈시울이 붉어진다.

늘그막에는 고향에서 친구들과 정을 나누며 흥겹게 사셨어야 했는데, 자식들이 아버지의 고향을 앗아갔던 것이다.

아버지는 젊었을 땐 퍽 낙천적이셨다. 모든 일에 긍정적이고 부지런하셨다. 논이 많을 땐 11배미까지 일궈 놓으셨다. 그 좋은 논들을 자식들에게 다 나누어주시고, 나이 들어 빈손이 되셨다. 물려받은 재산을 지키지 못하고 고생만 하는 자식들을 지켜보면서 한숨만 짓던 아버지, 전주에는 아는 친구가 없다며 양로당에도 안 가시던 아버지, 하릴없이 긴긴 하루를 사시며 세월만 보내시던 아버지, 낡은 대문 밖을 서성이면서 막내딸을 기다리시던 아버지, 당신의 고단한 삶보다도 자식들의 힘든 생활을 걱정하시던 아버지, 그 아버지의 속을 들여다볼 수 있었다면 아마도 새까맣게 다 타서 재가 됐을 것이다. 그래도 5월엔 효도를 한답시고 두 분 가슴에 꽃을 달아드리고 사진을 찍어드렸던 모양이다.

막내인 나는 부모님에게 효도해야 한다는 걸 모르고 살았다. 효도는 오빠들과 언니들이 하는 것인 줄 알았다. 살아계실 때 좋아하시던 돼지고기를 한번이라도 더 사다드렸어야 했는데…. 어쩌다 큰 맘 먹고 퇴근할 때 잠시 들러 오목이나 장기를 둘 때면 지기 싫어 몇 수를 물려달라고 생떼를 쓰곤 했다. 그때마다 아버지는 허허 웃으시며 물려주셨다. 그렇게 말벗이라도 되어드리는 날은 몇 번이고 고맙다고 하셨다. 아버지는 무엇이 고맙다는 말씀이셨을까? 미련하게 살아왔던 불효가 가슴을 아프게 한다.

어머니는 우리 집에서 손자들을 돌봐주고 계셨고, 아버지 혼자 외롭게 사셨다. 부모님의 생이별이 어떤 고통인 줄 그땐 철이 없어 몰랐다. 고향 친구들은 자식들에게 빼앗기고, 아내까지도 막내딸에게 빼앗기신 아버지는 외롭다는 말씀을 한마디도 하지 않으셨다.

봄이 오는 소리에 삼천천의 얼음도 녹아 물이 되어 흐르는데, 내 가슴에 켜켜이 쌓인 불효의 덩어리는 서러움이 되어 저 세상에 가신 지 28년이 지나도록 다 흘려보내지 못하고 가슴 가득 품고 있다.

자식 셋을 낳아 키우면서 비로소 자식이 원하는 걸 해 줄 수 없을 때 부모 심정을 경험하고, 어머니로부터 받은 맹목적인 사랑을 딸에게 되돌려 주며 새삼 내가 저지른 불효를 확인한다. 늙어서 나를 낳고 돈이 없어 가르치지 못할 때 미안해 하시던 어머니, 갖고 싶은 것, 해보고 싶은 일을 다 접고, 속을 태우면서도 부모님께 표현조차 하지 못하고 속울음을 우는 막내딸의 눈치를 살피시던 어머니.

"널 예우고 죽어야 하는디……."

하시며 말끝을 맺지 못하고, 눈시울을 붉히시던 그 어머니가 막둥이 손자까지 다 키워주시고, 먼저 세상을 떠난 큰오빠를 뒤쫓아 가려고, 머리에 금비녀와 손가락의 금반지를 빼내어 내 손에 꼭 쥐어 주시며, 말씀 한마디 없이 길을 재촉하셨다. 황망 중에 병원에도 모시지 못하고 저 세상으로 가시게 한 큰 불효는 늘 바위덩이가 되어 내 가슴을 짓누른다.

카네이션꽃이 만발하면 한아름 안고 부모님 산소를 찾아가 가슴속에 묻어 두었던 지난날의 불효를 빌고, 용서를 받고 싶다. 미련한 자식의 불효는 다 잊으시고, 평생 소망하시던 천국에서 두 분이 오순도순 영생 복락을 누리시도록 기도를 드려야겠다.

(2009. 3. 22.)

2부 | 머무르고 싶은 순간들

머무르고 싶은 순간들

- 만년설과 비취빛 호수들

오클랜드 공항은 뉴질랜드 북쪽 섬의 관문이다.

많은 해외여행자들이 관광을 위해 입국심사를 기다리고 있었다. 기내에서 먹던 과일이나 식료품은 모두 쓰레기통에 넣었다. 입국심사를 기다리는 동안 집에서 준비해간 멸치조림이 말썽을 빚을지 몰라 마음을 졸였다. 인천공항에서 같이 출발한 가이드가 고추장은 코리언케첩이라고 말하면 통과를 시켜 준다고 귀띔을 해주긴 했지만.

뉴질랜드는 공항의 입국심사를 농림부에서 한다. 그것은 그 나라의 식물을 보호하기 위해 과일이나 식료품 반입을 엄격하게 금지시키기 위해서라고 했다. 입국절차가 불편했지만 그 나라의 자연보호를 위한 조치라는 점에서 훌륭한 제도라고 생각되었다.

크라이처치로 가기 위해 관광전용버스를 탔다. 유학을 와서 가이드가 됐다는 건장한 청년 P군은 열심히 뉴질랜드에 대한 이야기를 했다. 처음 뉴질랜드를 발견한 사람은 덴마크인이었는데 그가 국왕에게 탐험보고를 할 때 "그 땅은 쓸모없는 나무만 무성한 땅입니다."라고 해서 국왕의 관심 밖의 땅이 되었단다. 그런데 그 후 영국인이 그 땅을 탐험하고 난 후에 국왕에게 보고하기를 "그 땅은 젖과 꿀이 흐르는 옥토입니다."라고 해서 영국의 국왕은 그 나라 원주민들과 1999년 동안 사용계약을 하고 현재 원주민과 같이 생활하고 있다고 한다.

한 사람의 보고가 후에 엄청난 차이의 결과를 가져왔다. 이것은 한 사람의 지도자가 어떻게 판단하느냐에 따라 그를 따르는 모든 이들의 삶에 영향을 미치게 된다는 것을 말해 주기도 한다.

뉴질랜드는 전체 면적 27만㎢에 인구 380만 명으로 인구밀도가 14.2명/㎢인 나라. 국민들 대부분은 영국계 백인이고, 약 10%의 원주민은 마오리족인데 옛날에는 식인종이었다고 한다. 99만㎢의 면적에 인구 4,685만 명으로 인구밀도 472명/㎢인 우리나라와 비교하면 좁은 땅에 살고 있는 우리들의 '빨리빨리' 문화를 조금은 이해할 수 있을까?

넓은 생활공간을 가지고 살아가는 사람들이라서 그런지 그 곳 국민들은 성격이 느긋하다고 한다. 광활한 땅이 사람들의 마음에 여유를 주는 것 같다. 무슨 일이든 서두르지 않고 안전하게 처리한다고 한다. 어떤 공사든지 안전제일주의를 우선하는 나라란다. 성격이 급한 우리 민족의 생활방식과 대조적이라는 생각이 든다.

해외 동포들이 외국에서 생활하면서 고국에 대해 제일 수치스러웠을 때는 삼풍백화점과 성수대교가 붕괴되었을 때, 쇠고랑을 찬 부패 정치인들의 뉴스를 TV에서 보게 될 때라고 했다. 반면에 우리나라가 자랑스러웠던 때는 월드컵 대회에서 4강의 신화를 이루었다는 것, 그리고 그보다 더 자랑스러웠을 때는 경기가 끝나고 쓰레기를 줍는 모습을 보았을 때라고 한다. 선진화된 국민들의 의식수준에 자부심이 생겼다고 했다. 그 많은 사람들이 모여 응원을 하고 나간 빈 경기장의 깨끗한 모습을 카메라에 담아 TV 화면에서 비춰줄 때 가슴 뭉클한 감동을 받았다고 했다.

영국의 훌리건에 비해 우리나라 붉은 악마의 응원 수준도 인상적이었으리라. 월드컵이 끝나고 한동안 어깨를 으스대며 다녔단다.

김대중 대통령의 노벨평화상 수상소식도 외국에서 삶을 살아가는 모든 동포들의 가슴에 찡한 감동을 줬다고 한다. 나라가 어려울 때 모든 국민이 합심하여 위기를 벗어나는 지혜 또한 금메달감이었다. IMF 극복을 위해 국민 모두가 금 모으기에 동참한 국민정신은 대단한 자랑거리였단다.

외국여행을 하면 모두 애국자가 된다고 했던가. 국민정신에 대한 자부심이 가슴을 뭉클하게 만드는 걸 보면 나 또한 대한민국 국민임이 자랑스러웠다. 밖에서 생활하는 우리 동포들에게 자부심을 줄 수 있는 일이 많아졌으면 하는 바람이 새삼 되새겨졌다.

가이드의 설명에 의하면 그들은 모든 일을 천천히 안전하게 처리하여 불량품 생산이 없다고 했다. 그 나라에서는 불량품을 만드는 비용이 더 들기 때문에 아예 만들지 않는다는 것이다. 이런 꿈같은 설명을 들으며 차창 밖을 내다보니 그림 같은 푸른 초원 위에 한가롭게 풀을 뜯는 양들이 보였다. 한없이 달려도 마을과 사람을 구경할 수가 없었다. 기찻길은 있어도 기차는 보이지 않았다. 그 나라 사람들은 기차를 보면 그날은 복권을 산다고 한다. 좁은 땅에서 사는 사람들의 급한 성격과 넓은 땅에서 사는 뉴질랜드 사람들의 느긋한 성격이 너무 대조적이었다.

켄터베리 평원을 지나 두 번째로 크다는 데카포 호수에 도착했다. 서던알프스 산맥에서 수많은 빙하가 녹아 흘러들어 만들어진 호수로 물빛깔이 고와서 사람들의 영혼까지도 맑게 해 줄 것 같은 기분이 들었다. 비취빛 물과 파란 하늘에 솜처럼 펼쳐진 하얀 뭉게구름, 푸른 초원, 이러한 자연의 조화는 예쁜 그림엽서 같았다. 정원의 도시라는 소리를 들어도 손색이 없어 보였다. 넋을 놓고 바라보다가 사진을 몇 장 찍었다.

양치기 개의 동상과 목동들의 교회를 둘러보았다. 작은 교회가 청결하게 정돈되어 있었다. 그 속에서 시간차를 두고 천주교 신자와 성공회 신자가 예배를 드리며 공존한다는 것이 특이했다. 특별한 결혼식을 원하는 일본의 젊은 청년들이 가끔씩 이용하는 곳이기도 하단다. 우리나라 달력에 자주 등장하는 경치 좋은 풍경 사진들도 거의 다 이곳에서 찍은 작품들이라고 한다. 우리도 포즈를 취하며 그 곳의 아름다움을 사진에 담았다.

우리가 묵게 된 산 중턱에 위치한 호텔(HERMITAGE HTL CLASS)은 오랜 역사가 있어서 일본 신혼부부들이 자주 찾아오는 곳인데 운이 좋으면 직접 마운트쿡의 정상까지 가 볼 수 있다고 했다. 험준한 모습으로 우뚝 솟은 마운트쿡은 남반구의 알프스라는 명칭을 듣기에 부족함이 없었다.

크라이처치에서 이곳으로 오는 도중 남알프스 산맥의 여러 빙하가 녹아서 만들어진 에메랄드 색상의 푸카키 호수나 데카포 호수를 보면서 신이 만든 자연의 아름다움에 흠뻑 젖어 넋을 잃었다.

내일은 경이로운 만년설의 마운트쿡의 정상을 둘러볼 수 있게 되기를 빌며 관광 첫 밤을 맞았다. (2003. 3. 15)

퀸스타운의 봄

새들의 울음소리에 눈을 떴다. 키~익 키~익. 울음소리가 낯설었다. 베란다로 나가 소리나는 쪽을 바라보니 그다지 예쁜 새는 아니다. 부리는 독수리 같고, 몸은 까마귀를 닮았으나 그보다는 약간 컸다. 서너 마리가 이리저리 날아다니다가 베란다 난간에 앉아 고개를 갸웃거리며 다가왔다. 먹다 남은 과자 부스러기를 주며 첫 인사를 나누었다. 예쁘지는 않아도 사람을 경계하지 않고 주변을 맴도는 모습이 친근하게 느껴졌다. 저 새는 이곳을 찾는 모든 관광객들의 친구였겠지. 자연과 인간이 어우러진 조화로운 모습을 보면서 잠시 동안 새와 친구가 되었다.

어제 기도가 부족했나? 추적추적 비가 내린다. 마운트쿡 정상에 올라 눈앞에서 만년설을 보고 싶었는데…. 아쉬움을 달래기 위해 호텔 뒤 동산을 한 바퀴 돌았다. 비가 오지만 우산도 받지 않고 나무가 우거진 등산로를 걸었다. 맑은 공기는 마음속까지 시원하게했다. 산소도 사서 마실 날이 온다는 말이 생각났다.

여왕의 도시 퀸스타운으로 가기 위해 관광버스를 탔다. 어제 본 경치가 신비스런 모습으로 새롭게 다가온다. 비취빛 물, 만년설, 끝없이 펼쳐지는 목장 길을 따라 한없이 달렸다.

목장은 많은데 목동은 볼 수가 없다. 목장은 하나님께서 관리해주신다고 했다. 양들이 살고 있는 초원은 4등분을 한다. 초원에 풀이 없어지면 양몰이 개들이 다른 초원으로 양들만 이동시키면 된다. 배설물도 자정작용에 의해 처리된다. 도둑이 없으니 양들을 지키지 않아도 되고, 양털은 공장에서 주기적으로 찾아와 깎아준다.

방목으로 기르는 양들은 비가 오나 눈이 오나 초원에서 풀만 뜯으며 산다. 남의 물건을 탐하지 않는 나라. 물건을 잃어버렸다고 신고를 하면 정부에서 변상해주는 나라. 최상의 사회복지제도가 있는 나라이기에 국민들의 성격도 느긋하게 여유가 생긴 것일까? 우리나라같이 좁은 땅에서 사는 사람들에게는 상상조차 할 수 없는 일이다.

점심식사를 위해 마을로 접어드니 전지훈련을 온 듯, 운동선수들이 눈에 띈다. 오늘 점심 메뉴는 연어회다. 빙하가 녹아 만들어진 오염되지 않은 호수에서 잡은 연어다. 연어는 낚시 면허를 취득해야 잡을 수 있지만, 장어는 면허를 취득하지 않고도 잡을 수 있다고 한다. 우리나라에서는 장어가 고급

요리인데 이곳 사람들은 잘 먹지 않는단다. 전지훈련 나온 운동선수들의 보양식으로 제공된다는 것이다. 땅콩 골프선수 K양도 무명 시절에 퀸스타운에서 가이드와 같이 운동을 했다고 자랑한다. 식사는 호텔식이나 현지식 모두 불편하지 않아 집에서 준비해간 김이나 멸치조림 등이 필요 없다. 어쨌든 종이팩 소주와 연어회와의 만남은 환상적이었다.

서부영화에서 본 듯한 풍경에 취해 있을 때 관광버스가 멈췄다. 카와라우 강 급류에 설치된 번지점프장이었다. 가이드 P군이 돈을 내고 번지점프를 해보고 싶은 사람을 찾았다. 우리가 돈을 걷어 주겠다면서 P군에게 한번 해보라니까 고개를 설레설레 저었다. 희망자가 없자 전에 자기가 경험했던 이야기를 들려주었다. 관광객들이 돈을 모아 주면서 점프하는 모습을 보고 싶다고 하기에 무심코 뛰어내렸다고 한다. 그날 이후 오랫동안 악몽에 시달렸다며 다시 할 수는 없단다.

어느 나라 관광객인지 모를 여자가 용기 있게 뛰어 내린다. 가느다란 밧줄에 매달려 서너 번을 출렁이다가 고무보트에 실려 나간다. 다리 밑으로 굽이굽이 흐르는 시퍼런 강물을 바라보며 무슨 생각이 들었을까? 거꾸로 바라본 세상은 어떤 모습이었을까? 다음에는 남녀가 끌어안고 뛰어내렸다. 두려움이 반으로 줄었을까? 젊은이들은 서로를 의지하며 둘이 하나보다 더 용감할 수 있었음을 알았겠지. 나도 조금만 더 젊었더라면 저 운동에 도전해볼 수 있었을 텐데…….

오늘도 기차구경을 못했다. 셀 수 없을 정도로 많은 양들과 가끔씩 눈에 띄는 사슴, 얼룩소, 말 들을 보면서, 마오리족 여인의 사랑이 얽힌 와카티프 호수의 도시 퀸스타운에 도착했다. 곤돌라를 타고 전망대에 올라 시내 전경을 바라보았다. 아름다운 호수를 품안에 안고 빙 둘러싸고 있는 높은 산과 그림 같은 마을의 풍경이 절묘한 조화를 이루고 있었다. 호반의 도시, 그 매력에 흠뻑 빠져들었다.

케네디 전 미국 대통령이 딸과 장모님을 모시고 와서 골프를 즐기고 갔다는 퀸스타운의 호수엔 배가 떠 있었다. 오늘 밤 묵게 될 하얀 집(호텔:GARDENS PARK ROYAL HTL CLASS)에서 맑은 공기를 마실 수 있을 것 같아 좋았다.

파란 하늘에 솜털 같은 구름이 두둥실 떠 있는 그 사이로 행글라이더가 떴다. 유영하듯 하늘에서 즐기는 젊은이들이 내 눈길을 잡아끈다. 탄산음료를 마신 듯 가슴이 탁 트였다. 이 순간을 오래오래 간직하리라.

포즈를 잡고 사진을 찍었다. 호반에 위치한 호텔 주변을 산책하고 교민 식당에서 불고기로 저녁식사를 했다. 약 1만2천 년 전 빙하에 의해서 수직으로 1,000m 이상 깎여 장관을 이루고 있다는 밀포드사운드의 내일 관광이 기대된다.

(2003. 3. 16)

밀포드사운드

꿈에 부푼 밀포드사운드로 가기 위해 서둘러 버스를 탔다. 한번 버스를 타면 4시간쯤 달리는 것은 예사였다. 가이드가 차안에서의 무료함을 덜어주기 위해 뉴질랜드 원주민 이야기를 들려준다.

“뉴질랜드의 원주민 마오리족에 대하여 말씀드리겠습니다. 원주민들은 밭농사를 짓고, 주로 감자 · 고구마 · 조롱박 등의 작물을 가꾸며 살고 있습니다.

1769년 영국의 J쿡 선장이 이 섬에 도착할 때까지 이곳 사람들은 막대기로 땅을 파고, 우리나라의 호미 비슷한 농기구를 사용하여 원시적인 방법으로 농사를 지었습니다. 대가족이 한집에 모여 살며, 친족들이 한 마을을 이루어 서로 협동하며 살고 있습니다.

나무나 돌로 만든 수공예품이 발달했으며, 특히 녹석綠石을 가공하여 돌도끼나 신상을 만들어 장신구로도 사용합니다. 남자는 얼굴에 정교한 문신을 하며 귀걸이 장식도 하고, 하카춤을 추면서 땅을 쾅쾅 밟아 상대방에게 겁을 주기도 합니다. 종교는 해 · 달 · 큰 나무 · 바위 등 모든 만물을 신으로 섬기는 다신교입니다."

버스여행의 피로를 덜어주기 위해 사탕봉지를 들고 다니며 나누어 주었다. 버스가 신비의 호수를 지날 때 다시 마오리족 여인의 사랑이야기를 들려주었다.

"저기 큰 고사리 나무 위에 큰 괴물이 살았습니다. 마오리족 추장은 괴물에게 해마다 처녀를 제물로 바쳐 마을의 평안을 빌었습니다. 그러던 어느 해에 추장의 딸이 제물로 바쳐질 순서가 되었는데, 그 마을에 추장의 딸을 사랑하는 청년이 살고 있었습니다.

이 청년은 사랑하는 여인을 위해 괴물이 잠든 틈을 이용해서 괴물의 심장에 칼을 꽂았습니다. 칼을 맞고 괴물이 굴러 떨어진 자리가 지금의 호수가 되었답니다. 그 후 이 호수는 괴물이 숨을 쉴 때마다 물이 10㎝ 정도 간만의 차가 생긴다고 합니다. 현대과학으로도 호수의 신비를 입증할 만한 근거를 찾지 못하고 전설로만 해결이 가능한 아름다운 호수입니다."

그래서 사람들은 이 호수를 '신비의 호수'라고 부른단다. 아닌게 아니라 뉴질랜드에는 종려나무처럼 기둥이 크고 튼튼한 고사리가 유난히도 많았다. 어느 나라 어느 지방이든지 사람이 사는 곳에는 아름다운 전설이 있나 보다.

피오르드 국립공원을 산책했다. 오랜 시간을 버스에 앉아 있어 몸이 불편하던 참이었는데 걸을 수 있어서 좋았다. 나무는 모두 모양이 각양각색으로 개성이 뚜렷했다. 밀림이 우거진 오솔길을 한참 걸었다. 고목나무에 이끼가 무성한 것을 보니 우림지대임을 실감할 수 있었다. 나무들이 독특하고, 아름다워 친근감을 느끼게 했다. C 팀장이 이곳이 〈반지의 제왕〉 영화 촬영 장소였다고 귀띔을 한다.

나무 하나하나가 골동품 같았다. 계곡물 소리가 들렸다. 오랜 세월 물살에 깎인 바위는 신이 정교하게 만든 예술 조각품이었다.

만년설이 녹아내리는 폭포 100개를 세고 나면 소원이 성취된다고 하여 차창 너머 바라보니 높은 산 위에서 내려오는 하얀 물줄기가 셀 수 없이 많았다. 그래도 소원을 빌며 수를 세었다. 도로 옆에 눈이 쌓인 걸 보면 꽤 높이 올라온 듯했다. 만년설은 바로 눈앞에 보이는 것보다 멀리서 바라볼 때 더욱 신비스러움을 느낄 수 있었다.

만년설이 녹아 만든 장수 물을 마시려고 차에서 내렸다. 이 물을 마시면 100년을 산다던가. 우리나라에서 흔히 볼 수 있는 약수도 아니고 수풀 사이에서 흐르는 개울물이지만, 이곳의 모든 물은 오염되지 않아 마실 수 있는 물이라고 했다. 준비해간 빈 병에 물을 가득 채웠다. 오염되지 않은 자연수는 미네랄 함유량이 많아 건강에 도움이 되었으리라.

폭포를 세며 얼마를 지나가니 U자형의 침식곡이 눈에 띄었다. 빙하가 침식되어 만들어진 자연현상이라고 했다. 신이 만든 오묘한 자연 앞에 모두가 감탄했다. "참 아름다워라, 주님의 세계는…." 자연의 아름다움에 저절로 찬송가가 떠올랐다.

크루즈 선착장에서 배를 탔다. 구경하기 좋은 위치를 찾기 위해 여기저기를 기웃거렸다. 굵은 빗줄기가 세차게 몰아쳤다. 스트링 폭포에서 폭포수를 맞으면 소원이 성취된다고 가이드가 말했다. 그 빗속에서 폭포수를 맞으려고 갑판 위로 향했다. 이렇게 아름다운 경치를 구경하지 않고 비를 피하기 위해 배 안에 있었던 것이 후회가 되었다. 비를 맞으면서라도 이 경치를 눈에 담아가리라. 출렁거리는 비취빛 물, 수려하고 웅장한 모습의 산허리를 휘감은 구름, 만년설에서 흘러내리는 아름다운 폭포들…. 눈 속에 다 담아둘 수 없어 아쉬움이 많은 선상 관광이었다. 새삼 경이로운 대자연의 전경을 감상하게 도와준 모든 이들에게 감사하고 싶은 심정이었다.

(2003. 3. 17)

공교육이 살아 있는 나라

풍요로운 아침식사를 마치고 와카티푸 호수 주변을 가볍게 산책했다. 연못에서 한가롭게 놀고 있던 오리들은 사람들을 잘 따랐다. 하얀 수련이 햇살에 눈부셨다. 먼지 하나 없는 나뭇잎에 햇살이 부서져 반짝였다. 잘 가꾸어진 공원에서 여유 있게 산책하는 사람들이 부러웠다.

크라이처치 공항으로 이동하기 위해 버스에 탔다. 퀸스타운을 찾을 때 왔던 길로 다시 돌아간다. 아름다운 산천이 새롭게 다가온다.

가이드가 키위에 대한 설명을 해주었다. 뉴질랜드 사람을 키위라 하고, 우리나라의 다래와 같은 과일이 키위이며, 날개가 퇴화되어 날 수 없는 변형된 새 이름이 키위란다. 뉴질랜드 국조國鳥인 이 키위는 천적이 없어 날개가 퇴화되어 날지 못한다. 뉴질랜드엔 이렇게 3가지 키위가 존재할 수 있는 무공해 나라다.

이곳 키위들은 개발이 자연파괴라는 것을 알고 있다. 자연을 보전하는 방법도 알고 있다. 생활에 불편이 있더라도 개발을 서두르지 않고, 천천히 여유 있게 계획하고 친환경적으로 신중하게 검토하여 개발을 한다고 했다. 이렇게 잘 보전된 자연은 세계인들에게 관광상품으로 충분한 매력을 줄 것이다.

북섬 관광을 위해 오클랜드 공항에 내렸을 때 가이드가 바뀌었다. 어눌한 듯하면서도 핸섬한 K군이 남자 선생님들은 여행을 잘못 오셨다고 했다. 뉴질랜드에서는 남편의 위치가 순위로 일곱 번째란다. 아내, 어린이, 장모님, 노인, 강아지, 고양이, 그리고 일곱 번째가 남편으로 맨 꼴찌라고 한다. 남아선호 사상에 젖어 있는 우리나라의 사회적 환경과는 많은 차이가 있었다.

회사에 출근한 남편은 오후 5시만 되면 집으로 돌아간다.

밤늦은 시간 찌개를 몇 번씩 데우며, 골목길의 발소리에 귀 기울이고 잠 못 드는 여인들에게는 부러운 나라다. 모든 놀이문화가 가족중심인 나라 뉴질랜드. 우리나라처럼 노래방이나 유흥주점 등이 없어 유학생들이 공부하기 좋은 환경이라고 한다. 놀고 싶어도 같이 놀아주는 사람이 없으니 공부만 하게 된다나?

이 나라는 왕이 여자요, 수상도 여자다. 여자는 몇 번만 이혼을 하면 갑부가 된다고 한다. 남편들은 이혼당하지 않으려고 더욱 가정에 충실해야 한단다.

시골마을 뒷집에 살던 정자네 올케는 촌스럽다는 이유로 시앗을 보아야 했으며, 결국에는 이혼서류에 도장을 찍어주고도 쫓겨나지 않으려고 시부모를 정성으로 공경하며 살던데.

어느 영화의 한 장면이 파노라마처럼 스쳤다. 호화 요트가 침몰할 때 구명보트를 탈 수 있는 순서는 어린이, 여자, 노약자였다. 배에 남아 있던 신사들은 동요하지 않고 의연한 자세로 배와 함께 침몰해 가던 멋진 모습이 참 아름다웠다. 강자가 약자를 배려해 주면서 동반자로 삶을 살아가는 건강한 사회를 만드는 것은 남자 여자가 같이 노력해야 하지 않을까?

뉴질랜드는 사회보장제도가 완벽하고, 자녀들을 위한 사교육비 지출이 없도록 의무교육제도가 잘 이행되는 나라, 모든 사회제도가 여자에게 유리하게 되어 있어 남자보다는 여자들이 살기 좋은 나라였다.

북섬은 남섬과는 다르게 많은 사람들이 눈에 띄었다. 시내를 걷고 있는 어린 학생들의 행렬은 질서정연했다. 학교 교육은 규율이 엄하고, 음식점이나 마을에서 떠드는 어린이는 없었다. 모두 질서를 지켜 품위 있게 행동했다. 음식점이나 거리에서 떠드는 어린이는 매로 때리는 것보다도 더 힘든 벌을 주는데 그것은 아무 말 없이 눈으로 째려보는 것이란다. 물론 마을에서 같이 놀아주지도 않고, 자녀를 버릇없이 기른 부모는 그 마을에서 따돌림을 당한다.

옛날 우리 시골 마을에서 어른들이 "누구네 아들놈은 인사성이 없어! 가정교육을 잘 못 받은 게야." 하며 예절 교육을 시키던 모습이 떠올랐다. 요즈음은 남에게 나쁜 소리를 듣지 않으려고 눈에 거슬리는 젊은이들을 보고도 못 본 체 지나치는 어른들이 많다. 어린이를 올바른 사회인으로 기르기 위해서는 가정 · 학교 · 사회가 상호 협력하여 관심과 정성을 쏟아야 하지 않을까?

이곳의 학교 선생님들은 학부모들로부터 존경을 받는다고 한다. 어느 장군의 가정교육을 소개했다. 장군의 집에는 사랑스런 아들이 하나 있었다. 그 어린이는 선생님의 말씀을 전혀 따르지 않았다. 숙제는 물론 학업에도 흥미가 없었다. 그 어린이는 '아버지가 장군이고 난 그 아들이니 아무것도 두렵거나 무섭지가 않다.'고 생각하며 자랐다. 그런 아들을 보는 장군은 아들 교육이 걱정되어 생각에 잠겼다.

하루는 아들의 선생님을 집으로 초대했다. 아들이 보는 앞에서 선생님에게 큰절을 하며 선생님을 존경하는 예를 갖추었다. 그 모습을 본 장군의 아들이 '세상에서 장군인 아버지가 제일 높은 줄 알았는데 아버지보다 선생님이 더 높구나!' 하고 느끼면서 그 후로 선생님의 말씀도 잘 듣고 숙제도 잘하면서 학교생활을 잘했다는 이야기다.

뉴질랜드에서는 과외수업이나 집에서 엄마가 학습지도하는 것을 금하고 있다. 문제의 답을 알기보다는 정답을 찾아가는 과정을 공부하기 때문이다. 답을 먼저 알아버린 학생이 있으면 다른 아이들의 학습지도에 방해가 된다. 물론 구구단도 외지 않는다. 그룹토의에서 정답을 찾기 전에 정답을 알아서 뽐내는 어린이 학부모는 학교로 불려간다. 학부모들은 학교에 불려 가는 것을 수치로 안단다.

학교 교육과정을 소개하는 중에 재미있는 교수방법은 초콜릿을 팔아오도록 하는 앵벌이 교육이었다. 가이드의 자녀도 어렸을 때에는 멀리 떨어져 있는 이웃집에 가서 팔아다가 선생님에게 주었다. 한 집에서 한 개 이상은 사주지 않는다. 이웃집을 찾아다니며 걸음을 많이 걸었을 것이라 했다. 이웃과 인사도 하고, 더불어 사는 사회의 경험도 쌓고, 돈 버는 방법을 터득하고, 돈의 소중함도 스스로 깨닫게 해주므로써 절약정신을 함께 교육받았을 것이다. 그런데 그 아이가 조금 더 성장하면서 초콜릿 파는 방법을 터득하여 사람들이 많이 모이는 곳, 즉 슈퍼마켓이나 주유소 등에서 손쉽게 목적 달성하는 요령을 스스로 알아내더라는 이야기를 해준다. 특별한 사회교육에서 스스로 깨닫고 터득하면서 서서히 배우는 여유를 느낄 수 있었다.

만약 우리나라에 앵벌이 교육제도를 도입한다면 학부모들의 반응이 어떨까? 초콜릿을 모두 사주는 학부모는 없을까? 선생이 우리 아이를 앵벌이를 시켰다고 민원을 제기하지는 않았을까? 주입식(암기식) 교육에 습관화된 나는 정답을 알아내기 위해 노력하는 과정에 대한 교육이 한없이 부러웠다. 여성이 살기 좋은 나라, 사회교육제도가 보장된 나라, 공교육이 살아있는 나라, 공해가 없는 나라, 자연과 인간이 어우러져 사는 나라, 정답을 중요하게 생각하지 않고 정답을 찾아가는 과정을 중요하게 생각하는 나라, 여유와 잠재력이 풍부한 나라 뉴질랜드에서 머무르고 싶은 강한 충동을 느꼈다.

(수필과비평작가 동인지 제2집, 2003.)

반딧불이가 사는 동굴

해밀턴에서 2시간 거리에 위치해 있는 와이토모 동굴은 세계 8대 불가사의라 불리는 반딧불이 동굴로 유명하다. 원래 이 일대는 해안선이었지만 대지의 융기로 종유동굴이 형성되었다. 200만 년 된 이 동굴은 석순과 종유석을 관찰할 수 있는 종유동굴이라는 지질학적 가치와 더불어 이곳에 서식하는 개똥벌레로 인해 소중한 관광자원이 되었다고 한다. 석회암지대의 동굴이라는 지역적 특성과 이곳에 서식하는 반딧불이가 독특한 빛을 발생시켜 동굴 안이 황홀하다.

이 동굴은 영국의 탐험가 프래드와 마오리 추장에 의해 발견되었으며, 수백만 년 전의 어패류와 동물화석이 발견되어 고고학적 가치가 높은 지역으로 그 학문을 연구하는 사람들의 발길도 끊이질 않는단다.

나룻배를 타고 동굴을 둘러보았다. 위를 보니 반짝이는 은하수가 있고, 그 은하수가 물에 어른거린다. 이 자원을 보존하기 위해 전기 설치가 억제되고, 손전등 사용이 금지되며, 촬영도 사람의 목소리도 반딧불이의 생존에 영향을 미치게 되므로 억제한다. 개체 수의 감소를 줄이기 위해 보호받는 생물이다. 벽에 붙어살고 있는 반딧불이의 개체수가 줄어들면 관광객을 통제한다. 우리는 운 좋게 자격 있는 가이드의 안내로 환상의 동굴을 관광했다. 관광안내를 할 때 반딧불이를 보호하는 규칙을 어기게 되면 가이드 자격을 박탈한다고 했다. 그렇게 엄격히 보존된 유명한 관광자원이다. 다른 관광가이드가 설명을 하면 소란스럽지 않도록 기다려 준다. 우리에게 낮은 목소리로 조심성 있게 안내하는 모습도 아름답다. 자연을 보호하기 위해 노력하는 사람들이 있어 환상적인 동굴을 구경하게 되었으니 그 또한 감사할 따름이다.

우리 고장 전주에도 동굴은 아니지만 반딧불이가 살고 있다. 전주천을 살리려고 노력한 결과 상류에 반딧불이가 살아났다. 반딧불이가 사는 곳은 오염되지 않은 청정지역을 의미한다. 반딧불이가 살고, 다슬기가 살고, 쉬리가 사는 전주천이 언제쯤 관광 상품으로 개발될 수 있을지 기대가 크다.

동굴 관광을 마치고 자연을 이용하여 만든 연못에서 장어를 잡아 포식하자는 가이드의 제안에 동의했다. 장어를 잡을 수 있는 희망자를 물었다. 수련 잎에 가려서 눈만 보이는 장어를 쳐다보았다. 비단잉어와 송어가 사람들이 주는 먹이를 받아먹기 위해 몰려들었다. 오리가 헤엄을 쳤다. K선생님이 바지를 걷어올리고 연못으로 내려갔다. 그 광경을 본 가이드가 놀라며 얼른 나오라고 했다. 수초 사이에 숨은 장어가 똑바로 쳐다보고 있었다. 그 때 겁도 없이 연못에 뛰어들면 얼마나 위험한지 말해 주었다. 장어는 사람을 공격한단다. 언젠가 장어에게 공격당해 물린 손가락의 흉터를 보여주었다. 장어는 몸무게가 수십 kg씩 나간다고 했다. 그런 이야기를 듣고 있을 때에도 장어는 사람들에게서 시선을 떼지 않고 노려보고 있었다. 장어를 잡는 일은 포기하고 그 대신 가이드가 안내하는 장어 요릿집에서 맛있는 식사를 할 수 있었다. 고창의 풍천장어 요리에는 못 미쳐도 와인과 장어의 조화가 관광의 즐거움을 한층 더 높여주었다.

점심 식사를 마치고 타우포로 향했다. 타우포는 마오리족이 백인에 의해 최초로 점령된 지역이다. 당시 로버트 대령은 1869년에 임시 요새를 구축하여 마오리 전쟁인 티쿠티를 패배시킬 때까지 이 지역에 주둔하였다. 1870년대에 마오리족으로부터 이 지역의 땅을 사들였다고 한다. 1945년에 인구는 750명에 불과했으나 현재는 1만9천 명이 모여 사는 도시로 성장하였고, 관광 유동인구 4만5천 명이 머무는 휴양도시가 되었다고 한다.

타우포 호수는 해발 367m에 위치하고 있으며, 길이는 40.2㎞에 이르고, 넓이는 606㎢ 된다. 화산폭발로 인하여 생긴 경석이 멀리 350㎞ 거리에 있는 기스본에서도 발견되고 있다고 하니 폭발 당시의 위력을 상상할 수 있을 것 같다. 이 거대한 화산폭발로 생성된 호수에서는 송어낚시가 유명하며, 국제 송어낚시 대회가 열린다고 한다.

타우포 호수 주변에는 여러 가지 스포츠 놀이가 있지만 그 중에서 번지점프가 유명하다고 한다. 지열로 인하여 부글부글 끓는 진흙 열탕도 볼 수 있는 곳이란다. 지열 발전소를 볼 때에는 땅에서 김이 무럭무럭 나고 있어 은근히 걱정이 되기도 했다.

타우포 호수의 번지점프장엘 들러 저녁식사를 한 후에 노천탕에서 사우나를 즐겼다. 쌀쌀한 밤공기에도 온천물의 감촉은 감미로웠다. 여행자의 피로가 싹 가시고, 마음 가득 행복한 하루가 서서히 저물었다. (2003. 3. 19)

항이쇼와 아리랑

로토루아는 자연이 아름다운 뉴질랜드에서도 풍광이 빼어난 관광 도시다.

그 곳의 마오리 민속촌을 관광했다. 옛날의 생활 모습이며, 나뭇잎으로 옷을 만들어 입었던 문화를 그들은 대단히 자랑스럽게 생각했다.

중년쯤 된 여인이 나뭇잎을 긁어내 옷을 만드는 시범을 보이며 관광객들에게 설명한다. 우리 조상들이 옛날 초가집을 만들어 비바람을 피해 살았던 것처럼, 갈대같이 생긴 나뭇가지를 엮어 벽을 만들고, 그 위에 지붕을 얹어 살았다고 한다. 민속박물관의 진열품들은 주로 그 나라 조상들의 생활도구와 옷가지 등이었다. 우리나라의 옛날 생활 모습을 재연해 놓은 민속박물관과 비슷했다.

카누처럼 생긴 작은 배를 만들어 사용한 조상들의 지혜를 대단한 자부심과 긍지로 여기며 자랑한다. 만약에 마오리족이 우리나라의 거북선을 본다면 얼마나 놀랄까?

가이드 K군이 한증막으로 안내했다. 그러나 보석 사우나나 불가마가 있는 건물은 보이지 않고 분수처럼 뿜어져 나오는 물기둥만 보였다.

그곳은 로토루아 호수 동쪽에 위치한 세계적으로 유명한 와카레와레와라는 지열지대였다. 하얗게 뿜어 올라오는 안개 같은 물기둥도 여기저기 보였다. 화산 지대에서 뜨거운 물이나 수증기가 보통의 지하수와 혼합할 때 자연스럽게 생기는 현상이라고 한다. 물기둥의 높이는 20m~30m는 족히 되리라.

한국에도 온천이 있지만 이렇게 분수처럼 하늘로 치솟는 온천수는 없다. 부글부글 끓어오르는 진흙밭도 보였다. 그 온도가 100℃가 넘는단다. 진흙이 팥죽을 끓이듯 방울이 되었다가 부풀어 터진다. 그 진흙은 머드팩의 재료로도 사용한다고 한다. 머드팩을 하면 피부가 고와진다니 한 움큼 가져오고 싶었다. 예뻐지고 싶은 것이 여자들의 욕심인가? 목장의 나무 울타리처럼 보안 벽이 되어 있어 접근은 불가능했다.

아쉬움을 접고 물기둥 옆을 지나니 물방울이 얼굴을 적신다. 평평하게 만들어진 돌계단에 앉아 힘차게 뿜어내는 수증기를 바라보았다. 돌과 돌 사이로 뿜어져 나오는 수증기가 뜨겁다. 가이드가 익살스럽게 한증탕이 여기라고 말한다. 그 돌계단에서 뿜어져 나오는 수증기로 돈 안 들이고 한증을 하라나? 유황 냄새가 더욱 진했다. 뜨거워서 얼마 앉아 있지 못하고 서성이는데 사진작가 H교육장님과 Y엄마는 좋은 작품을 만들기 위해 사진 촬영에 여념이 없다.

양들의 박물관인 애그로돔(Agrodome)으로 가는 버스 안에서 가이드가 당부를 한다. '양쇼' 도중에 사회자가 앞으로 나오라고 하면 여자들은 양 젖주기 대회에 참여하고, 남자들은 양털깎기에 참여해서 많은 상금을 타라고 했다. 가설극장처럼 생긴 양쇼 극장에 들어갔다. 동시통역되는 헤드폰을 받고 정면이 잘 보이는 자리에 앉았다. 양의 종류가 이렇게 다양한 줄 몰랐다. 온갖 종류의 양들을 만나 그들의 재롱구경을 했다. 쇼에 참여를 권했지만 용기가 나지 않았다. 양 젖을 먹일 때 한국에서 오신 관광객을 찾으니 다른 여행팀의 젊은 엄마가 나가고 우리 팀에서는 양털깎기에 K과장이 참여했다. 광장으로 나와 신기한 개의 양몰이 모습을 보았다. 목동의 지시에 따라 눈빛으로 양몰이 하는 광경은 참 신기했다. 이 개는 500마리 정도의 양을 눈빛 하나로 몰고 다닐 수 있다고 했다. 전에 비디오로 감상했던 〈양치는 꼬마돼지 베이브〉에서 양몰이 개와 돼지의 한 장면이 스쳤다.

몸에 피로가 쌓일 무렵 산림이 울창한 곳에서 차가 멈추었다. 레드우드 삼림욕장이다. 아름드리나무들이 밀림을 이루고 있었다. 토양이 비옥하고, 기후가 적합하며, 비가 자주 내려 나무가 잘 자란다고 한다. 모두 보약을 먹는 기분으로 다정하게 속삭이며 30분 정도를 걸었다. 그 길을 걷는 이방인들도 많았다. 곁을 스칠 때에는 미소로 인사를 건넨다. 그 미소가 참 고왔다.

폴리네시안 유황 온천장에서는 수영복을 빌려 온천욕을 즐겼다. 노천온천장 앞의 호수와 맑은 하늘의 흰 뭉게구름은 내 영혼을 앗아갔다. Y엄마의 카메라 앞에서 영화배우처럼 폼을 잡았다.

이 도시에는 류머티즘 관절염을 앓는 환자들이 즐겨 찾는 퀸엘리자베스 병원이 있다. 휴양도시로서의 모든 조건이 갖춰진 아름다운 도시에서 저녁식사를 했다. 추억에 남을 전통요리를 먹으며, 마오리 전통 쇼인 '항이쇼'를 관람했다. 남자 무용수들의 용맹을 표현한 몸동작과 혀를 내미는 모습이 특이하다. K과장이 마오리족의 전통무용을 열심히 따라하는 바람에 우리는 기분이 좋아 쇼에 몰입하며 박수를 쳤다. 마지막엔 H여선생이 〈아리랑〉을 선창했다. 우리 모두는 애국가라도 부르는 듯 모두 자리에서 일어나 힘껏 〈아리랑〉을 열창했다. 가슴이 뭉클해졌다.

(2003. 3. 20)

에덴동산에서

에덴동산 관광을 위해 다시 오클랜드로 이동하는 버스를 탔다. 성경에 보면 에덴동산은 아담과 이브가 살던 낙원이었다. 인간의 조상이 뱀의 꾐에 넘어가지 않았다면 지금도 에덴동산에서 행복한 나날을 살아가고 있었을까?

차창 밖을 보니 주택구조가 우리와 다르다. 이동도 가능하다는 주택은 목조로 되어 있으며, 땅에서 10~20㎝ 정도 높게 지어져 있다. 섬나라이기 때문에 목조건축물이 습기를 잘 견딜 수 있도록 통풍에 신경을 쓴 것 같다.

우리 고장 전주에서 조선시대 서고를 지을 때 사용하던 건축양식이다. 임진왜란 당시 모두 소실되고, 유일하게 남아 있는 전주시 경기전에 있는 전주사고全州史庫는 땅에서 높이 올려 지어진 목조건축물이다.

언덕 위의 그림 같은 집도 눈에 띄었다. 순간 남진의 "저 푸른 초원 위에 그림 같은 집을 짓고 사랑하는 우리 님과~." 유행가 가사가 떠올랐다.

마을 어귀에는 꽃동산이 있었다. 사람이 죽으면 매장을 하는 곳이었다. 가족들은 봉분封墳 없는 묘 앞을 꽃으로 장식했다. 항상 꽃이 떨어지지 않는 꽃동산이란다. 나무 울타리 안에 공원처럼 잘 가꾸어진 공동묘지는 혐오스럽지 않고 오히려 친근감을 느끼게 했었다.

에덴동산에는 잡초를 관리하는 공무원이 임금도 받지 않고 24시간 근무를 하고 있다고 한다. 호기심에 그 공무원을 만나보고 싶었다. 군데군데 흩어져 풀을 뜯는 '소' 가 보였다. 그때 가이드가 그 '소' 가 에덴동산의 잡초를 관리하는 공무원(?)이라고 익살을 떨었다.

에덴동산에 올라 시내 전경을 바라보았다. 시원한 바람이 옷깃을 스쳤다. 동서남북을 둘러봐도 그림 같았다. 도시의 건물은 특색이 있고 멋진 건물들이 많았다. 에덴동산을 보고 내려오는 버스에서 이민 이야기를 했다.

"나 퇴직하면 여기 와서 살 거야!"

남편은 내 표정을 살피며 흘끔 쳐다본다.

"그래 퇴직하고 같이 오자. 현우, 정관이, 찬우를 이 나라에 유학시키자. 그러면 외롭지 않고 애들 교육도 잘 시킬 수 있겠다."

맞장구를 쳐주었다. 곁에서 가이드가 말을 덧붙여 준다.

"한국에서 퇴직연금을 받고, 뉴질랜드에서 노인연금을 받으시면 좋~지요. 매일 골프나 즐기시면서 즐겁게 사실 수 있습니다. 단 한국에서 연금받는다는 사실을 뉴질랜드 정부가 몰라야 합니다." 라며 또 익살을 떤다.

뉴질랜드는 노인복지정책이 잘되어 있어서 여자 다음으로 노인이 살기 좋은 나라라고 했다. 또 뉴질랜드는 도둑이 없고, 설령 도둑을 맞아도 물건을 사고 받은 영수증만 있으면 정부가 변상을 해준다고 하니 도둑이 있겠는가? 가짜 상품은 아예 없고 진품만을 생산한다고 하니 그들이 한없이 부러웠다.

뉴질랜드 관광을 마치고 선물코너에 들렀다. 이웃나라 일본 관광객들은 면세점에 들르면 일본말로 물건을 흥정하다가 물건을 사지 않고 간다고 한다. 그래서 면세점 측에서는 일본 관광객을 잡기 위해 일본인을 고용하게 된다나? 이국 땅에 사는 교민들을 도와주는 방법이라고 생각 한다.

면세점에 들러 몇 가지 선물을 샀다. 뉴질랜드 쇼핑에서 제일 인상에 남는 것은 양모 이불과 겨울에 눈밭에서 태어나 얼어 죽은 새끼 알카파의 가죽을 모아 만들었다는 카펫이다. 부드러운 감촉에 유혹되었는데 공장 바닥에 깔아놓고 수맥봉으로 수맥이 차단되는 실험까지 하면서 건강에 좋다는 말에 나도 하나 샀다. 오염되지 않은 나라의 용을 구입하라는 말도 나를 유혹했다. 몸에 좋다면 남편을 위해 무엇이든지 해주고 싶은 마음에서였다.

북섬 관광을 마치고, 난디의 쉐라톤 리조트에 여장을 풀고 시원한 바닷바람을 맞았다. 하얀 백사장에는 야자수가 늘어서 있고, 그 나무 밑에 펼쳐진 벤치에서 맥주파티를 했다. 풀장에서 노는 늘씬한 미녀들을 보면서 밤이 늦도록 정담을 나누었다.

≪모악에세이≫ 제7집, 2003.

환상의 파티

아침에 눈을 뜨니 바람소리가 예사롭지 않다. 그래도 여행 마지막 날이라는 감상에 빠져 백사장을 걸었다. 바다를 바라보며 이국의 정취에 흠뻑 취했다. H교육장, Y교장 부부도 비 내리는 야자수 나무 밑을 걷고 있었다. 영화의 한 장면을 보는 것 같다.

가이드 P군이 치마를 입고 있다. 피지의 전통의상을 말없이 소개한 것이리라. 인사말 몇 가지를 알려주었다. '안녕하세요 = 불라(BULA), 감사합니다 = 비나까(VINAKA), 안녕히 가세요 = 모데(M0CE)'를.

한번 들으면 잊어버리고, 보면 기억하고, 행하면 이해한다면서 크게 소리 내어 따라하라고 했다. 그 말이 재미있어 큰 소리로 따라했다.

남태평양의 용궁 속을 구경하기 위해 유람선을 기다렸다. 선착장에서 원주민들도 만날 수 있었다. 그 중에 눈에 띄는 사람은 6척 장신의 원주민 남자였다. 계속해서 알지 못할 이야기를 하면서 권위를 세웠다. 무엇을 하는 남자일까? 까만 피부에 문신을 새기고, 깃털로 장식을 한 폼이 원주민 마을의 추장이나 지위가 높은 사람처럼 생각되었다. C팀장이 그 사람에게 기념촬영을 요구하자 흔쾌히 응해 주었다. 나는 어쩐지 접근하기가 무서웠다.

난디에서 30분쯤 배를 타고 비치콤보 섬에서 내렸다. 바톰 글라스 보트를 타고 바다 속 용궁을 들여다보았다. 형형색색의 산호초와 열대어들의 노는 모습이 환상적이었다. 백사장에서 배구를 즐기는 서양 미인들도, 선탠을 하는 행복한 청춘들도 자연의 아름다움에 흠뻑 취해 있는 것 같았다.

가이드 P군이 밤 비행기를 타고 귀국하기 전, 옵션관광을 제의해 왔다. 현지 식사비가 1인당 50불(한화 60,000원)인 곳이었다. 그 곳 피지 원주민들의 조상은 식인종이었으나 지금은 로보디너, 즉 땅속에 묻어놓고 열을 가해서 읽힌 고구마, 감자, 토란, 마, 돼지고기, 닭고기 등을 먹고 산다고 한다.

선뜻 옵션에 응할 수 없어 망설이고 있는데 그때 누군가가,

"우리가 언제 또다시 오겠습니까? 볼 수 있는 것 한 가지라도 더 보고 갑시다. 우리가 방문할 원주민 마을은 우리나라에서 TV로 방영된 적이 있습니다. 마을에서 민속쇼를 보면서 먹는 저녁은 오랫동안 좋은 추억이 될 것입니다."

라고 말을 하니 모두 옵션에 응했다.

캄캄한 밤에 마을에 도착하여 어느 집 넓은 마당에서 구워낸 음식을 꺼내는 걸 구경했다. 어렸을 때 아궁이에 고구마를 구워먹던 생각을 하면서 천막 안으로 들어갔다. 음식은 천막 입구에 뷔페로 차려놓았다. 그 밑에 멍석(?)을 깔아놓고 마을 주민들이 얌전하게 앉아 있었

다. 어린아이들까지 우리가 식사를 하는 동안 움직이지 않고 까만 피부에 눈만 깜박이고 있었다. 바나나 이파리로 싸서 구워낸 음식은 담백하고 맛이 좋았다. 특히 감자와 돼지고기는 별미였다.

저녁 식사 후 추장의 환영의식이 있었다. 우리 측 추장으로는 H교육장을 뽑았다. 손님을 접대하는 의식은 정중했다. 손님으로서 갖춰야 할 의식의 예禮를 우리 측 추장에게 가르쳤다. 원주민 추장이 부인 100명을 거느릴 수 있었던 마약 성분의 '카바'를 만들었다. 큰 나무대야에 카바나무 줄기를 넣고 물을 부어 손으로 주물러서 우려냈다. 만드는 과정이 비위생적이었다. 그걸 나누어 마시는 의식까지도 자기들의 전통을 따르도록 가르쳤다. 마을의 모든 사람이 다 나와서 순서대로 카바를 마시며 의식에 참여하는데 어린아이들도 질서를 잘 지켰다. 원주민의 쇼를 몇 가지 보여준 후 우리 일행을 마을 주민 사이사이에 끼워 세우고 민속쇼에 동참하도록 춤을 가르쳤다. 이 마을에

사는 초등학교 여자선생님이 리더가 되어 마을의 행사를 진행하는 노래와 춤을 지도했다. 마을 주민과 오랜 친구처럼 친해졌다. 우리 측 여자 선생님들과 마음이 통했나 보다. 즉흥적으로 춤을 배우고 다 같이 노래 부르며 손뼉치고 놀았다. 가수가 아닌 마을 주민들이 우리나라 노래를 불러주었다. 〈서울의 찬가〉, 〈사랑해 당신을〉 등 많은 우리 노래를 불러주며 흥을 돋우었다. 노래 수준이 가수 못지않았다. 땀이 몸에 흠뻑 젖도록 흥겹게 춤추며 노래했다. 그 시간만큼은 우리 모두가 하나였다. 우리가 그 나라의 민속무용과 노래만 감상했다면 그렇게 흥겹지는 않았으리라. 남자 선생님들은 원주민들에게 담배를 권하기도 하고, 우리나라 소주도 나눠 마셨다. 추장이 담배를 태우면서 소주를 마셨다. 여행 중 아끼며 남긴 팩 소주를 모두 가이드에게 주면서 밴드와 남자 원주민들이 나누어 마시도록 했다. 음식의 맛과 민속춤의 멋에 남녀노소 모든 사람들이 함께 어우러져 만들어낸 환상적인 축제였다. 밤이 깊어 가는 줄도 몰랐다. 이 밤의 축제를 오래도록 기억하리라.

서로의 아쉬움을 남기고 공항으로 돌아왔다. 대한항공이 우릴 기다리고 있었다. 좌석에 앉아 눈을 감았다. 뉴질랜드의 아름다운 풍경과 피지의 환상적인 파티가 떠올랐다. 그곳에 머물고 싶었던 마음은 순간의 충동이었을까? 보고 싶은 사람들의 모습이 봇물 터지듯 밀려왔다.

≪행촌수필≫ 제6호, 2003.

3부 | 세계로

북경관광

- 여행자의 마음

첫째날(2008. 4. 4.)

여행을 떠나기 전 내 마음은 언제나 들뜬다. 정년퇴직을 하면서 외국 여행을 하기가 쉽지 않을 것이라고 생각했는데, 뜻밖에 아이들이 중국에 가서 만리장성을 보고 오라고 권했다. 티켓을 주기에 못 이긴 척하고 환갑여행을 떠나기로 했다. 행선지는 북경이었다. 몇 차례 중국을 다녀왔지만 이상하게도 만리장성을 밟아보지 못했다.

장가계를 다녀와서는 빼어난 경치를 글로 다 표현할 수 없어 아쉬웠고, 산세 좋고 온천수가 좋아 현종이 양귀비와 살았다는 화청지에 가서 양귀비 동상을 보고는 '옛날에는 나처럼 통통한 여인이 미인이었다.'는 사실에 자기만족을 느끼기도 했었다.

진시황릉의 병마용갱이며 중국 소수민족의 생활관, 산골짜기를 돌아 유유히 흐르는 이강에서 유람선을 타고 산천을 둘러볼 때는 숲을 이룬 산봉우리들이 아름다워 사진에 담아오기도 했었다.

웅장한 동굴에서 화려한 종유석도 보았고, 동굴 속에서 열차를 타고 가다가 선착장에서 내려 배를 타고 선남선녀의 뱃놀이도 훔쳐보았다.

그들이 즐기는 모습을 보면서 마치 천상세계에 온 양 착각에 빠져 보기도 했고, 젓대 소리에 비몽사몽 홀려 보기도 했었다. 다만 아쉬운 점이라면 그때는 수필을 만나기 전이어서 기록으로 남겨지지 않고 희미한 기억으로만 남았다는 것이다.

동양화처럼 웅장하고 아름다운 자연경관을 상상하며 새벽에 집을 떠났다. 어제 도착한 딸네 식구들과 전주코아백화점 앞에서 인천공항으로 가는 리무진버스를 탔다. 네 살짜리 외손녀가 일찍 잠에서 깨어났어도 떼쓰지 않고 따라나섰다. 아홉 시에 공항에서 가이드를 만나기로 하여 새벽에 서둘러 차를 탔는데 서울에 접어드니 출근하는 차들과 뒤엉켜 도로가 엉망이었다. 약속시간에 도착할 수 있을지, 마음이 조급해졌다. 다행히 서울을 벗어나니 막혔던 도로가 뚫렸다. 공항에 도착하여 출국수속을 끝내고 면세점에서 홍삼엑기스를 샀다. 해외에 갈 때면 마음 쓰이는 것이 친지들의 선물이다. 제일 중요한 숙제 하나는 해결한 셈이다.

중국 천진 공항에 도착

하니 우리나라보다 좀 더웠다. 미니버스로 북경관광을 다녔다. 제일 먼저 찾은 천단 공원은 황제가 기우제를 지내는 곳이었다. 하늘을 상징한다는 천단 공원 건물은 옥으로 만들어져 화려했다. 지붕은 유럽의 성당 건축물에서 본 돔으로 되어 있으며 왕관 모양과 같았다. 금 1톤으로 왕관 꼭지를 만들었는데 어느 날 벼락을 맞아 사라졌다고 한다. 아직도 찾지 못해서 혹시나 하며 찾는 이들이 지금도 있다고 가이드가 익살을 떤다.

천단 공원의 화려한 건축물은 온갖 영화를 누리며 살았던 황제들의 호화로운 생활 모습을 연상케 했다.

북경은 예로부터 물이 풍족하지 못했다고 한다. 그러나 황제가 이곳에서 기우제를 지내면 늘 단비를 내려주었는데 그 이유는 간단했다. 황제가 비가 올 때까지 정성으로 기도를 올려서 그랬다는 것이다. 북경이 가뭄 때마다 황제가 이곳에 머물며 기우제를 지냈다고 하니 여기가 바로 황궁이나 다를 바 없다.

황제가 하늘에 제사를 올렸던 원구단은 대리석을 아홉 줄로 쌓아 놓았다. 원구단 중앙에 있는 천심원은 하늘과 직접 통하는 곳이라 하여 사람들이 서로 그 자리에서 기념사진을 찍느라 야단법석이다.

나는 그 곳에 서서 소원을 빌었다. 어쩐지 하나님이 그 소원을 꼭 들어주실 것만 같았다. 자식들 하나하나 다 잘되기를 간절히 빌었다. 황제의 소원을 들어 주신 하나님이 내 기도도 들어주실 것이라 믿었다.

소를 제물로 올리는 가마터를 보았다. 산 채로 장작불에 태워지며 울부짖는 소의 울음소리가 들리는 성싶었다. 황제가 기우제를 올려 백성들이 잘살 수 있도록 보살피기도 했으나 백성으로부터 빼앗아 황제만 누리며 살았던 것도 있다. 옥, 숫자 9, 측백나무, 행운의 빨강색은 백성들이 쓸 수 없는 황제만의 것이었다. 오랜 세월이 지난 오늘 빼앗긴 것들을 되찾기라도 하려는 듯이 수많은 사람들이 이곳에 몰려왔다. 노인들은 악기를 연주하고 노래하며 춤을 추고 있다. 달밤에 강강술래를 하는 듯 여러 사람들이 빙 둘러서서 태극권 시연을 보여준다. 우리들은 발을 멈추고 넋 놓고 구경하며 서 있었다.

왕부정거리 야시장으로 갔다. 왕부정은 옛날 왕씨 성을 가진 사람들이 마시던 우물이었다고 한다. 그러나 지금은 우리나라 명동거리와 같은 번화가로 변했다. 포장마차의 화려한 조명등 아래 진기한 먹을거리를 늘어놓고 관광객을 불러 모으고 있었다. 전갈, 불가사리, 지네, 애벌레 등을 꼬치에 꿰어 먹어보라고 주었다. 사람들이 먹지 못할 것은 아무것도 없다는 생각이 들었다. 전갈구이는 그냥 눈요기만 하고 메슥거리는 속을 옥수수로 달랬다. 여기저기 포장마차에서 호객하는 소리가 낯익었다. "싸다!" "맛있다!"라는 한국말로 한국관광객들을 유혹한다. 그러고 보니 한국관광객이 가장 많은 것 같았다.

중국에서 사유재산을 인정하면서부터 왕부정거리는 저녁이면 포장마차촌으로 탈바꿈되어 외화를 벌어들인다고 한다. 꼬챙이를 든 사람들 틈을 비집고 다니다가 어린 손자가 다칠까 걱정되어 등에 업고 한참을 걸었다. 포장마차를 줄줄이 지나 왕부정에 도착하니 우물은 주물로 막아 놓고, 그 자리에는 '왕부정'이라는 표지만 남아 있다. 사람들은 무심히 그 위를 지나간다.

오늘의 마지막 일정은 전신마사지였다. 생각만 해도 피로가 풀릴 것 같았다. 먼저 발마사지를 받으며 누워 있으니 발바닥 각질 제거를 권했다. 효과가 좋다는 말에 응했더니 하얀 가운을 걸치고 의료인인 양 들어온 청년이 발뒤꿈치를 면도칼로 몇 번 간지럽게 긁어댔다. 하도 시원찮아서 쳐다보니 다했다면서 돈을 달라고 했다. 그날 각질을 제거한 사람 모두가 마사지는 좋았는데 각질 제거는 사기라며 웃었다.

호사를 누리며 마사지를 받고 누워 있는 동안 사극의 한 장면이 스쳤다. 명나라 사신의 비위를 맞추려고 전전긍긍하던 옛날 조정 중신들의 모습이 떠올랐다. 오늘은 돈 몇 푼에 발마사지를 해주는 중국인들의 모습을 보며 우리나라의 국력 신장을 느낀다. 가슴이 뿌듯하다.

하룻밤과 평생을 바꾼 사나이

둘째날(2008. 4. 5.)

흉노족의 침입을 막고자 명나라 때부터 축성하여 진시황제 때 완공했다는 만리장성에 갔다. 차창 밖으로 시선을 돌리니 산벚꽃이 활짝 피었다. 흐드러지게 필 때의 모래재 산벚꽃처럼 아름다웠다. 우리 일행은 운이 좋았다. 바람은 조금 불어도 날씨는 청명해서 케이블카를 타고 성에 오를 수 있었으니 말이다.

그 높은 산에 성을 만 리나 쌓았으니 세계 7대 불가사의 중 하나라고 한 말이 이해가 되었다. 옛날의 병사가 되어 성벽에 난 구멍으로 밖을 살펴보았다. 적들이 창과 칼을 들고 쳐들어오는 것 같은 환상에 젖었다. 사다리를 걸쳐 놓고 성벽을 타고 기어오르다가 굴러 떨어지기도 했다. 창칼을 들고 몰려오는 적들도 큰 성을 무너뜨리지 못하고 밖에서 우왕좌왕하는 것 같았다. 영화와 드라마의 한 장면을 떠올리며 아래를 내려다보고 있을 때, 가이드가 "운이 좋은 사람들이 아니면 끝없이 이어지는 만리장성을 못 보는 사람이 많다."라고 했다. 높은 산 능선에 커다란 한 마리의 용이 꿈틀거리듯 굽이치는 성루와 성루 사이를 걸었다. 옛날 갑옷 입은 병사가 적병과 싸우는 모습을 상상하면서….

이 성을 쌓기 위해 얼마나 많은 사람들이 피땀을 흘렸을까? 가족들과 생이별하고 이곳에 끌려와 노역에 시달리는 백성들의 불평과 황제를 원망하는 소리가 쌓여 이렇게 세계문화유산이 되었다. 성 1m에 한 사람씩 죽었다니 죽은 사람들이 얼마나 많았을까? 가이드가 "하룻밤을 자도 만리장성을 쌓는다."라는 속담의 유래를 들려주었다.

진시황 때 결혼한 지 사흘 만에 신랑은 만리장성을 쌓는 공사장으로 끌려가고 새색시만 외딴집에서 살았다. 당시 공사장에 한번 끌려간 사람은 다시는 집으로 돌아오지 못했다. 외롭게 사는 새댁의 집에 젊은 나그네가 찾아와 하룻밤만 묵어가게 해달라고 간청을 했다. 새댁은 그 근처에 잘 곳이 없어 거절하지도 못하고 아랫방을 내주었다. 저녁 식사를 마친 나그네가 혼자 사는 젊은 여인의 미모에 반해서 수작을 걸었다.

"돌아올 수 없는 남편을 생각하고 정조를 지킨들 무슨 소용이 있소? 내가 평생 책임질 테니 함께 멀리 도망가서 행복하게 잘살아 봅시다."

여인은 더 이상 저항해도 소용이 없다는 것을 깨닫고 한 가지 조건을 걸었다.

“남편과 잠시라도 함께 산 부부간의 의리가 있으니, 어차피 살아서 만나지 못할 남편에게 새로 지은 옷 한 벌을 입히고 싶습니다. 옷을 싸 드릴 테니 날이 밝거든 남편을 찾아가 갈아입을 수 있도록 옷을 전해주시고, 그 증표로 편지 한 장만 받아다 주세요.”

라고 간청했다. 여인의 생각이 갸륵하기도 하고, 그리 어렵지도 않은 부탁이라서 흔쾌히 승낙하고 여인과 하룻밤을 지냈다. 아름다운 여인과 평생 같이 살 생각을 하며 남편을 찾아가 공사장 감독관에게 면회 온 사정을 이야기하니 감독관이 말하기를,

“여인의 남편이 옷을 갈아입는 동안 그 대신 당신이 공사장 안에 들어가 있어야 하오.”

했다. 나그네는 별 생각 없이 남편이 옷을 갈아입도록 공사장 안으로 들어가고, 남편은 밖으로 나와 옷을 갈아입으려고 보따리를 풀었다. 그런데 그 속에 부인이 쓴 편지가 들어 있었다.

“당신을 공사장에서 빼내기 위해 이 옷을 전한 남자와 하룻밤을 보냈습니다. 이를 허물로 삼지 않으려면 집으로 오시고, 허물로 여기시려거든 다시 공사장으로 들어가십시오.”

남편은 옷을 갈아입고 집으로 돌아와 아들딸 낳고 행복하게 잘살았고, 남편을 대신해서 공사장 안으로 들어간 나그네는 밖으로 나오지 못하고 그 곳에서 만리장성을 쌓다 죽었다며 구성지게 이야기를 풀어놓았다. 하룻밤 여자를 안아보고 평생 피땀을 흘리며 만리장성을 쌓았을 그 남자가 몹시 안쓰러웠다. 날마다 부역에 시달리며 무슨 생각을 하였을까? 하루아침에 두 남자의 운명을 바꿔 놓은 혜옥을 현명한 여자

라고 해야 하나, 남편을 구해낸 지혜 있는 여자라고 해야 하나? 아니면 나그네의 일생을 망친 요부라고 해야 할까? 수많은 사람들이 노역에 시달리다 죽어 간 곳, 세계에서 가장 큰 무덤이라고도 하는 만리장성에 얽혀 전해 내려오는 이야기다.

숙소인 온도수성호텔에 딸린 온천장은 어린아이가 놀기에 좋은 시설을 다 갖추고 있었다. 폭포수가 떨어지는 미끄럼틀이며 해적선 놀이 모형, 바다처럼 파도가 밀려오는 수영장도 있었다. 손자는 처음 보는 또래 아이들과 돌고래도 타고, 폭포수를 맞으며 미끄럼도 타고 신나게 놀았다. 나이를 잊은 채 나도 덩달아 물속으로 뛰어들었다.

(수필과비평작가회의 동인지 제13집)

부귀영화는 어디로 가고

셋째날(2008. 4. 6.)

중국 민주화운동의 상징인 천안문을 찾았다. 어제 원구단 천심원에서 기우제를 지낸 사람이 있었나 보다. 비가 적다는 북경 땅에 비가 내렸다. 차에서 내리니 우산장수들이 천원, 천원 하며 몰려들었다.

천안문광장을 지나 명 · 청조의 황제 24명이 400년 동안 절대 권력을 휘두르며 살았던 자금성에 들어섰다. 나무 한 그루도 보이지 않고 모두가 붉었다. 물이 없고 나무가 없는 뜰에 햇볕이 쏟아지면 얼마나 더울까? 우리가 밟고 다니는 궁전 안 뜰을 모두 붉은 벽돌로 깔아 놓았다. 자객의 침입을 막기 위해 뜰에 나무를 심지 않고, 땅굴로 침입할까봐 세 번이나 구워 만든 튼튼한 벽돌로 겹겹이 일곱 번이나 쌓아 만들었다고 한다. 엄청난 공사에 동원된 백성들이 흘린 피땀 냄새가 진동하고 원성이 귓전에서 윙윙 맴도는 듯했다. 곳곳에 커다란 청동항아리가 눈에 띄는데 둘레가 온통 긁힌 자국투성이였다. 알고 보니 방화수를 담아 놓은 항아리인데 그 큰 것들을 다 도금했다고 한다. 외국군대가 보물을 약탈하면서 항아리의 도금까지도 칼로 긁어 가버린 흔적이 생채기로 남아 있다.

“중국엔 진품이 없습니다. 모두 전리품으로 다 도둑맞았습니다. 지금 궁전에 있는 것들은 모두 모조품입니다.”

그 말을 들으니 남의 말 같지 않았다. 우리나라도 수많은 외침 때마다 소중한 우리 문화재를 도둑맞았으니까.

대문을 들어서니 용마루엔 상상의 동물인 망천우가 태화전을 향해,

“나가 백성을 잘 보살펴라.”

하며 큰소리로 황제를 채근하는 듯하였다.

청나라 마지막 황제 부이는 3세 때 옥좌에 앉았다. 옥좌는 누가 대신 앉혀 줄 수 있는 자리가 아니었다. 본인 스스로 옥좌에 앉을 수 있어야 즉위식을 할 수 있었다.

부이 황제 즉위식에서 있었던 이야기다. 어린 황제가 즉위식이 지루하고 견디기 힘들어 하니까 그 곁에 있던 엄마가, “곧 끝난다.”라는 말을 되풀이했다. 그 말을 들은 신하들이 모두 놀랐으나 한번 뱉은 말은 주워담을 수 없었다. 말이 씨가 되었는지 부이는 3년 만에 퇴위를 했다. 무슨 자리인 줄도 모르고 황제에 즉위했고, 변화의 바람에 내몰려 6세에 퇴위했다. 부이는 변법자강운동과 사상해방운동 100년 남짓의 격동 시기에 힘들게 살다 갔다.

영화 속의 어린 황제가 아장아장 걸어가 옥좌에 앉던 모습과 황제의 자리에서 물러나 감시당하며 고생고생하며 살아가던 모습이 떠올랐다. 즉위식에서 엄마가 한 말이 씨가 되었다고 생각하니 왠지 섬뜩했다.

황제가 일상생활을 하던 태화전, 선농제 등 제사의식을 올리던 중화전, 국빈을 접대하고 과거시험을 보던 보화전, 침실인 건천궁, 황후의 생일잔치를 치르던 교태전, 궁녀들의 대기실인 곤우궁을 지나 어화원에 들르니 황제의 정원답게 예쁜 꽃들이 피어 우리를 반겨주었다.

손녀는 노란색 매화꽃을 따 달라고 졸랐지만 꽃을 딸 수 없어 봉우리째 떨어진 꽃들을 주워서 건네주었다. 예쁜 꽃을 배경으로 사진도 찍고 한동안 황후처럼 여유를 부려 보기도 하였다.

큰 바위를 쌓아 만든 동산에 분재 모양의 나무들이 바위 틈에서 손님을 맞았다. 한쪽 비탈길로 누각에 오를 수 있는 계단이 있으나 관광객들에게는 허용되지 않았다.

누각 위에 올라 정원을 내려다보면 신선이라도 된 듯 운치가 있을 것 같은데 아쉬웠다. 누각 밑으로는 커다란 바위 틈에 구멍이 숭숭 뚫렸다. 틈 사이에 물이 잠시 머물러 있다가 그 물이 폭포처럼 흘러내리게 만들어졌다. 폭포 밑으로 커다란 아궁이가 있어 거기에 불을 지피면 물이 끓어오르면서 수증기가 구름처럼 피어올랐다고 한다. 천상세계를 본떠 만든 누각에서 황제와 궁녀가 신선놀음을 즐겼다는 어화원을 지나 경산 공원으로 갔다.

자금성과 북경 거리를 훤히 내려다볼 수 있다는 경산 공원. 그 곳에는 명나라 마지막 황제가 도피하다가 더 이상 빠져 나갈 수 없음을 알고, 입고 있던 용포자락을 찢어 "백성은 죄가 없으니 해치지 말라."라는 혈서를 써서 아래로 내려 보내고 자결했다는 말과 함께 전해지는 나무가 있었다. 그 나무를 지나 만추정에 올라서서 아래를 내려다보니 자금성이 한눈에 들어왔다. 부귀영화를 모두 내놓고 남은 생을 마감한 마지막 황제는 무슨 생각을 하며 죽었을까?

옥황상제가 10,000칸을 사용한다고 해서 황제는 9,000명의 궁녀를 거느리고, 9999.5칸에서 살았다고 하는 자금성. 화려한 황실생활이 초가삼간 오막살이에서 사는 것보다 더 행복했을까? 자객이 무서워 나무 한 그루도 심지 못하고 살아야 하는 궁전생활이 결코 부럽지만은 않았다. 부귀영화를 누리던 황제도 결국 자연으로 돌아가 보이지 않고, 그가 살았다는 궁전만이 그 때의 흔적으로 남아 삶의 의미를 일깨워 주고 있었다.

경산 공원을 내려와 인력거 투어를 했다. 옛날의 세도가들이 부귀영화를 누리고 살았다던 자금성 근처 주택가다. 인력거를 타고 골목골목을 돌며 생활하는 모습을 보니 우리나라 달동네같이 초라했다. 골목을 돌다가 흥에 겨워 〈성주풀이〉를 부르니 인력거를 끌던 아저씨가 웃으며 엄지손가락을 쳐든다.

우리나라 민요가 중국인에게도 흥겹게 들렸나 보다. 두 사람씩 타는 인력거를 우리는 셋이 탔다. 내가 몸무게가 다른 이들보다 더 나가고 손녀딸과 딸까지 같이 탔으니 다른 이들보다 힘들었을 것 같았다. 그래서 팁에 천 원을 더 얹어줬다.

인력거를 타고 골목을 누빌 때는 내가 재상이라도 된 듯이 흐뭇했다. 이런 기분이라면 돈 1,000원

이 아깝지 않았다.

우리 전주의 한옥마을 골목길에도 이런 투어가 있다면 외국인들이 좋아할 것 같다. 인력거나 가마, 승마면 어떠랴. 한옥마을 고샅 고샅을 한 바퀴 돌며 각종 체험 프로그램을 통해 아름다운 전주한옥마을을 알릴 수 있으면 좋겠다는 생각이 들었다.

북경의 밤 공연은 즐거웠다. 전통의상과 다양한 음악, 춤 등으로 중국역사를 표현하는 가극을 보았다. 전광판의 해설이 영어로만 되어 있어 아쉬웠다. 손자가 아는 단어가 나오면 통역을 해주려고 노력하는 모습이 귀여웠다. 말은 통하지 않아도 화려하고 웅장한 무대였다. 그날 밤은 꿈속에서 수리의 날갯짓에 따라 용을 타고 초원을 누빌 수 있었다.

권력이 남겨준 이름

넷째날(2008. 4. 7.)

중국에서 4대 미인을 꼽으라면 양귀비, 왕소군, 서시, 초선이다. 그러나 3대 악녀를 말하라면 측천후, 달기, 서태후란다. 서태후는 궁녀로 입궁한 후 황제의 총애를 받아 후궁이 된 뒤 권력의 중심에 서게 되자 황제를 죽이고 아들을 왕위에 올려놓았다. 서태후는 수렴청정을 하다가 아들이 죽자, 조카를 즉위시키고 훗날 그 조카를 독살한 무서운 여자였다.

그런 서태후가 해군 군비증강에 써야 할 삼천만 냥으로 자신의 여름별장을 만들었다. 백성을 징용해서 사람의 손으로 땅을 파 곤명호를 만들고, 그 흙을 쌓아 놓은 것이 만수산이다. 비가 오나 눈이 내리나 산 정상에 있는 불향각(절)을 찾는 바람에 세상에서 제일 긴 복도를 만들고 지붕을 얹어 놓았는데 그것이 장랑이다. 복도 안쪽에는 ≪삼국지≫, ≪수호지≫, ≪서유기≫, ≪홍루몽≫의 줄거리를 화려한 색채로 그려 놓았다. 저녁이면 장랑의 난간에 등을 매달아 놓고, 곤명호에 연꽃 모양의 등불을 띄우고 즐겼다고 한다. 이곳의 경치는 아침저녁으로 새롭고, 사계절에 따라 변화가 있다. 어화원의 경치를 다 보려면 1년이 걸린다고 할 만큼 호수와 만수산이 어우러져 아름답다. 곤명호에서 누각 모양의 유람선을 탔다. 아쉽게도 안개인지 황사인지 정체 모를 것이 시야를 가려 멀리까지 볼 수가 없었다.

유람선을 타고 섬에서 내려 누각을 빙 돌아 사자상이 많은 다리를 건넜다. 중국에서 유일하게 남아 있는 진품이 이곳 호숫가에 있다. 그것은 까만 '소' 동상인데 전쟁 당시에 호수에 빠트려 놓았다. 침략자들이 호수에 동상이 있는 것을 알지 못해 가져가지 않았다. 새로운 보물 보관 방법으로 괜찮다는 생각이 든다.

권력에 눈이 멀어 갖은 악행을 다하며 세상을 살다간 서태후. 그 여인을 후세 사람들은 악녀라는 이름으로 부른다. 내가 살아온 삶을 뒤돌아보며, 남은 삶을 어떻게 살다 가야 할까 깊은 생각에 잠겨 본다.

(2008. 4. 10)

유럽여행의 매혹에 취해서

바티칸 시국

세계에서 가장 작은 나라 바티칸에 가기 위해 이른 아침부터 서둘러 버스를 탔다. 오늘부터 3일간 로마여행 안내자로 K가이드가 소개되었다. 로마에 대한 지식이 풍부해 보였다.

'유럽은 아는 만큼 보이고, 보는 만큼 느끼고, 느낀 만큼 사랑하게 된다. 마음의 문을 열어야 로마가 보인다.'고 한다.

만날 때는 '볼름느노', '차오'라고도 하고 헤어질 때는 '차오차오', '그랏제'는 감사합니다, '안젤로'는 천사라고 인사말을 알려주었다.

바티칸 박물관은 늦으면 줄을 서서 기다리는 시간이 많이 걸린다. 사람이 많아지면 관람이 복잡하다고 어제부터 준비한 보람이 있어 줄서서 기다리는 시간은 짧았다.

로마에는 집시가 많아 도난 우려가 있으니 집시를 조심하라고 한다. 줄서서 기다릴 때에도 이방인이 사이에 끼어들지 못하도록 경계해야 하며, 관람하면서도 일행과 떨어지지 않도록 뭉쳐 다니라고 한다. 초원에서도 맹수의 공격대상은 무리를 이탈하여 혼자 있는 동물이다. 힘이 약한 어린 새끼들도 큰 동물들이 보호하고 있을 때는 절대 공격당하지 않는다고 한다. 그 말을 듣고 주변을 보니 차림새가 엄벙한 이들은 모두 다 집시로 보였다. 가이드의 설명을 들을 수 있는 수신기를 받아 귀에 꽂고, 작은 손가방을 메고 집시의 공격을 피하기 위해 열심히 일행을 따라다녔다.

그런데 문제가 발생했다. 어젯밤에 기내에서 준 와인을 마시지 않고 손가방에 넣어 둔 것이 화근이었다. 경비원(?)이 한참을 뭐라고 말을 해대는데 그 중에 '렛츠 고' 하는 소리만 알아듣고 그 사람 뒤를 따라갔다. 우리 팀은 다 안으로 들어가고 혼자가 된 난 불안하고 표현할 방법을 몰라 더욱 안타까웠다. 한참을 따라가니 구석진 장소에서 일하고 있는 사람에게 술병을 건넨다. 등에 진땀이 흘렀다. 자기네들끼리 무슨 이야기를 계속한 후 종이 한 장을 받아 내게 주었다. "오케이?" 하는 소리에 정신이 번쩍 들었다. 그 종이가 술 보관증인 것 같아 받아들고 정신없이 달려갔다.

우리 일행은 솔방울 정원에 있는 최후의 만찬 안내판의 그림해설을 듣고 있었다. 솔방울 정원에 있는 비뚤어진 지구가 병들어 가는 지구를 표현한 것이라고 열정적으로 설명한다.

시스틴 성당의 벽과 천장이 성화로 가득하다. 프레스코 기법과 모자이크로 그려진 성경 이야기들이 감동으로 다가온다. 옛날 사람들은 글을 읽지 못해 성경 이야기들을 그림으로 그려 많은 사람들에게 들려주었다고 한다. 여러 가지 장면으로 나뉘어 그려졌으나 전체가 하나인 것처럼 일체감을 준다. 그 큰 작품들이 매우 정교하게 그려졌다.

미켈란젤로 초창기 작품인 〈천지창조〉는 교황 율리우스 2세의 위촉을 받아 4년 반 만에 완성되었다고 한다. 머리를 뒤로 젖혀 천장을 바라보기도 힘이 드는데…. 천장의 그림을 볼수록 감탄스러웠다. 〈최후의 심판〉, 〈모세의 이야기〉, 〈예수의 시험〉 등의 성화를 볼 수 있었던 것은 신이 내린 은총이라고 생각했다. 여러 선지자들과 다윗, 골리앗의 그림도 볼 수 있었다. 예수님이 죽은 지 사흘 만에 무덤에서 나오실 때의 모습도 보인다. 돌을 밟고 서서 나를 쳐다보고 계셨다. 예수님의 눈빛이 내 눈과 딱 마주쳤다. 중앙에 서 있어도, 성화를 지나쳐 다시 예수님을 바라보아도, 그 눈빛이 나를 향해 바라보고 있었다. 달밤에 내가 가고 있는 방향으로 달님이 따라오던 것처럼…….

가이드의 해박한 성화 해설은 시스틴 성당의 성령 충만함을 느끼게 했다. 세계적인 종교지도자 교황이 이곳에서 선출된다는 것이 당연하다는 생각이 들었다.

〈천지창조〉를 완성한 후 22년이 지났을 때 교황 클레멘스 7세가 〈최후의 심판〉을 그리도록 했다. 미켈란젤로의 나이 52세 때이다. 그림이 완성될 때까지 간섭하지 않는다는 약속을 받아 내고 그림을 그리기 시작하여 6년 만에 완성시켰다.

천사들이 나팔을 불며 최후의 심판을 알리고, 그 위 중앙에는 예수님과 함께 천국에 갈 사람들이 있었다. 그 아래로 죄인들이 탄 배는 지옥으로 가고 있다. 예수님 발 아래 오른쪽 순교자의 모델은 미켈란젤로 자신이며, 미켈란젤로를 간섭하며 미워했던 추기경은 지옥으로 가는 배에 타고 있다. 추기경은 자신의 모습을 그림에서 없애 주도록 교황에게 간청했다. 교황의 대답은 약속사항이라 자기도 어쩔 수 없다며 거절하여 지금도 지옥으로 가고 있는 추기경에 대한 이야기를 들으며 그림에 시선을 멈췄다. 그 시절에도 시기, 질투 등의 삶이 지옥행이었음을 말해 주고 있었다.

베드로와 기독교인들이 순교당한 장소에 세워진 베드로 성당에는 대리석 기둥들 사이로 5개의 문이 있었다. 그 중 맨 오른쪽에 있는 성문은 잠겨 있다. 25년마다 돌아오는 성년(2025년)에 그 문이 열리면 전세계의 가톨릭교회 신자들이 모여든다. 그 성문을 통과하면 죄(벌)사함을 받는다고 믿기 때문이다.

성당의 내부에 들어서자 웅장한 조각품과 성화로 장식된 내부 공간에 압도당한다. 경외하는 마음으로 성인들의 조각을 감상했다. 〈피에타(십자가에서 내려져 성모 마리아의 품에 안겨 있는 예수님 조각상)〉에 시선이 멈춘다. 33세 때 십자가에 못 박혀 죽임을 당하신 예수님의 어머니(성모님) 얼굴이 너무 젊다고 말하는 이들도 있었다. 죽은 아들을 품에 안고 비탄에 빠져있는 성모의 얼굴 표정…. 의복의 겹친 부분이나 아래로 축 처진 선의 흐름 처리가 천으로 만든 의상처럼 자연스럽다. 정교하게 다듬어진 대리석의 부드러움이 놀랍다. 신이 만든 작품 같다.

이 작품을 감상하던 군중이 "미켈란젤로의 작품이 아니다."라고 하는 소리에 자극을 받아 자신의 사인을 했다. 그 후 〈피에타〉는 미켈란젤로 작품 중에서 사인이 있는 유일한 작품이 되었다고 한다.

천주교인이 되기 위해 교리공부를 하고 있는 나에게 시스틴 성당과 성베드로성당, 바티칸 박물관의 관람은 성지순례와 같았다. 부자가 천국에 들어가기는 낙타가 바늘귀에 들어가기보다 더 어렵다는 성경

구절을 생각하며, 천국에 들어가기 위한 삶을 살기 위해 시기도 질투도 다 버리고 마음이 가난한 사람으로 거듭나야겠다.

(2004. 10. 8)

로마, 로마사람들

이태리는 주 5일 근무하는 나라여서 많은 사람들이 삶의 여유를 즐기며 산다. 특히 바캉스 문화가 발달되어 일 년이면 60일 정도 휴가를 즐긴다. 식사시간에도 빨리빨리 하지 않고 담소와 토론으로 여유 있는 식사를 한다.

그런데 이 나라는 지역감정이 심하다. 도시만 달라도 다른 나라 취급을 한다. 학교교육은 초·중등 과정이 8년제이고, 오전수업을 하며, 과외가 없는 나라다. 공중화장실의 좌변기엔 덮개가 없다. 위생관리 때문이라지만 우리나라의 화장실 편의시설에 비해 형편없었다. 화장실을 이용하려면 팁 의미로 사용료(20~30센트)를 내야 했다. 버스에서 가이드가 무료화장실에 대해 이야기를 하면 평소 잘 다니지 않던 화장실도 그 말을 들으면 가고 싶은 마음이 생긴다. 집시와 화장실 이야기는 날마다 나를 긴장시켰다.

로마 광장(포로로마노)은 고대 로마 시민들의 생활 중심지였다. 공회당과 원로원 등 공공건물과 수많은 신전들이 있었다. 모든 사람들에게 열린 공간으로, 정치가와 학자들, 예술가와 상인들, 시민들이 어우러져 로마문화를 숙성시키는 장소였다.

'처녀제관의 집(성화가 꺼지지 않도록 귀족가문 처녀제관을 선발)'과 비너스신전을 비롯해서 많은 신전들이 있고, 무주택 신(30만이 넘는 신들)을 위한 '만신전(판테온)'이 있었다.

부서진 집터와 조각난 대리석 기둥만 서 있는 신전, 클레오파트라가 살았던 화려한 저택, 시저가 "브루터스, 너까지도!"라고 부르짖으며 죽어간 곳도 있었다. 또 시저의 장례식장에서 '황제의 자리보다 로마를 더욱 사랑했다.'고 말한 안토니우스의 연설무대, 전쟁에서 승리하고 돌아온 황제를 맞이하던 개선문과 파리 개선문의 아버지인 콘스탄틴 황제 개선문도 있었다.

그 광장은 노예들이 1년 동안 힘들게 일을 마친 어느 날, 주인과 대등한 관계에서 선물을 주고받으며 즐기던 장소였다. 그 풍습이 지금도 남아 있다는 말을 들으니 우리나라의 양반탈춤이 연상되기도 했다. 그 옛날 화려했던 신전과 건물들은 폐허가 되어 역사의 현장으로만 남아 있어 권력의 무상함을 말해주고 있었다. 사라진 고대도시 로마의 생활 모습을 상상하기에 충분했다.

L엄마와 L전문위원은 로마의 전경을 정성스럽게 카메라에 담는다. 벤츠옵션을 피해 걸어서 로마 시 청사로 사용하고 있는 세나토리오 궁에 당도했다. 거대한 석상의 플록스 신이 말에서 내려 서 있는 동상과 로마 시 청사를 배경으로 기념사진을 찍었다.

2세기에 만들어진 카타콤베는 기독교인들의 시신 80만 구가 묻혀 있는 공동묘지다. '잠시 쉬었다 가는 장소'라는 뜻을 가진 땅굴이다. 미로로 된 지하통로 벽에 수직으로 3~4개씩 관棺을 넣을 수 있도록 직사각형으로 파 놓았다. 흙을 파낼 때 큰 도구를 이용하지 않은 듯 긁어낸 자국이 보였다. 흙이 공기와 수분을 접촉하게 되면 단단해지는 성질이 있고 부드러워 파내기가 쉬웠을 것이라고 한다. 그 땅굴의 길이는 서울에서 부산까지의 거리의 일곱 배나 된다고 하는데 수세기 동안 무너지지 않았다. 지하 4층 구조로 된 땅굴에 안내자 없이 들어간 사람이 길을 찾지 못해 실종된 적도 있었다고 가이드가 겁을 준다. 사람이 살 수 있도록 군데군데 산소 공급 통로도 보였다. 기독교인들이 로마 병정들에게 박해를 당할 때 하나님이 주신 땅이라 하며 이곳에서 숨어 살았다고 한다. 지하 온도가 변함이 없어 사람들이 살기에 적합했으며 시체의 부패 방지에도 도움이 됐단다. 순교한 로마 황실의 공주도 볼 수 있었다. 벽에는 예수 그리스도의 합성 문자와(XP가 겹침) IXQYCY(익투스=물고기)라는 문자들이 여러 군데 적혀 있었다. 회합을 위한 장소인 듯 방처럼 넓은 공간도 눈에 띄었다. 기독교의 박해와 수난의 역사를 보면서 성령의 위대한 힘을 느꼈다.

'크다'는 뜻을 가진 콜로세움 원형경기장은 검투사들의 격투시합장이었다. 네로 황제 저택(황금 궁)의 인공호수 자리에 세워졌으며, 약 5만 명 정도 수용이 가능하다. 경기는 검투사 중 한 사람이 죽을 때까지 계속해서 진행했으며, 6세기까지도 맹수들과의 혈투를 관람하면서 즐겼다고 하니 인간의 잔인함을 엿볼 수 있었다. 경기장 안에 들어

가지는 못하고 창살 사이로 들여다보았다. 그 모습은 검투사들이 자동차에 밀려 뒷걸음치는 CF로 우리 집 안방에서 본 모습이었다. 〈쿼바디스〉 영화에서 네로 황제 통치 시절 기독교도의 박해 장소였으며, 맹수와 검투사가 생사를 겨루는 치열한 격투가 개최된 장소였다. 어쩐지 웅장한 건축물의 감상보다는 권력의 치졸함과 인간의 잔인함이 더 느껴지는 곳이었다.

트레비 분수는 전쟁에서 돌아온 목마른 로마 병정에게 한 처녀가 샘을 알려 주었다고 해서 '처녀의 샘'이라고도 불린다. 세 갈래의 물길이 모이는 곳이라는 뜻을 가진 분수는 30년 만에 완공되었다. 이곳에 동전을 던지고 가면 다시 로마에 올 수 있다는 전설이 있다.

많은 관광객들이 뒤로 돌아서서 분수에 동전을 던지는 모습이 구경거리였다. 동전 2개를 넣으면 사랑의 열매를 맺고, 동전 3개를 넣으면 이혼을 한다는 전설을 들으며, 나도 뒤로 돌아 동전을 던지면서 다시 로마에 올 수 있도록 기원했다.

반인반수半人半獸의 해신海神 트리톤이 이끄는 전차 위에 해신 넵튠像이 거대한 조개를 밟고 서 있어 힘차게 약동하는 모습을 하고 있다. 주위의 기암괴석 사이에서 끊임없이 물이 흘러나와 연못을 이룬다. 영화 〈로마의 휴일〉에서 오드리햅번(공주)과 그레고리팩(기자)이 트래비 분수 옆 가게에서 아이스크림을 먹었는데 우리 일행도 그 집을 찾아 줄을 서서 아이스크림을 사 먹으면서 그 때 공주의 기분을 느껴 보았다.

(2004. 10. 9)

하이델베르크

꿈에 부푼 유럽여행이 시작되었다. 독일의 프랑크푸르트 공항에 도착했다. 이 공항은 유럽에서 제일 크다고 한다. 현지 가이드는 사진을 전공하는 여학생이었다. 버스를 타고 하이델베르크로 가는 동안 그 시의 특징에 대해 설명해 주었다.

"하이델베르크 도시 이름은 '신과 가까운 곳'이라는 의미가 담겨 있다. 날씨는 변덕스럽고 햇볕이 있을 때는 덥지만 그늘은 춥다. 땅을 밟고 살기 위해 건물은 낮게 짓고, 저녁 7시 이후에는 물건을 살 수가 없다. 슈퍼마켓에서 물건을 살 때 '물건을 팔아 준 덕에 제가 필요한 물건을 구입했다.'며 슈퍼 주인에게 고맙다고 인사를 해야 한다. 맥주는 6,000종류가 넘는다. 각 지방마다 맥주 만드는 공장이 있어 그 지방에서 나는 맥주를 마셔야 값이 싸다. 보리농사가 많고 주식은 감자다. 감자로 국수도 만들고 빵도 만든다. 하이델베르크 대학은 독일에서 가장 오래된 대학이며 의과대학이 유명하다."며 실타래를 풀듯 말을 이어갔다.

도로엔 경전철이 달린다. 곳곳에 자전거 보관장소가 있다. 도시의 공기가 맑아 상쾌한 기분이었다. 자전거 도로에서 사람과 자전거가 부딪치면 사람의 과실로 처분한다. 전주시의 경전철사업 추진과 자전거 도로를 생각하니 관심이 갔다. 차창 밖에 보이는 독특한 모형의 예쁜 집들 창가에는 제라늄꽃이 만발했다. 참 깨끗하고 아름다운 도시다. 제라늄 특유의 향이 해충을 방지해 주고 있어 창가에 심어 기른다고 하니 일거양득이다. 꽃을 사랑하는 사람들이 살고 있는 도시에 매력을 느낀다. 쾌적한 생활환경이 부러웠다.

문호 괴테가 자주 찾았다는 고성에 도착하니 날씨가 을씨년스러웠다. 스산한 바람에 낙엽들이 흩날리고 있다. 내 머리에 쓴 모자도 휙~ 바람이 몰고 간다. 추위가 엄습한다. 옷깃을 여미고 '엘리자베스의 문' 앞에 당도하니 가이드가, "이 건물을 세운 기간은 얼마나 걸렸을까요? 맞힌 사람에게 맛있는 포도주를 쏘겠습니다."라고 말했다.

일행들은 1년, 10년이라고 기간을 말했다. 그러나 정답을 맞히지는 못했다. 그 문은 프리드리히 5세가 엘리자베스 왕비의 생일선물로 하룻밤 사이에 만들었단다. 이렇게 화려하고 웅장한 모습의 문을 단 하루 만에 만들 수 있었다니 놀랍다. 연인과 손을 꼭~잡고 그 문으로 들어가면 백년해로한다는 전설이 있어 나도 짝꿍과 손을 꼭 잡고 걸어 들어갔다.

고성은 13세기에 화르츠선 제후가 세웠다. 벼락 맞고, 왕권전쟁을 하는 동안 폭파된 화약탑은 복원되지 않은 모습 그대로였다. 건축양식은 고딕, 르네상스, 바로크 등 각 시대의 양식이 혼합되어 있다. 오르하인리히 궁은 고딕 양식으로 되어 있으며 지붕 위에 그리스신화에 나오는 신들의 동상을 세워놓았다. 벽에는 구약성서에 나오는 인물들을 섬세하게 조각해 놓았다. 그 건물 앞에 서니 경건한 마음이 된다. '예술적 가치가 높이 평가되는 웅장한 건물'이라고 가이드가 소개한다. 조각들에게서 풍기는 성스러운 느낌을 마음속에 담아 왔다.

그 옆 프리드리히 궁에는 자기 조상들의 동상을 조각해 놓았는데 건물에 대한 예술적 가치평가가 절하되어 있다. 그 이유는 자기 조상들을 조각해 놓은 탓이라고. 건물의 아름다움이나 웅장함, 조각의 섬세함이 다르게 보이지는 않았다. 그러나 예술적 가치는 조각의 섬세함보다 그 조각에 혼이 담겨 있어야 예술성을 인정받는 것 같다.

르네상스 건축물의 창문 위에 조각장식을 많이 해놓았다. 그리스의 신들과 구약성서의 인물들, 제후들이 아직도 고성에 남아 관광객들을 맞이하고 있었다.

의약 박물관에 들르니 우리나라의 한약방 같은 기분이 들었다. '허준' 드라마가 뇌리를 스쳤다. 수세기 동안 인술을 펼치던 천연약재들, 의약 관련 용품들, 실험도구들이 정갈하게 정돈되어 있다. 식물성 약재를 채집하여 압력약탕기에 달이고, 그 성분을 실험 연구하여 성분을 분석하고 약효를 알아내 사용한 발자취를 보여준다. 유리실험기구들의 모형이 아주 독특하다. 그 옛날에 어떻게 저런 기구들을 만들어 사용할 수 있었을까? 아스피린, 피임약 하면 독일을 떠올리게 된다. 선진 의약품 제조기술이 그저 주어진 것이 아님을 알 수 있었다. 그들의 과학기술 개발 노력에 대한 보상이리라.

지하로 들어가니 커다란 술통(220,000ℓ)이 있었다. 술통 위로 난 길을 돌아서니 술에 취한 광대 페오게르네가 술통을 지키고 있었다. 술 없이 못 사는 술통지기 난쟁이는 항상 술에 취해 잠을 잤다. 그를 깨우기 위한 시계가 술통지기 동상 옆벽에 걸려 있다. 포도주를 옮길 때는 호스를 이용하여 파티장소에서 직접 받아 마시며 즐겼다고 한다. 술통을 보면서 제후들의 화려한 파티 분위기를 그려본다.

고성 뒤편에 있는 전망대에 오르니 네카 강이 보인다. 강변에 호화주택들도 보였다. 능선 위로 철학자의 길도 보인다.

독일은 문화가 다양하게 발전된 나라다. 각 주마다 예술인들을 지원해주고 있어 국민들의 예술수준도 높다. 괴테, 토마스, 헤세 등의 작가와 하이네, 릴케 등의 시인, 헨델, 하이든, 모차르트, 슈베르트, 베토벤 등 세계 거장의 문화예술인들을 배출했다. 주마다 예술인들을 지원해주고 있어 국민들의 예술수준이 높다고 한다.

도시도 균형발전으로 지역 차별 없이 살기 좋은 나라다. 사상가나 철학자, 예술가들이 많이 배출된 것은 이곳의 을씨년스러운 날씨 영향을 많이 받았을 것이라며 가이드가 싱긋 웃는다.

자연환경이 빼어난 뒤쪽 강변 마을이 눈에 띈다. 뒤뜰에 깔려있는 빨간색 바윗돌에 장군의 발뒤꿈치가 푹 패어 있다. 그 사연이 재미있다. 왕이 사냥을 나간 사이 왕비가 궁 맞은편에 사는 어느 장군을 불러들여 사랑을 속삭였다. 사냥을 나갔던 왕이 갑자기 사냥을 포기하고 궁으로 돌아왔을 때 겁이 난 장군이 궁 높은 창문에서 뛰어내려 도망을 쳤다. 그 때 뛰어내린 발자국이 바윗돌에 찍혀 수세기를 내려왔다는 이야기에 모두 웃었다.

고색창연하고 운치 있는 아름다운 도시의 전경을 감상하고 사색에 잠겨 낙엽 지는 거리를 걸었다. 옛 다리에서 동으로 만들어진 원숭이 동상을 본다. 거울을 만지면서 소원을 빌면 소원이 성취된다고 하니 너도나도 만지며 소원을 빌었다. 많은 사람들의 손으로 닦여진 거울이 수정처럼 반질반질 아른거린다.

(2004. 10. 11)

프랑크푸르트

관광버스를 탔다. 박 대통령이 이곳을 보고 경부고속도로를 구상했다는 아우토반은 속도 제한이 없다. 유럽 어느 곳으로나 연결되는 도로다. 뢰머 광장은 로마사람이 묵어 갔다는 말이라고 한다.

유럽은 포럼문화가 잘 발달되어 있어 어느 도시를 가도 중앙에는 광장이 자리하고 있다. 뢰머 광장도 군중들이 모여 회의를 할 수 있는 넓은 장소다. 그 광장에 바울의 복음교회가 있고, 돌로 조각된 분수가 있고, 시청 건물이 있다. 교회건물 안에서는 상인들이 장사를 했다. 자릿세를 내지 못하는 영세 상인들을 위해 교회에서 장소를 제공해 준 후 지금까지도 장사하는 사람들을 볼 수 있다.

결혼은 누구나 두 번 한다. 시청에서 시장 주례로 법적 결혼을 하고, 교회에 나가 신神 앞에서 결혼서약을 해야 한다. 우리나라에서는 두 번 결혼한다고 하면 누구나 '이혼'을 떠올리는데…. 오랜 세월 이어져 내려온 그 나라의 결혼문화가 이혼율을 줄여 사회의 안정을 가져올 수 있다니 참 좋은 관습이라고 생각된다.

정의의 여신상이 한 손에는 저울과 한 손에는 칼을 들고 서 있다. 신 앞에 모든 일류가 평등하다는 것을 깨우쳐 주고있다. 바람에 저울이 흔들린다. 인간의 판단이 균형을 잃어버릴 때, 여신의 칼이 어떤 모습으로 인간을 단죄하게 될지…. 독특한 분수대가 눈에 띈다.

여러 개의 유방을 가진 여인을 조각해 놓았다. 여인의 유방은 풍요를 상징하여 분수대에 조각했다고 한다. 여러 개의 젖꼭지와 입에서 물이 뿜어져 나온다. 옛날 사람들도 풍요를 비는 마음이 간절했나보다.

광장 주변 상가 건물이 기형적으로 보인다. 건물 바닥 면적이 2, 3층의 건물면적보다 작다. 위층으로 올라갈수록 점점 더 커진 건물을 볼 때 불안했다. 건물의 바닥 면적을 줄이면 세금을 적게 내므로 그렇게 지은 건물이라고 한다.

나도 세금을 적게 내는 방법이 있다면 그렇게 했을까? 사람들의 마음이 예나 지금이나 세금은 적게 내고, 혜택은 많이 받기를 원한다. 걸핏하면 세금을 낸다는 빌미로 잘잘못은 가리지도 않고 공무원에게 호통을 치는 이도 있다. 세금을 내는 액수가 적은 사람일수록 더욱 기세등등하다.

문을 열고 시 청사로 들어갔다. 로비에 안내 공무원이 앉아 있다. 말이 통하지 않아 그에게 접근하지 않고 계단을 올라 청사를 둘러보았다. 공무원인 듯 보이는 한 젊은이가 이방인에게 눈인사를 한다. 유리창으로 보이는 빈 사무실이 보였다. 깔끔하게 정돈된 내부 시설이 포럼디스커션(forum discussion)의 장소로 생각된다. 선진화된 내부시설을 L과장이 카메라에 담는다. 쓰레기 처리 도구 몇 점도 카메라에 담아 청사를 나왔다. 말이 통하면 시민들의 복지제도에 대하여 상세히 알아볼 수 있었을 텐데, 퍽 아쉬웠다.

괴테가 태어나서 청년시절을 보냈던 집을 방문했다. 2차 세계대전 때 완전히 파괴되었으나 독일의 복구기술이 최고 걸작이라는 말을 들을 수 있을 정도로 완벽하게 복구했다고 한다. 16세기 귀족의 부유한 상류생활 모습을 볼 수 있는 집이라고 해서 호기심이 더했다. 1층에는 괴테가 먹을 음식이 만들어진 주방과 식당, 응접실이 있었다. 주방에는 요리 기구며 음식을 담아내는 접시들이 우아하고 기품 있게 진열되어 있다. 식당에는 철로 만든 난로와 잘 정돈된 식탁이 있고, 응접실에는 원목으로 만든 엔틱 가구들이 깔끔하고 우아하게 잘 정돈되어 있다. 그 위층으로 올라가면 큰 괘종시계가 2004. 10. 11. 날짜까지 나타내며 돌아가고 있는데, 태엽을 감아주면 계속 움직인다고 한다.

목조로 된 계단을 오르내리며, 괴테가 태어난 방, 음악을 공부하던 방, 침실, ≪젊은 베르테르의 슬픔≫과 ≪파우스트≫를 집필했다는 방을 둘러보았다. 어린 시절의 놀이방에는 외할머니가 선물한 인형극장이 있었는데, 누이동생과 인형극 놀이를 하면서 무한한 상상력을 길렀다는 설명을 들으니 가정교육의 중요성이 새삼 느껴졌다.

괴테의 어머니는 상상력이 풍부한 감성교육을 했으나 아버지는 엄했다고 한다. 아버지가 서재에서 학교 갔다 돌아오는 괴테의 모습을 살펴보았다는 봉창이 있다. 봉창 밑에 의자가 있어 창문을 열고 내다보고 있는 아버지의 모습을 상상해 보았다. 자유분방한 괴테는 아버지의 시선이 부담스러워 그 문을 '스파이 창'이라고 이름 붙였다고 한다. 자녀들을 일찍 잃어버리고, 괴테와 누이동생만을 기를 수 있었던 부모들이 남달리 각별한 정성으로 교육시켰음을 느낄 수 있었다.

집안의 구조나 가구들이 생활에 편리하게 배치되어 있고 화려하면서도 우아한 기품이 묻어났다.

괴테의 생가에서 문득 정관이의 얼굴이 떠올랐다. 지난겨울 정읍 허브 찜질방 곁의 냇가에서 헤엄치며 놀고 있는 오리를 보고 상상의 나래를 펴며 쫑알대던 귀여운 모습, 바윗돌 사이로 시냇물이 흐르는 것을 보면서 폭포가 콸콸 쏟아진다고 해서 주변 사람들을 놀라게 했던 모습들이 눈에 선하다. 둘째 딸에게 괴테 어머니의 감수성 교육과 외할머니의 인형극장 이야기를 말해 줘야겠다. 정관이의 상상력을 풍부하게 키워주라고.

쇼핑 시간이다. 독일은 철 산업이 발달되었다. 전쟁무기를 만들던 기술진이 2차대전 후 무기를 만들지 못하자 하는 수 없이 승용차와 가전제품을 만들었다. 벤츠, 폭스바겐, BMW 등의 승용차와 휘슬러 압력밥솥, 쌍둥이칼 등 세계적으로 유명한 명품 가전제품을 만들었다. 주방기구를 보니 사고 싶었다. 그러나 여행 둘째날부터 무거운 밥솥을 사서 여러 나라를 끌고 다닐 자신이 있는 사람만 구입하라는 말이 마음에 걸렸다. 나는 안경을 구입하려고 다녔으나 디자인과 가격이 맞지 않아 쇼핑을 포기했다.

독일 여행을 마치고 신비의 나라 로마여행을 위해 공항으로 갔다. 기내에 도착하여 자리를 잡으니 피로가 갑자기 몰려왔다. 눈을 감고 뮤지컬 영화 〈황태자의 첫사랑〉 촬영 배경이 되었던 하이델베르크 시가지와 고즈넉한 고성을 회상했다. 〈황태자의 첫사랑〉에서 젊음이 넘치는 맥주파티 장소(붉은 황소의 집)가 떠오르고, 독일맥주 한잔을 마셔보지 못하고 온 것이 아쉬웠다.

(2004. 10. 12)

환상의 섬 하와이
- 알로하와 마할로

공항엔 비가 주룩주룩 내리고 있었다. 9 · 11테러의 영향을 받았을까? 입국 수속절차가 까다로웠다. 신년 초, 테러에 대한 정보를 입수했는지 공항의 입국 수속이 강화됐다고 한다. 우리들의 안전을 위한 절차인데 좀 불편하면 어떻고 까다로우면 어떠랴. 느긋한 마음으로 받아들여야지.

현지 가이드가 준비해온 소형버스에 탑승하고 시내 관광에 나섰다. 차창 밖으로 빗물이 흘렀다. 가이드가 하와이 인사말을 가르쳐주었다. '알로하(ALOHA)', 현지인을 만나면 검지, 중지, 약지는 꼭 쥐고, 엄지와 새끼손가락은 세워 좌우로 흔들면서 '알로하!' 하며 인사하라고 한다.

그 유래는, 원주민이 사탕수수 가공기계를 조작하다가 기술이 미숙하여 손가락을 기계에 빼앗긴 일이 있었는데, 그 원주민의 손가락 장애를 배려해주는 뜻에서 모든 사람들이 인사할 때 손가락을 접어 흔들었던 데에서 비롯되었다고 한다. 하지만 기계문명에 대한 원주민들의 말없는 항의는 아닐까 하며 혼자 알로하를 되새김해 본다.

'알로하'의 인사말은 그 뜻이 다양했다. ① 환영합니다. ② 안녕하십니까? ③ 안녕히 가세요. ④ 마주보고 웃는 인생. ⑤ 남녀의 사랑 고백도 이 인사말 뜻에 담겨 있으니 하와이에서는 '알로하'가 만국통용어였다.

우리나라에서 상대방을 안 좋은 감정으로 표현할 때 쓰는 말과 비슷한 '마할로'는 하와이에서는 고맙다는 뜻이란다. 이 말에 대한 에피소드를 전해 듣고 폭소가 터졌다. 우리나라 관광객이 공항에서 가이드에게 '마할로(고맙습니다)' 하고 인사를 하려는데 그 말을 잊어버려 '망할 놈'이라고 말했으니 한판 웃을 수밖에.

이곳에서는 시내버스 기사가 대학교 교수보다 보수가 더 높다고 한다. 직업에 귀천이 없는 나라였다. 자기의 소질과 능력에 따라 적성에 맞는 일을 선택하여 그 분야에 최고가 되면 대우받는 사회인가 보다. 무슨 일을 하든지 열심히 노력해서 필요한 생활비를 벌면 된다는 투철한 직업의식의 발로인가, 우리나라에서는 있을 수 없는 일이 이곳에서는 아무렇지도 않게 받아들여지고 있었다. 성숙한 직업의식에 대한 사회의 인식이 돋보였다.

시내 건물들의 모양이 다양했다. 성냥갑처럼 직사각형인 아파트가 우리나라의 아파트라면 이곳의 아파트나 건축들의 외형은 무척 다양했다. 아름다운 산 능선에도 집들이 들어서 있었다. 자연을 훼손하고 산에 집을 지었다는 것이 이해되지 않았다.

우리나라에서는 시내 중심지가 가장 비싼 땅이며, 시내에 지은 집값이 가장 비싼 데 비해 하와이에서는 산꼭대기 집값이 더 비싸다고 한다. 산꼭대기에 자연친화적으로 개발된 주택기반 시설이 다 갖추어졌다고 한다. 저 높은 곳에 그림처럼 아름답게 집을 지어 놓고 아래 마을을 내려다보면 전망이 얼마나 좋을까?

옛날에 우리나라에서도 양반들은 높은 곳에 집을 지어 놓고 마을 사람들의 삶을 한눈에 내려다보고 살았다고 한다. 그런데 지금은 돈 없는 서민들이 판잣집을 지어 놓고 달동네라 하고 산다. 가난하여 살아갈 집이 없는 소시민들이 무허가로 산에 집을 지어 자연을 훼손시키며 살고 있는 우리의 사정과는 대조적이었다.

도로와 옆 언덕엔 꽃다발이 있었다. 교통사고가 난 자리에 가족과 친지들이 애도하는 마음을 담아 헌화를 한다고 알려주었다. 가신 임의 자리에 꽃을 놓아 보내드리는 이들의 애절한 마음이 눈앞에 선히 그려졌다.

마을 입구엔 비석과 꽃다발이 많이 모여 있었다. 그 곳은 공동묘지인데 봉분 없는 공동묘지가 마을 사람들 삶의 일부가 되어 공존하고 있었다.

차창 밖으로 스쳐 지나가는 우리나라 역사의 흔적들도 보였다. 독립운동가들이 사용했다는 유서 깊은 건물이 지금은 '대한민국 총영사관'으로 사용되고 있었다. 이승만 박사와 사탕수수이민들이 자금을 모아 독립운동을 했다는 이야기를 들으니 가슴이 뜨거워진다.

2003년은 사탕수수이민 100주년이 되는 해이어서 기념행사도 성대하게 거행되었다고 한다. 사탕수수이민으로 온 우리나라 사람들이 모진 고난을 이겨내고 잘살고 있다니 퍽 다행한 일이다.

시내를 돌아 정글에 접어들었다. 타잔이 금방이라도 나올 것 같은 밀림이다. 열대우림 지역으로 산에 나무들이 빼곡히 들어서 타잔 아닌 사람들은 다닐 수 없을 정도의 우거진 밀림이었다. 타잔이 타고 다니던 밧줄을 이곳저곳에서 보았다. 나뭇가지에서 뿌리가 내려와 타잔의 교통수단인 밧줄이 되었다. 비가 우리나라보다 3배 이상 내려도 홍수가 나지 않는 것은 자연을 훼손하지 않아 자연 스스로가 수위를 조절하기 때문이라고 했다. 즉 스콜(squall)이 내리면 그 물을 나무뿌리들이 저장하여 서서히 방류하기 때문에 홍수가 없단다. 또한 멧돼지와 야생 닭이 많고, 뱀 · 호랑이 등 맹수가 없는 곳이다. 뱀은 땅속에서 겨울잠을 자야 하는데 화산섬인 이곳은 땅속이 유황성분인 활화산이라서 뱀이 땅속에서 살지 못한다고 한다. 야생 닭과 멧돼지가 많은 이곳 이야기에 미식가들은 입안에 군침을 흘리며 바비큐를 생각했을 터이다. 모르긴 해도 우리나라에서는 포수들이 멧돼지나 야생 닭을 그냥 두지 않았을 것 같다.

버스 관광을 마치고 비를 맞으며 '바람산(Nuuanu Pali Lookout)'에 올랐다. 카메하메하 대왕이 오하우 섬을 지키기 위해 마지막 전쟁을 치른 격전지이기도 하다. 산세의 아름다움과 시원하게 불어오는 바람이 전쟁터였다는 사실을 잊게 한다.

이곳에 얽힌 니케니케 공주의 애달픈 이야기도 있다. 하와이에서는 나처럼 살찐 여자가 미인의 조건이었다. 미인의 조건을 갖추지 못한 공주는 상심하여 바람산에서 자살을 결심했다. 그래서 바람산 계곡의 절벽으로 뛰어내렸는데 아래에서 폭풍처럼 불어오는 바람이 공주를 제자리에 다시 놓아주어 목숨을 구했다고 한다.

이곳에서 데이트하는 연인들은 서로를 끌어안도록 바람이 세차게 불어 준다니 얼마나 좋을까? 앞바다에서 불어오는 바람이 안경과 동전도 날려버릴 정도로 거세다고 한다. 좌청룡 우백호의 높은 산이 경관을 더욱 아름답게 어우른다. 맑은 날 산과 바다의 자연 경관을 감상할 수 있었으면 좋으련만, 세찬 비바람이 불어 탁 트인 경관을 감상하지 못하고 허둥지둥 차 안으로 돌아왔다.

하와이 왕조 7대왕 칼라카우아 왕의 지시로 프랑스 건축가에 의해 설계된 빅토리아 피란체 양식의 이올라니 궁전은 화려했다. 미국 내에서는 유일한 궁전이란다. 왕권강화를 위해 36만 달러를 들여 화려하게 지었다는 궁전의 내부 시설을 볼 수 없어 아쉬웠다. 세계 최초로 만들어진 수세식 화장실을 볼 수 있었으면 좋았을 텐데…. 야자나무, 보리수나무들이 이국풍취를 느끼게 하는 이올라니 궁전을 배경으로 기념촬영을 했다. 이올라니란 천국의 새를 의미한다는 가이드의 말을 음미하면서.

주 정부청사는 하와이가 바다에서 불쑥 솟아올랐다는 의미를 살려 1층 로비 중앙에서 하늘을 볼 수 있도록 설계 했다고 한다. 8개의 기둥은 하와이의 8개 섬을 상징하고, 기둥 끝은 야자수 잎사귀 모양으로 조각되어 있다. 연못 속에 있는 건물은 태평양 바다에 하와이가 있음을 상징적 의미로 담고 있다.

주 정부청사 건물 앞에 얼굴이 문드러진 동상이 서 있다. 죽음 전에 오는 죽음이라는 처참한 병에 걸린 나환자들의 대부 데미안 신부를 기념하는 동상이다. 16년 동안 나환자를 위해 봉사하다가 본인도 나환자가 된 신부다. 그 동상 앞에서 한하운 시인의 〈전라도 길〉이란 시가 떠올랐다. 가도, 가도 끝없는 고행의 길이었으리라.

건물 뒤편에는 〈알로하오에〉를 작사, 작곡했던 왕조의 마지막 여왕 릴리오 칼라니 동상이 세워져 있었다. 여왕은 말을 달려 민중 시찰을 자주했다고 한다. 오하우 섬 순찰을 마치고 돌아가려는데 카네오헤만 일대에 저녁노을이 지고 달빛이 여왕 일행을 비추었다. 그때 한 쌍의 남녀가 포옹을 하고 있는 것이 눈에 띄었다. 여자는 자기의 레이(목에 기념으로 걸어주는 화환)를 청년의 목에 걸어주고 입맞춤을 하고 있었다. 청년은 사탕수수농장으로 돌아가야 했고, 여자는 호놀룰루에 돌아가야 했기 때문에 짧은 만남을 아쉬워하고 있었다. 그 정다운 정경을 지켜보던 여왕은 마음속으로 알로하 오에(Aloha Oe: 나의 사랑을 그대에게)라고 속삭였다. 그 순간 여왕의 가슴에 시와

멜로디가 떠올라 세계적인 명곡을 만들었다고 한다.

이민정에는 한국공원 이민관사가 정자 모형으로 지어져 있다. 2003년 이민 100주년을 기념하여 지은 것이라 했다. 포루투갈 기념관, 일본기념관, 중국기념관, 필리핀기념관들도 옆자리에 위치해 있다. 우기에 관광한 덕택에 여자 옆얼굴이 보이는 산에서 폭포를 볼 수 있었다. 이 폭포는 연중 2~3번밖에 볼 수 없다는데 그 폭포를 볼 수 있었으니 참으로 행운이었다. 바늘처럼 뾰쪽한 산과 계곡에서 쏟아지는 폭포를 보니 뉴질랜드의 밀포드사운드 폭포를 보는 것 같았다. 우리 일행은 이 순간을 기념하기 위해 빗속을 뚫고 단체로 사진을 찍었다.

빗속의 관광을 마치고 저녁식사를 한 후, 밤에는 매직쇼를 관람했다. 이상한 나라를 다녀온 느낌이었다. 화려한 훌라춤과 신기에 가까운 마술, 관중의 참여로 즐거운 시간을 보낼 수 있었다. 장시간의 비행, 버스 관광에 지친 몸의 피로를 스릴과 웃음으로 날려 보냈다. 그러나 일본인을 우대하는 모습은 보기에 역겨웠다. 우리가 잘사는 나라가 되어야 해외 동포들도 차별 없는 세상을 살아갈 수 있으련만….
가슴이 뜨거워지며 내 나라의 국력 신장을 간절히 기원했다.

(2004. 1. 1)

할레아칼라 산 분화구의 신비

마우이 섬으로 가기 위해서는 호놀룰루 공항에서 국내선 여객기를 타야 했다. 길게 늘어선 줄이 좀처럼 줄지 않았다. 국내선 이용자들 검색이 더욱 세심하게 이루어지고 있었다. 검색을 받기 위해 줄을 서 있는데 일본인 관광객들을 한쪽으로 데려가 검색을 했다. 여기서도 일본인은 우대를 받는 것 같았다. 관광객들의 들뜬 마음을 모르는 듯 공항의 검색은 어제보다 더욱 심했다. 신발과 가방은 물론이고 호주머니에 들어있던 모든 물건을 바구니에 담아주었다. 엑스레이(X-ray) 검색대가 아니고, 뚱뚱하고 퉁명스러운 여자가 빨간 봉으로 내 몸을 검색했다. 삐~삐~ 소리가 나자 내 몸을 만져본다. '마이 브래이저'라고 낮게 속삭였다. 그래도 손으로 샅샅이 훑는다. 하와이는 테러와의 전쟁을 하고 있는 느낌을 받았다.

마우이 섬 공항에서 만난 여자 가이드는 P양이었다. 주로 골프손님 가이드를 많이 한다고 했다. 소탈하게 생긴 그 여자는 나이에 비해 젊어 보였다. 고향이 전남이라고 하면서 우리에게 친절하게 대해주었다. 나도 전주비빔밥이 먹고 싶을 때 전주에 와서 전화만 하면 맛있는 비빔밥집을 안내해 주겠다고 말했다.

할레아칼라 산 분화구 관광을 위해 소형 버스를 타고 평원을 달렸다. 어제도 오늘도 길가에선 사람을 구경할 수가 없었다. 그림엽서 같은 자연 경관만 관광객의 혼을 빼앗았다.

차창 밖에 물결치는 파란 들녘이 내 마음까지도 넓게 해주었다. 가이드가 물었다. 차창 밖으로 보이는 저것이 무엇인지 알면 파인애플을 사준다고. 나는 대나무보다 작고 바닷가의 갈대보다는 약간 큰 것이 우림 지대의 갈대인가, 생각되어 갈대라고 대답했다. 100년 전 우리나라 사람들이 이민을 와서 고생을 하며 가꾸어온 사탕수수 농장임을 알고 파인애플 얻어먹기를 포기했다.

원주민들은 공해가 발생되지 않는 1차 산업인 바나나, 파인애플, 생강, 사탕수수를 경작했다. 생강 한 뿌리가 수사슴 뿔처럼 크고 잘생겼다. 공장은 우유공장과 설탕 제조공장이 있으나 설탕 제조공장도 없어질 예정이란다. 공해방지 대책에 얼마나 철저한지 짐작이 갔다.

맨소래담을 만드는 유칼리나무 껍질은 알코올 성분이 많다. 코알라가 나무 껍데기를 먹고 취하면 잠을 자다가 배가 고프면 또 먹는다고 한다. 이 나무는 첼로를 만들어 고운 소리를 내게 하는 아주 귀한 나무란다.

물속에 잠겨 있다가 2,000만 년 전에 솟아올라온 할레아칼라 산 분화구의 높이는 3,058m나 되었다. 우리나라 백두산 2,744m보다 314m가 더 높다. 이 산 이름의 유래는 반신半神이었던 마우이가 낮을 길게 하기 위해서 태양을 가두어 놓았다고 하는 전설에서 할레아칼라 산이라고 불려졌다고 한다.

도로 왼쪽으로는 산의 계곡과 평탄한 지협이 아름다운 자연 그대로였다. 오른쪽에는 산과 하늘의 뭉게구름, 쪽빛 바닷물의 어우러짐이 환상적이었다. 행글라이더를 즐기려는 관광객들도 보였다. 자전거로 달려도 전혀 지치지 않을 능선으로 소형버스가 달려갔다. 빗방울이 멎으며 무지개가 떴다. 이 아름다운 산은 분화구가 많아 국립공원으로, 지구생태보존지역으로 지정되어 있다고 한다. 도로 길이의 중간지점에 선 라이즈 마켓(SUN RISE MARKET)이 있었다. 기념품 및 과일, 생활필수품들이 진열되어 있다. 화장실 사용도 가능했다. 그 곳에서 여왕 꽃(exutic)과 시녀 꽃들의 향기에 취해 건화乾花로 만든 향주머니를 샀다. 사위들에게 차안에 두고 감미로운 향기를 맡으라고 선물하면 좋을 듯 싶다.

1820년에 데미안 신부 등 선교사들이 한 달을 걸어서 산 정상에 올라갔다고 한다. 그 산 정상에 할레아칼라 산 분화구를 발견하고 아름다움에 취해 세계적인 관광지로 개발하기로 계획했다. 중국인을 동원하여 10년의 긴 세월 동안 길을 닦았다. 1841년에 완공된 도로 위로 우리를 태운 소형 버스가 편안하게 달려간다. 도로의 경사가 완만하여 산길이 아닌 평지로 착각할 수 있을 정도로 노면이 좋았다. 산에는 꿩이 많아 옛날에는 사냥꾼들이 꿩사냥을 즐겼으나 지금은 금지되었다고 한다. 나무들은 키가 자라지 않고 땅에 붙어 있었다.

가이드가 은검초를 설명했다. 분화구 근방에 자라는 희귀식물로서 은으로 만든 검과 같이 생겼다 하여 붙여진 이름이었다. 사람의 손이 은검초에 닿으면 죽는다고 전해지면서 사람들은 더욱 신비스럽게 생각하고 있는 나무였다. 지금은 정부에서 보호식물로 지정하고 희귀식물로 대우를 받는다고 한다. 이 은검초를 10개 이상 찾으면 소원을 이룬다고 가이드가 말했다. 정신없이 10개를 넘게 찾아내고 기도했다. 2004년 7월과 8월에 있을 아들의 시험 합격과 우리 가족들의 평안을 간절히 기원했다.

분화구 전망대에 도착하여 굽이굽이 669고개를 올라가서 산 아래를 내려다보니 신선이 된 기분이었다. 설악산의 아흔아홉 고개는 여기에 비교도 되지 못했다. 인간 편의에 따라 개발하지 않고 자연 그대로 보존되어 아름다웠다. 포장마차도 없고, 가게도, 음식점도 없었다. 섬 전체가 자연의 아름다움 그 자체였다. 신비한 분화구의 모습은 비구름이 가려 보여주지 않았다. 아쉽게 전망대에서 사진으로 보고 있는데 구름이 걷히며 수줍은 듯 분화구의 속살을 보여준다. 총천연색의 토양 빛깔이 화성이나 달 표면처럼 신비스러웠다. 선녀의 황홀한 나체를 보는 듯 눈이 부셨다. 저 아름다움을 어느 조각가가 흉내낼 수 있으며 어느 화가가 그림으로 표현할 수 있을까? 시인은 무어라 노래를 부를까? 그 황홀함, 벌어진 입이 다물어지지 않았다. 그 모습을 볼 수 있었던 것은 큰 행운이었다.

다시 산을 내려와 해변을 달렸다. 하와이 132개의 섬 중 제주도보다 약간 크고, 제일 아름다운 섬이 마우이 섬이라고 한다. 130년 된 보리수나무는 인도 보안관인 스미드 윌리암이 재판소에 근무할 때 인도에서 가져다가 심었는데, 넓이가 68m, 높이가 17m인 그 나무가 장관을 이루고 있었다. 할아버지나무부터 아버지, 손자나무까지 한 나무로 연결되어 있다. 나뭇가지에서 뿌리가 내려 자식, 손자 나무로 번식된 이 나무는 천연기념물로 지정되어 마우리 역사에도 기록된 나무라고 한다. 공장이 없고, 화산암을 그대로 살려 자연 친화적인 골프장이 많단다. 세계적으로 유명한 아팔로마 골프장에 우리나라 최경주 선수가 PGA경기 출전을 위해 올 예정이라고 소개한다. 골프장의 자연 경관이 잘 가꾸어져 있어 아름다웠다. 아름드리의 키 큰 소나무가 우리 소나무와 비교되었다. 키와 몸집만 키운 소나무에서 우리나라 적송의 운치는 찾아볼 수 없었다. 우리의 적송이 좋은 관광 상품이 될 날도 있겠지…….

마우이 공항에서는 불쾌한 검색은 받지 않았다. 악천후로 다섯 대의 비행기가 연착됐다고 한다. 가이드의 발걸음이 바빠졌다. 가이드 없는 한국인들은 불안해했다. 늦은 밤 한 편의 비행기가 뜨는데 가이드의 지혜로 우리 일행은 그 비행기를 놓치지 않고 타게 되었다. 다른 여행객들은 발을 구르며 울분을 토했다. 그들은 그 날 밤을 마우이에서 자고 왔단다. 말이 통하지 않은 이국 땅에서 불안한 밤을 보냈을 것이라 생각하니 우리 가이드가 한층 더 믿음직스러웠다.

밤에 조촐한 파티를 했다. 남편의 직장동료들은 형제의 예로 만나

정을 쌓아왔다. 큰동서부터 막내동서까지 일곱쌍인데 큰형님이 먼저 세상을 뜨셨다. 남은 육 형제가 더 늦기 전에 해외여행을 하기로 결정하여 25년 만에 떠나온 여행이었다. 오늘 밤은 막내동서가 건강이 좋지 않아 혼자 온 신 교장선생님 방에 모여 레드 와인으로 정을 나누었다. 둘째 큰형님(박 교장선생님) 딸들의 행복한 가족 이야기와 셋째형님(조 교장선생님)의 아들과 딸의 효도 이야기, 손녀의 재롱에 행복해하는 모습을 보면서 꽃각시들의 젊음이 초로가 되었음을 아쉬워했다. 서예가 백하 선생님, 교육자의 품성으로 자녀 교육을 넉넉히 해 오신 여섯째 동서(최 교장선생님)가 은영이 중매를 서라며 손자손녀자랑을 부러워했다. 몇 번의 강산이 변하도록 끈끈한 정을 이어온 좋은 만남이기에 오늘 이 자리의 행복이 가능했으리라.

(2004. 1. 2)

환상의 섬 오하우

와이키키 해변은 하와이 왕족들만 이용하던 휴양지였다. 쪽빛 바닷물, 하얀 뭉게구름, 울창한 야자나무의 어우러짐이 환상적이다. 영화나 TV에서 흔히 볼 수 있듯이 선남선녀들이 수영을 하고 일광욕을 즐긴다. 우리는 그들과 함께할 수는 없었으나 눈으로 보기만 해도 좋았다. 자연경관이 좋아 세계 부호들의 별장이 많은 곳이기도 하다. 해변에 우거진 야자나무가 남태평양의 정취를 느끼게 한다. 자연이 인간에게 준 천혜의 아름다운 해수욕장이다. 바닷물이 맑고 깨끗하여 수영과 일광욕을 즐기려는 관광객들이 일 년 내내 찾는 곳이기도 하다. 그런 바다가 모래가 부족하여 하얀 모래를 수입해서 십 리(4㎞)가 넘게 깔아놓고 유실을 막기 위해 바다 속에는 방지턱까지 만들어 놓았다고 한다. 참 아름답고 잘 관리된 휴양지였다. 내가 탄 소형 버스는 우리나라 KBS가 '열린음악회'를 개최했던 카피올라니 공원을 지나 해변도로를 달렸다.

비버리힐즈 카하라 고급 주택가는 해변에 그림엽서처럼 지어진 아름다운 집들이었다. 각양각색의 건축물은 자연과 조화를 이루고 있었고 고층 건물은 볼 수가 없었다. 잘 다듬어진 정원과 별장처럼 아름다운 고급 주택들은 유럽의 부호들이나 헐리우드의 유명스타들이 소유하고 있다고 한다. 요즈음엔 일본인들의 소유도 늘어나고 있단다. 그곳을 빠져나오면서 집값이 뚝뚝 떨어지는 소리가 들린다며 익살을 떠는 가이드가 귀엽다.

산 능선에는 한반도처럼 생긴 마리나 브리지 마을이 있었다. 운하가 발달되어 해양스포츠를 즐기는 사람들이 많고, 집집마다 자가용 요트가 항상 정박해 있다고 한다. 그 마을을 보며 모두가 감탄했다. 일본인 관광객들이 먼 산의 분화구 모습을 보며 후지산을 닮았다고 환호하다가 우리나라 지도 모형의 마을을 보고서 휴~하고 김빠지는 소리가 요란하다나? 토끼 꼬리까지 한반도의 지형을 쏙 빼 닮은 마을을 보며 모두가 애국자가 된 듯이 그 모습을 사진에 담아가려고 했다.

쿡 선장과 탐험대원들이 석양에 반짝거리는 암석을 보고, 그 암석덩어리를 본국으로 가져가 성분을 분석했단다. 그 보석은 용암의 결정체로 녹색 빛깔을 띠고 있는데 다이아몬드처럼 단단하며 반짝반짝 빛을 발산하고 있어 하와이 다이아몬드라고 부른다. 분화구의 이름도 다이아몬드처럼 빛나는 보석을 발견했다고 하여 다이아몬드 헤드 분화구(Diamond Head Crater)라 부른다.

여인들의 사랑을 받는 하와이 다이아몬드는 8월의 탄생석으로 화산 신인 펠레 여신의 눈물이라는 전설이 있다. 이 보석을 몸에 지니고 있으면 집안에 눈물을 마르게 하고 행운을 가져다 준다는 유래를 가지고 있어 누구나 몸에 지니고 싶어 하는 보석이다. 보석을 좋아하는 나도 투명한 다이아몬드의 녹색 빛깔에 매혹되었다. 여행지에서 물건 구입보다는 관광에 몰입하자는 스스로의 약속이 없었더라면 반지 하나쯤 끼고 돌아왔을 것이다.

주택가에서 도로로 나오니 사람들이 많았다. 까무잡잡하고 뚱뚱한 남자가 표정 없는 게으른 모습으로 멍하니 길 옆 의자에 앉아 있다. 고급 주택가에서 사람들을 볼 수 없었던 것과는 대조적이었다. 빈민촌 같다는 생각이 들었다. 아닌게 아니라 정부에서 원주민 보호정책으로 생활비를 지원해주어 먹고, 잠자고, 입는 최소한의 생존 조건이 해결된 원주민 마을이었다. 원주민 중에서도 직업이 있고 일을 하는 원주민에게는 지원금을 주지 않기 때문에 대부분의 원주민은 힘들여 일하지 않고 단순하게 살아간다. 원주민 보호정책이 원주민 말살정책이 될 수도 있겠다는 생각이 들었다.

“사막을 여행하는 낙타가 처음엔 주인의 천막에 얼굴만 들이밀다가, 그래 너도 춥겠지, 하고 주인의 넓은 아량으로 이해를 해주면 그 다음에는 ‘주인님, 너무 춥습니다. 앞발까지만 들여놓게 해 주세요.’ 그러다가 다음에는 천막을 완전히 정복하고 주인을 깔아뭉개 버린다.”는 이솝우화가 생각나는 마을이었다.

호시탐탐 독도를 넘보려는 일본과 고구려사를 중국에 통째로 도둑맞을 위기에 처한 우리나라의 역사를 되새겨보았다. 한민족의 역사 중 가장 자랑스러운 시기로 인식되고 있는 고구려사가 중국학자들에 의해 왜곡될 위기에 처해 있는 우리 현실이 안타깝다. 지혜롭고 힘있는 민족은 자기 나라의 역사와 국토를 이방인에게 넘겨주고 원주민으로 남지 않을 것이다. 많은 생각을 하게 하는 원주민 마을이었다.

바다 위에 떠 있는 모자 모형의 섬을 보았다. 중국남자들의 모자모양과 비슷해서 붙여진 섬 이름이라고 한다. 샌드비치 해변은 용암바위들이 큰 파도를 막아주며, 쪽빛 바닷물과 파란 하늘, 하얀 뭉게구름이 있는 후미진 작은 만으로 이루어진 나체비치라고 한다. 몽고메리 클리프트와 데보라카가 주연한 〈지상에서 영원으로(From Here To Eternity)〉의 영화 촬영 장소로 더욱 유명한 곳이다. 자신의 몸매가 자신 있는 사람은 해변으로 가서 육체미를 자랑(?)하고 오라며 웃었다. 아름다운 자연과 어우러져 일광욕과 파도타기를 즐기는 육체미를 상상으로 그려보았다. 파도타기를 하면서 상어 공격을 조심해야 한다며 실제 상어가 공격하여 어린이가 피해를 당한 이야기를 가이드로부터 들었다. 몸매 때문에 나체비치에 대한 호기심을 충족할 수 없어 아쉬웠다.

그 왼쪽 능선에는 엘비스 프레슬리가 살았다는 집이 있었다. 능선을 올려다보니 동화 속에 나오는 귀족의 성 같았다. 오랫동안 좋아했던 여자 친구와 그 집에서 살았는데 엘비스가 떠나가면서 집을 여자에게 주었다고 한다.

"엘비스와 둘이 있을 때는 집이 필요하지만 엘비스가 없는데 왜 집이 필요하겠는가?" 하고 여자는 집을 받지 않았다고 한다. 지금도 그녀는 하와이에서 꽃가게를 운영하며 살고 있단다. 탐욕 없는 여자의 마음이 올바른 판단을 할 수 있는 근본이 되었겠지.

엘비스 프레슬리가 출연한 〈블루 하와이〉를 촬영했던 곳이기도 한 이곳은 수심이 얕아 수영하기 좋은 곳, 벼랑 위에 있는 전망대에서 탁 트인 바다를 볼 수 있는 곳, 〈러브 미 텐더〉를 이곳에서 즉석으로 만든 곳이다. 쪽빛 바다에 남태평양의 하얀 뭉게구름이 환상적으로 조화를 이루고 있는 나체비치를 뒤로한 채 해변 도로를 따라 달렸다.

태평양전쟁의 진원지인 진주만 기념관에 들렀다. 안내자가 우리 글로 만든 전단을 주었다. 1941. 12. 7. 평화로운 일요일 아침, 일본 전투기들이 진주만에 정박하고 있는 미국 군함 아리조나호를 공격하였다. 미군들은 일요일이라서 무방비 상태로 당했다. 이때 침몰한 아리조나호는 인양하지 않고 그대로 두었다가 1962년에 선체 위에 기념관을 세웠는데 아직도 기름이 보글보글 새어나오고 있다고 한다. 전쟁에서 사용된 무기와 비행기, 선박의 잔해들은 전쟁의 참혹함을 말해 주었다.

일본은 진주만 공격 후 히로시마와 나가사키에 원폭 공격을 받았으며, 일본 천황의 항복으로 전쟁은 끝났다. 되로 주고 말로 받은 셈이랄까? 오늘의 진주만은 전쟁이 인간에게 무엇을 요구하고 있는지 잘 말해 주고 있었다.

이민 간 남자들이 신부를 맞이하기 위해 20년 전에 찍은 사진을 한국에 보내왔다. L은 방년 19세의 꽃다운 나이에 J총각의 사진을 보고 사진결혼을 하기 위해 하와이로 건너갔다. J총각을 만나 보니 사진과는 달리 총각이 너무 늙었다. 늙은 노총각의 색시가 되고 싶은 생각은 추호도 없었다. 한국에 보내줄 것을 요구하자 늙은 총각 J는 난감해졌다. 그렇다고 금방 한국에 보내줄 여비를 마련할 수 있는 것도 아니고…. J총각은 L처녀에게 약속을 했다. 돈을 벌어서 비행기 표를 사서 한국에 보내주기로. J총각은 성실하게 살았다. 비행기 표가 하루 이틀 벌어서 살 수 있는 것도 아니다 보니 L처녀도 마음에 변화가 왔다. 그 곳에서 오랫동안 생활을 하다가 어쩔 수 없이 사탕수수이민의 운명을 받아들이고 J총각과 결혼을 하게 되었다.

독립운동 자금을 마련하여 남편의 독립운동도 도와주고, 아들 다섯을 낳아 잘 기르며 살았다는 로버트 정 박사 부모 이야기를 들려주었다. 그때엔 사진결혼이라는 것이 있어 하와이 이민들이 대를 이을 수 있었다. 사탕수수밭에서, 세탁소에서 힘든 일을 하며 참아낸 1세대 이민들의 삶이 눈에 선하다. 그래도 자녀 교육열 덕택으로 이민 2세대, 3세대가 잘살고 있다고 하니 퍽 다행한 일이었다. 부모들도 고생하며 산 보람을 느끼려니 싶었다.

폴리네시안 민속촌에서는 통가(Tonga), 타히티(Tahiti), 마우리 뉴질랜드(Maori New Zealand), 사모아(Samoa), 마르케사스(the Marpuesas), 피지(Fiji), 하와이(Hamoa), 7개 섬 원주민들이 자기의 섬 민속을 소개했다.

우리의 마당놀이처럼 무대가 만들어진 곳에서 구경을 했다.

원주민 어린이가 원숭이처럼 야자나무를 올라가 야자를 따고, 그 속에 물을 어떻게 먹을 수 있는지 등의 옛날 원주민 생활 모습을 쇼로 만들었다. 어떤 놀이는 마술처럼 흥미롭게 하고, 단순한 놀이는 각국의 관광객을 참여시켜 추억을 만들어 주려고 노력한 흔적이 보인다.

아가씨들이 관광객에게 훌라춤을 가르쳐 준다. '훌라'란 춤춘다는 뜻이다. 불의 여신 펠레를 위해 언니 피아카 여신이 춤을 추었다고 한다. 손과 발을 유연하게 하고 잔걸음을 하면서 허리를 떤다. 나도 열심히 몸을 흔들며 손동작과 발동작을 따라해 보았다. 카메라가 촬영하고 있는 줄도 모르고 열심히 따라했는데 민속촌 입구에 사진 1장 15$로 전시되어 있다. 이국땅에 두고 올 수 없어서 사진을 샀다.

관광객들이 운하 주위로 모여들었다. 줄을 묶어 놓고 여자가 의자를 지킨다. 그 좌석이 로열석이라 했다. 그 바로 옆자리에 앉았다. 화려한 의상에 현란한 춤을 추면서 카누를 타고 무희들이 나왔다. '할레 알로하(Hale

Aloha)' 야외극장에서 펼쳐지는 카누 쇼는 7개 섬 원주민들이 카누를 타고 나오면서 그들의 춤과 음악을 보여주었다. 각 섬의 용사와 미녀들의 춤사위에 시선이 집중되었다. 카누 위의 민속춤과 현란하게 흔들어 대는 엉덩이춤을 넋을 놓고 보고 있는 사람들, 타이티 미인들이 꽃띠를 두르고 엉덩이를 현란하게 흔들며 춤을 추었다. 하와이 미인들은 훌라춤을 추고, 마우리 용사들도 용맹스런 춤을 추었다. 혀를 내밀며 발을 구르고 상대방을 위협하는 듯한 모습으로 춤을 추었다. 원주민 여인들이 머리에 꽃 장식을 하고 엉덩이를 흔드는 춤도 흥겨웠다.

머리에 꽃을 꽂은 걸로 기혼 여부를 알 수 있다고 한다. 왼쪽 머리에 꽃을 꽂은 여자는 임자가 없는 여자이고, 오른쪽은 임자가 있으며, 머리 뒤쪽은 '나를 데려가세요.'란 뜻이며. 머리 앞뒤로 꽃을 꽂은 여자는 미친 여자라고 해서 한바탕 웃었다.

쇼를 감상하고 그들의 문화를 체험하면서 내 고장 전주의 관광상품을 생각해 보았다.

눈으로 보는 관광에서 몸으로 즐기는 참여관광이 긴 여운으로 남아 좋은 추억 만들기가 될 수 있었다. 좋은 사람들과 아름다운 자연 속에서 여행자들의 추억 만들기 덕에 환상의 오아후 섬은 오래오래 기억될 것이다.

(2004. 1. 3)

4부 | 그 섬에 가고 싶다

엄마 머리 올리기

"엄마야! 엄마, 둘째 사위가 엄마 머리 올려준대."

광주에 사는 딸아이의 전화였다. 머리를 올려준다며 제주행 비행기 티켓과 제주 해비치 리조트 골프장을 예약했다고 한다.

"엄마, 아빠, 골프 연습 더 열심히 하세요."

매일 땀을 흘리며 손에 물집이 잡히고 옆구리가 아프도록 골프 연습을 했다. 신록의 계절 5월에 낭만적인 제주도 관광을 상상하며 부처님 오신 날 아침, 광주비행장을 출발했다. 기압이 고르지 못해 비행기가 몹시 흔들렸다. 비포장도로를 달리는 승용차보다 더 덜컹거려 몸과 마음이 불편했다. 딸이 외손자를 꼭 껴안았다. 긴장하는 모습이 역력했다. 나도 불안했으나 밖으로 표현하지는 않았다. 비행기의 동체가 작아 기압의 영향을 더욱 많이 받는 것 같았다.

여행 계획을 세웠던 둘째 사위가 갑자기 동행할 수 없게 되어 해비치 골프장에서 머리를 올려주기로 한 약속은 자연히 취소되었다. 제주 비행장에 피켓을 들고 마중 나온 택시기사의 안내로 체험관광을 하기로 했다.

차창 밖으로는 섬에서만 느낄 수 있는 독특한 풍경들이 시원스럽게 펼쳐졌다. 넓은 초원에서 풀을 뜯는 조랑말들의 모습이 한가롭다. 들녘에서 나뭇잎 사이로 부는 바람이 상쾌하다. 맑은 공기를 한껏 마실 수 있었다. 남편이 택시 기사에게 주문을 했다. 흔히 찾는 제주관광명소보다는 나무숲을 구경하고 싶다고. 5·16도로를 지나 절물휴양림에서 택시가 멈췄다. 삼나무 숲에서 내뿜는 피톤치드가 몸과 마음을 상쾌하게 해주었다. 한가롭고 편안하여 행복했다. 숲 속 오솔길은 나무판자로 길을 닦아 놓아 정관이가 걸어가기에 참 좋았다.

소풍 나온 가족들이 도시락을 펴놓고 먹고 있었다. 이들은 빗방울이 뚝뚝 떨어져도 짐을 꾸리지 않았다. 자연 속에 묻혀 지내면 모두가 이렇듯 여유가 생기는 것일까? 가족들과 즐거워하며 웃음꽃을 피우는 모습이 보기에 참 좋았다.

소풍 나온 어린아이들이 까마귀 떼와 친구가 되어 뛰어 놀고 있다. 정관이도 그들 속에 뛰어들었다. 까마귀가 먹이를 찾아 나무 밑에 내려오면 까마귀를 쫓아가고, 까마귀가 날갯짓을 하며 나무 위로 올라가면 "까마귀야 놀자!" 하며 쫓아갔다. 인간과 자연이 어우러져 즐기는 모습이 참 아름다웠다.

택시기사가 평범한 도로에 차를 세우더니 도깨비도로라고 설명해주었다. 칡즙을 한 잔씩 마시며 도로를 살펴보았다. 차가 언덕진 뒤쪽 길로 자꾸만 올라갔다. 도로에 물병을 놓고 보았다. 물병도 오르막길로 올라갔다. 택시 기사가 웃으면서 제주도에는 이런 도로가 여러 개 있다고 한다. 도로 주변의 언덕과 나무 등의 환경에 의해 실제 경사가 높은 곳이 낮은 것처럼 느껴지는 착시현상이라는 것이다. 제주도에는 골프장도 그런 곳이 있어 캐디의 조언을 따르지 않으면 착시현상으로 곤란을 본다고 알려주기도 했다.

길옆으로 곱게 핀 노란 들꽃에 나비가 날아들었다. 엄마를 따라 나비를 쫓아가는 정관이의 모습이 한 폭의 그림처럼 예뻤다. 제주 전지역에 피어 있는 노란 들꽃은 가축의 사료 수입 때 함께 묻어 들어온 이름 없는 외래종 꽃이라고 했다. 그 꽃이 제주의 5월을 아름답게 수놓고 있었다.

성읍민속마을에 들르니 마을 청년회원들이 자원봉사자로 관광안내를 했다. 제주의 방언과 민속마을에 대해 설명을 하면서 동네를 한 바퀴 돌았다. 초가집의 용도, 농기구, 돌하르방, 똥돼지, 갈옷 등 마을의 풍속에 대해서 자세하게 설명해 주었다.

생활 모습은 낯설지 않았으나 방언은 알아듣기가 어려웠다. 아기를 키울 때 사용하던 애기구덕에 갈잎을 깔아놓았다. 어떻게 어린아이가 저 속에서 잠을 잘 수 있었을까? 아이의 피부가 상하지는 않았을까? 걱정되었다.

제주 특산품 판매 장소에서는 굼벵이나 백년초 등을 건강기능식품으로 제조한 것보다도 유난히 갈옷이 눈에 띄었다.

택시 기사가 재미있는 방언 몇 마디를 알려주었다.

'조끄뜨레 오라케.'는 '여기 가까이 오너라.'이며, '가까이하기엔 너무 먼 당신'은 '조끄뜨레하기엔 하영멍 당신', '매우 수고하셨습니다.'는 '폭삭 속았수다.', '주멩기'는 '주머니', '도새기'는 '돼지', '몽생이'는 '망아지', '송애기'는 '송아지', '강아지'는 '강생이'라고 한다며 제주 특유의 발음으로 말을 했다.

제주도민들만의 언어와 생활풍습을 지키며 살아온 선조들이 존경스러웠다.

제주민속촌엔 사람이 거주하면서 기념품을 만들어 파는 무형문화재의 집이 있고, 마을 중앙에는 배의 모형이 전시되어 있다. 바다로 둘러싸인 제주도에선 무엇보다도 배가 중요했기 때문일까? 어구를 전시해 놓은 어부의 집이 있고, 어촌마을에서 배를 타고 나간 어부들의 안녕을 빌었을 무당집도 있다.

〈대장금〉 드라마 촬영장소라는 현수막이 눈에 띄었다. 정관이가 〈대장금〉 연속극 주제가를 구성지게 불렀다. 장금이의 사진에 뽀뽀도 했다. 창덕궁에서 "장금아~." 하고 부르던 모습이 새삼스럽게 떠올랐다. 아픈 이들을 치료해주던 의원의 집, 대장간, 글공부를 하던 서당 등 마을을 한 바퀴 돌고 순환열차를 타고 나왔다. 택시기사가 천천히 구경하면서 걸어서 나오라고 했는데. 안내해준 말을 깜박 잊고, 순환열차를 타고 나오는 바람에 식물원이 연상되는 아름다운 나무들과 정관이가 보고 좋아했을 타조 등은 보지 못하고 그냥 스쳐 지나왔다.

해비치 리조트에 도착해서 저녁을 만들어 먹은 후 정원을 산책했다. 시원스런 풀장과 잘 가꾸어진 정원수, 깔끔하게 다듬어진 잔디가 좋았다. 바나나 나뭇잎이 이국적인 풍취로 나그네의 마음을 사로잡았다. 해변의 밤공기가 신선하고 감미로웠다. 정관이는 제 엄마와 미끄럼틀에서 깔깔대며 숨바꼭질을 했다. 전깃불이 캄캄한 밤하늘을 밝히고, 더 먼 바다에서 별처럼 깜박이는 불빛들이 아름다웠다. 비록 머리는 올릴 수 없었지만 참 행복하고 멋진 제주도의 밤이었다.

(2004. 5. 26)

쇼 쇼 쇼

아침 9시에 택시가 왔다. 가볍게 행장을 꾸려 택시를 타고 대한항공 제주 비행훈련원으로 갔다. 대전 엑스포 때 과학공원 안에 설치했던 시설을 제주에 옮겨 놓은 것이라고 한다. 예전에는 미래항공관이라 했으나 지금은 정석항공관으로 명칭을 바꾸었다. 입구에는 모형 비행기가 전시되어 있었다.

입체영화 상영시간이 다 되었는데도 모형 비행기 옆을 떠나지 않으려는 외손자를 들쳐안고 원형극장으로 들어갔다. 정관이는 캄캄한 실내가 무섭다면서 밖으로 나가자고 떼를 썼다. 출입문이 닫히고 영화가 상영되었다. 우리나라의 여자어린이가 각 나라 어린이들과 친구가 되어 노는 모습과 대한민국의 아름다운 경치, 얼룩말, 사자 등이 나오자 정관이는 화면에서 눈을 떼지 않고 입체 영화를 감상한다.

원형(360도로 볼 수 있음)의 상영관 벽 어디에 시선을 두고 감상해야 하는지 가운데 서서 빙 둘러보았다. 어느 곳에 스피커가 장치되었는지도 모르지만 소리는 크게 울려 퍼졌다. 특별한 영화를 보고 밖으로 나온 정관이가 모형 비행기를 보려고 잔디밭으로 들어갔다. 모형 비행기에 더욱 진지한 흥미를 보이는 손자를 사진도 찍어주고 잠시 그곳에서 놀게 했다.

어제 여행을 같이한 택시기사는 "20개월이라 하지 말고 다섯 살이라고 하세요. 말도 잘하고 어른스러워서 20개월이라면 통 믿어지지 않아요."라고 한다. 귀여운 손자가 쫑알거리며 노래(동요와 가요) 부르는 모습이 신기하여 한없이 바라보며 웃고 있었다.

코끼리쇼를 보러 갔다. 비가 내리는데도 정관이는 신이 나서 노래를 불렀다. 코끼리를 올라타고 정원을 한 바퀴 돌아왔다. 겁을 낼 줄 알았는데 재미가 있었던지 "코끼리 한 번 더 탈까?" 해서 우리를 다시 한 번 놀라게 했다. 코끼리가 정관이 옆에 다가와 손에 들고 있는 바나나를 코로 가져갔다. 코끼리 코의 모습을 손으로 흉내내면서 "코끼리가 바나나 가져갔어". 하는 정관이 모습이 더욱 앙증맞다. 음악이 신났던지 주먹을 쥐고 좌우로 흔들며 박자를 맞추었다. 코끼리의 병원놀이 연기도 좋았고, 큰 덩치로 뒤뚱거리며 농구하는 모습도 재미있었다.

놀이마당에서 구경꾼들도 같이 참여할 수 있는 프로그램에 선진이가 참여했다. 사람이 매트리스 위에 누워 있으면 코끼리가 사람 위로 지나가게 되어 있다. 그때 소원을 빌면 소원성취할 수 있다는 말에 정관이를 안고 매트리스 위에 누웠다. 무슨 소원이 있었을까? 5톤 이상의 코끼리에 밟힐 수도 있어 겁도 났을 텐데. 잠깐 머물다가 정관이가 걱정되었던지 일어나 나왔다. 그 자리에 내가 얼른 드러누웠다. 코끼리가 사람을 넘어갈 때 소원을 빌면 그 소원이 이루어진다는 매력을 외면할 수 없었다. 코끼리가 내 위에서 잠시 머물렀다. 그 순간 소원을 빌었다. 선진이가 바라던 소원이 꼭 성취될 수 있도록 신의 가호를 빌었다.

퍼시픽랜드에서는 원숭이들이 사육사와 함께 재롱을 떠는 쇼를 보았다. 재주도 넘고 자전거도 타면서 관중들의 박수 소리를 즐기는 듯했다. 돌고래쇼에서는 시작하기에 앞서 추억만들기 프로그램이 있었는데. MC 아가씨가 관중석 가까이 다가와 돌고래와 악수를 하며 사진을 찍어주는 기회를 두 사람에게 준다고 했다. 정관이가 첫 번째로 당첨되어 돌고래와 악수를 하고 사진을 찍었다. 정관이에게 추억을 만들 수 있도록 기회가 주어져서 더욱 기분이 좋았다.

농구공으로 슛 골인하는 모습, 몸통으로 링을 돌리는 모습, 꼬리로 수구를 던져서 무대의 반대 방향인 관중석으로 던지는 모습, 물속을 헤엄치며 재롱을 부리는 모습, 제자리로 돌아가 박수를 치는 모습에서 더욱 관중을 열광케 했다.

정관이도 즐거운지 무대에서 눈을 떼지 않고 박수를 치며 신이 났다. 노래가 나오면 20개월의 어린아이답지 않게 주먹을 불끈 쥐고 노래지휘도 했다. 쇼를 보고 즐기는 것이 제법 어른처럼 의젓했다.

택시 기사가 산굼부리 화산분화구 관광을 하라고 안내했다. 폭발로 암석이 날려 평평한 지면이 움푹 꺼진 이곳을 주민들은 반구화산이라고도 부른다. 어떤 사람들은 방구화산이라 알아듣고 그렇게 부르기도 한다며 웃었다. 하와이 마우이 섬에 있는 헬레아칼라 산 분화구를 상상하며 화산분화구를 향해 걸었다.

반구화산은 하와이 헬레아칼라 산의 총천연색 분화구와는 경관이나 규모가 전혀 다른 마르(maar)형 분화구였다. 둥그런 원형에 수림으로 형성되어 있어 언덕처럼 보였다. 아무리 비가 내려도 물을 빨아들여 화구 안에는 물이 고이지 않는단다. 다른 곳에서는 볼 수 없는 야생란 등 희귀식물들이 서식하고 있으며, 노루와 조류, 파충류들이 살고 있다고 한다. 많은 관광객들이 전망대에서 기념촬영을 했다. 정관이도 사진을 찍었다. 항아리처럼 둥글게 생긴 화강암이 여러 군데 전시되어 있었다. 화강암 가운데로 어린아이가 건널 수 있을 만큼의 구멍이 뻥 뚫려 있어 돌의 모형이 신비로웠다. 사람들은 카메라 반대 방향에서 구멍에 얼굴을 내밀고 기념사진을 찍었다. 정관이도 제 엄마와 함께 구멍 속으로 들어가서 기념사진을 찍었다. 피곤한 기색 없이 신나게 놀며 돌아다니는 정관이가 어쩜 그리도 의젓하던지,

비포장도로를 걸었다. 도로주변에는 한라봉을 파는 아줌마들이 노점을 벌이고 있었다. 주상절리의 경관이 뛰어나다고 해서 가기는 해도 그다지 기대는 하지 않았다.

주상절리는 용암이 급격히 식으면서 발생하는 수축작용으로 만들어진 암석이다. 까만 숯 기둥을 척척 쌓아놓은 것 같은 육각형의 돌기둥들이 장관이었다. 절벽 아래 비취빛 바닷물이 파도가 되어 육각형

의 까만 돌기둥에 부딪혀 하얀 포말로 부서지는 모습이 참 아름답다. 아름다운 바다를 나무계단에서 같이 볼 수 있으면 좋으련만 위험하다는 생각을 했는지 접근도 하지 않는다. 내 귀는 소라 껍데기가 되어 파도가 부서지며 하얀 포말로 사라져 가는 소리를 듣는다. 파도를 잠재우는 깎아지른 듯 우뚝우뚝 서 있는 돌기둥들을 넋 놓고 한참이나 서서 바라보다가 손자가 놀고 있는 곳으로 갔다. 큰 소라 모형 속에 들어가 사진도 찍고 주변을 맴돌며 놀고 있었다. 저보다 더 큰 소라가 신기한 듯 바라보기도 하고 만져보기도 한다.

저녁엔 맛있는 요리를 하기 위해 재래시장을 찾았다. 한라봉이 1개에 1,500원 할 정도로 쌌다. 한라봉과 야채를 사며 재래시장을 구경했다. 건재상에서는 꿈틀거리는 굼벵이도 보았다. 해비치 콘도에 도착해서 저녁을 지어먹은 뒤 베란다 앞에 꾸며진 정원을 산책했다. 싱그러운 해풍이 여행자의 감성을 촉촉이 적셔주는 감미로운 밤이었다. 정관이의 재롱을 보면서 즐거운 하루 여행을 마무리했다.

(2004. 5. 27)

마르(Maar) : 화산 활동 초기의 약한 폭발로 형성된 환상環狀의 작은 언덕으로 둘러 싸인 화구火口.

제주도 여행 마지막날

아침부터 이슬비가 내리고 바람이 분다. 그래도 말은 타보기로 했다. 정관이가 파란색 비옷을 입고 엄마와 함께 말에 올랐다. 정관이는 겁이 없나 보다. 말이 빨리 달려도 놀라지 않고 노래까지 부르며 잘 달렸다고 한다. 빨간 잠바에 카우보이 모자를 쓰고 가죽장화를 신고 말을 달리는 모습을 카메라에 담아 왔다.

이어도 경마장은 말에 약간의 무리가 가도 체험관광을 즐길 수 있도록 말을 몰아주어 관광객들로부터 호평을 받는다고 택시기사가 설명을 해주었다. 나는 말을 타고 싶은 마음을 접었다.

“기사 팁 때문에 돈 아끼려고 그래?”

딸이 애교 섞인 목소리로 말타기를 권했다.

“엄마, 아빠하고 같이 말을 타시지 그래요. 사진도 찍고.” 한다. 내가 좀 덜 쓰고 기사 팁으로 2만 원을 더 챙겨주자고 했던 말이 생각났던 것 같다. 사실은 돈을 아끼는 목적도 있었지만 체중이 무거운 나를 태우고 달려야 하는 말이 불쌍하다는 생각이 들어서 였는데….

신영영화박물관으로 갔다. 박물관 전면에 낯익은 영화인들의 사진이 우리 일행을 맞이했다. 내가 좋아했던 배우들을 사진에서 만나고 어린 시절로 돌아가 젊음을 되찾았다. 박물관에 전시된 옛날 영화의 이야기도, 내가 영화의 주인공이 될 수 있는 현장체험도 좋았다. 그 곳의 소품을 이용해서 영화 주인공이 된 정관이도 사진 촬영을 했다.

박물관을 빠져나오는 길에 영화 〈친구〉의 주인공들을 만났다. 동상으로 만들어진 친구들과 함께 사진을 찍었다. 경치 좋은 바닷가에 배를 만들어 놓고 그 위에 입을 딱 벌린 상어를 매달아 놓았다. 내 키의 2배나 되는 공룡을 만들어놓아 볼거리를 풍성하게 했다. 비만 내리지 않았다면 몇 시간을 즐길 수 있는 경치 좋은 해변이었다. 특히 우주선은 정관이의 친구가 되기에 손색이 없었다. 그 곳은 산과 바다가 자연 그대로 살아있어 영감을 얻으려는 예술가들이 즐겨 찾는 곳이라고 택시 기사가 자랑스럽게 말한 장소다.

분재예술원 입구에 진열된 분재가 호기심을 자극했다. 나무의 줄기와 가지를 다듬어 수형을 잡아 철사로 고정시켜 놓았다. 주목, 적송, 열매를 매달고 있는 귤나무 등 모형이 독특하고 신비로운 나무들이었다. 고목이 된 분재들이 멋있는 수형을 뽐내며 운치 있게 서 있다.

인간의 삶과 나무의 일생을 접목시켜 철학적으로 설명해주는 안내를 받으며 분재 하나하나에 대해 이야기를 들었다.

멋진 정원을 한 바퀴 돌아나올 때 비단잉어를 만났다. 인기척을 느낀 비단잉어들이 사람 주변으로 몰려들었다. 아마도 관광객들이 던져주는 먹이를 받아먹기 위해 모여든 것 같다. 나는 고기에 먹이를 던져주며 소원을 빌었다. 거북이처럼 생긴 그릇에 동전이 소복이 쌓여 있다. 나도 소원을 빌며 동전을 던졌다. 그릇에 내 동전이 들어가는 순간 내 모든 소원이 성취될 것 같아 흐뭇했다.

언덕처럼 평범한 길을 걸어가다가 확 트인 바다를 만났다. 정관이가 와~하고 감탄을 했다. 용이 바다로 들어가고 있는 형태의 지형이라서 용머리해안이라고 불려졌다 한다. 절벽을 이룬 기암괴석에 확 트인 바다를 바라보니 절로 감탄사가 나온다. 암석이 군데군데 동굴처럼 파인 모양이나 암벽이 갈라져 특별한 형상을 만들어 장관을 이루고 있는 모습이 기이하다. 바닷물이 바람을 타고 파도가 되어 암벽에 부딪쳤다. 파도가 부서지며 하얀 포말을 토해내고 있다. 바위의 절경에 빠져버린 파도가 탄성을 지르며 부서진다. 해안일주를 했다.

정관이는 제 엄마 품에 안겨, "넓은 것은 바다, 바다는 깊다, 깊은 것은 엄마의 마음"이라고 종알거리며 딸 선진이가 운을 떼면 꼬리말을 이었다. 나한테도 와주면 좋으련만, "엄마가 안아 줘, 엄마가 안아 줘". 하며 엄마만 따랐다.

선진이의 팔이 얼마나 아프고 힘이 들까? 관광이 끝나면 몸살을 앓을 것 같아 안쓰러웠다.

여행 마지막날이다. 정관이는 주변에 말이나 양들이 풀을 뜯는 모습을 보기 좋아했다. 도시 주변에서는 도로 공사장의 포클레인에 흥미를 느끼는 듯했다. 택시 안에서 잠을 자다가도 쇼를 관람한다든지 기념관을 들를 때는 눈이 초롱초롱해졌다. 제주도, 어디를 가도 다 좋게만 보였다. 전복죽 맛도 좋았고 갈치 요리도 좋았다. 해비치 리조트에서 보이는 먼 바다도 좋았고, 밤바다 바람도 감미로웠다. 정관이와의 행복했던 추억이 생활의 활력으로 꽃피워지겠지.

공항에 도착하기 전 한라봉과 옥돔을 샀다. 광주비행장에 내리니 사돈이 저녁식사를 같이하자고 한다. 사위는 바쁜데 우리만 놀고 온 것 같아 3일간의 호강이 쑥스러운데 저녁식사까지 하자니 미안했다.

저녁식사가 끝나고 이번 여행에서 정관이와 관계가 더 좋아졌으면 하는 바람으로 뽀뽀를 했다.

골프장에서 머리를 올리는 것보다 더욱 소중한 추억들을 만들었기에 값진 여행이 되었다.

(2004. 5. 28)

홍도 이야기

해질녘 섬 전체가 붉게 보인다고 해서 홍도라 했다지만 안개 속에서 보아도 붉은 바위였다. 홍갈색의 규암질 바위와 울창한 숲이 청잣빛 접시 위에 조화롭게 앉아 있는 것 같았다.

남해의 소금강이라 불리는 홍도는 신이 빚어 놓은 예술작품이었다. 아무리 돈을 들여 관상용 정원을 만들어도 인간이 만든 작품은 저렇게 아름답지 않을 것 같다. 바닷물과 직접 맞닿은 몽돌해수욕장의 까만 돌멩이들까지도 사랑스럽다. 바닷물은 수심이 10M나 되니 물빛이 청잣빛이었다.

홍도는, 옛날에는 빗물을 받아 놓고 사용하다가 이제 겨우 간이급수 시설을 개발하여 위생적인 식생활이 가능하게 되었다. 1993년도에 전기가 들어와서 문화적인 혜택도 받고 있었다. 그러나 아직도 없는 것이 세 가지가 있다. 이발소와 미장원이 없고, 짐승들이 살 수 없어 산에서 뛰어 노는 동물들이 없다. 그래서 섬이 더욱 깨끗한지도 모른다.

유람선 선장이 암벽에 피어 있는 홍도의 꽃들을 기생 점호하듯 설명해 주었다. 겨울철에는 동백꽃, 여름철에는 원추리와 나리꽃, 천리향 그리고 봄철에는 홍도를 더욱 붉게 만드는 철쭉꽃이 피어 더 한층 아름답다고 한다. 몇 백 년을 바위에서 살고 있는 소나무는 정원사가 분재로 가꾸어 놓은 듯했다. 아기자기한 홍도의 아름다움이 꽃단장을 한 새색시 같다.

"우리 이젠 외국여행 가지 말고 이렇게 국내의 좋은 곳을 찾아다니게!"

H교육장 사모님도 홍도에 반했는가 보다. 같이 여행한 사람들 모두가 외국에서 본 경치보다 몇 배나 더 아름답다고 했다. 시선을 어디부터 두어야 좋은 경치를 감상할 수 있을지 두리번거리며 사방을 둘러보았다.

거북이 육지로 알을 낳으러 올라가고 있는 모습의 거북바위, 용암의 풍화작용으로 만물상이 되었다는 만물상바위, 홍도 오빠의 남근석을 가져다 놓았다는 남근바위, 바위와 바위 사이가 코카콜라병 모양을 하고 있는 거푸집바위를 구경하며 배를 탄 채로 석화동굴에 접근했다. 큰 동굴 문으로 들어가 작은 동굴 문으로 나왔다. 이 섬에 동굴이 120개나 있다고 하니 믿어지지 않았다.

뱃머리를 돌리니 1931년도에 만들었다는 홍도등대가 보였다. 등대를 보니 우리 둘째사위가 생각났다. 초도의 등대를 만들고 자랑스럽게 얘기해 주던 사위가 보고 싶었다.

새로운 모습의 바위들이 구경꾼들을 불러 모으고 있었다. 독립문 바위, 탑섬, 군함바위를 지나니 엄지손가락 바위가 '홍도 따봉!' 하는 듯했다. 바위 사이에서 하얀 꽃 천리향이 피어 있었다. 천리향의 향기를 따라 방향을 바꿔 가니 어머니가 기도하는 모습의 바위가 보였다. 저 바위는 무슨 소원을 빌고 있을까? 관광객들의 안녕을 빌까? 아니면 나처럼 자식들의 소원을 빌까?

정신을 가다듬으니 선장은 아직도 돌 자랑이다. 산골 마을의 천하대장군과 중국의 만리장성이 눈앞에 보였다. 남섬과 여섬이 부끄럽지도 않은 듯이 뽀뽀를 하는 바위가 있었다. 사람들은 그 바위에 정월 초하룻날 제사를 지낸다고 한다. 신랑은 사모관대를 하고 신부는 족두리를 쓰고 앉아 있는데 신부의 배가 불룩하다, 바위도 임신을 했나? 그 바위가 해산을 하면 어떤 바위가 나올까?

옛날 무성영화에서의 변사처럼, 선장의 구수한 입담에 흥겹게 홍도를 한 바퀴 돌았다. 홍도에서 돌 자랑 하지 말라고 한 이야기에 수긍이 갔다. 붉은 바위와 소나무, 청잣빛 물의 조화가 한 폭의 그림처럼 아름다운 섬은 지구상에 홍도뿐일 것 같았다.

홍도선착장에서 30분 가량 쾌속선을 타고 흑산도 선착장에 도착했다. 홍도를 먼저 관광하고 와서 그런지 흑산도에는 별로 감동거리가 없었다. 유람선관광보다는 육로관광을 선택하여 섬을 한 바퀴 도는 버스에 탑승했다. 흑산도 칠락산에서 앞바다의 올망졸망한 섬들을 바라보니 가이드는 저 경치가 TV에서 애국가를 부를 때 나오는 장면이라고 소개했다. 정약전, 최익현 선생의 유배지와 한국지도 바위를 보고, 어느 어부의 집에서 미역과 다시마를 구입했다. 흑산도에서 점심

식사를 하면서 흑산도 홍어회를 먹었다. 발효된 홍어는 코 끝을 자극하며 톡 쏘는 화~한 맛이 독특했다. 역시 남도 음식은 감칠맛이 있었다. 값이 비싸서 많이 먹을 수는 없는 것이 좀 아쉬웠다.

목포평화공원 주변에 전주콩나물국밥집이 있었다. 외지에서 고향사람을 만나면 반갑듯이 전주콩나물국밥집이라는 간판만 보아도 고향집을 찾은 듯이 반가웠다. 그도 그럴 것이 끼니마다 도미, 우럭, 광어, 홍어회로 식사를 했으니 개운한 맛의 전주콩나물국밥 생각이 간절했기 때문이다. 심부름하는 여인네가 친척 같고, 주인아주머니가 동기간이나 된 듯이 반가웠다.

"아줌마, 전주와는 어떤 인연이 있으세요?"

"저는 종업원이에요."

"그러세요? 우리 콩나물국밥과 모주 주세요."

모주가 먼저 나와서 마시니 전주에서 먹던 그 맛이었다. 막걸리에 계피와 흑설탕을 넣고 4시간 가량 끓여 만든 모주는 여행자의 피로를 싹 가시게 해 주는 데 충분했다. 그러나 콩나물국밥은 영 신통치 않았다. 전주의 그 맛이 아니었다. 전주에서 먹어 보지 못한 이들이 그 맛이 전주 콩나물국밥 맛으로 인식되면 걱정이다. 전주시가 '전주콩나물국밥집'이라는 이름을 사용하는 이들에게 전주의 맛을 전수시켜 특별한 그 맛을 이어갔으면 좋겠다.

이번 여행은 KTX 열차여행이었다. 휴식을 우선하여 우리 섬을 돌아보니 일행들 모두가 해외여행을 다녀온 것보다 옹골지다면서 즐거워했다.

《참 좋은사람》 2009. 3.

아름다운 남해

내가 살고 싶은 집 뒷동산엔 노송이 우거져 있으면 좋겠다. 집 앞으로는 넓은 바다가 있는 곳이면 더욱 좋겠다. 창가에서는 먼 바다가 보이고 그 바다 멀리에 옹기종기 작은 섬들이 수반 위에 꽂꽂이해 놓은 듯 놓여 있으면 더욱 좋겠다. 나는 바다가 좋아 등산보다도 넓은 바다를 즐겨 찾는다. 바닷가에 서면 마음이 탁 트이고 세상의 시름을 잊을 수 있어 좋다. 마음속 깊은 곳에서 꿈틀대는 욕망을 바다에 던질 수 있어 좋다. 그런 나를 바다는 거부하지 않는다.

오랜 세월을 같이해온 남편 친구들과 그 부인들이 함께 나들이를 간 곳이 고성의 '상족암'이었다. 바위 모양이 상을 차려 놓은 듯해서 붙여진 이름이라고 하는데 내가 보기에는 우리 고장 부안의 '채석강'처럼 책을 쌓아 놓은 듯했다.

공룡과 새들의 발자국을 보기 위해 급경사 암벽등반을 했다. 밑으로 떨어지면 다칠 것 같아 손과 발로 기어서 겨우 올라갔다. 얼마를 걸어도 공룡의 발자국은 없었다. 바닷물이 밀려와 공룡 발자국을 숨겨 놓고 보여주지 않았던 것이다. 1억6천만 년의 긴 세월 동안 지구를 지배하던 공룡은 발자국만 남기고 자취를 감췄다

지구를 지배하는 인간의 멸종을 막기 위해 공룡의 멸종이 암시해주는 교훈은 생태계를 파괴하지 말고 모든 동식물이 살아가기 좋은 환경을 만들어야 한다고 말해주고 있다.

공룡을 만나지 못한 아쉬움은 잠시였다. 바위 틈새로 불어오던 바닷바람의 시원함과 바위 틈새로 보이던 조각난 하늘, 바위 틈새로 난 미로를 헤매던 특별한 느낌은 큰 즐거움이었다. 유람선이 바위 옆에 가까이 다가왔다. 한려해상국립공원의 경치 좋은 것을 설명하는 선장의 목소리가 옛날 무성영화를 관람할 때 변사의 목소리처럼 아련히 들렸다.

오늘 가이드를 맡은 O 교장선생님께서 "창선 주민들의 염원으로 최근 연륙교가 개통되어 지역의 발전을 이룰 수 있는 도약의 발판을 마련하게 되었으며, 낙후되었던 창성면을 수려한 자연경관과 조화된 관광지로 개발해서 주민소득증대를 기대하고 있다."라고 설명했다.

군산에서 근무하시는 L교장선생님이 새만금 방조제의 중단에 대한 이야기를 꺼내자 차안이 갑자기 뜨거워졌다. 모두가 새만금 사업이 중단없이 성공적으로 추진되어 지역발전의 계기로 삼아야 한다고 입을 모았다. 타지방의 발전된 모습을 보면 낙후된 전북의 모습을 더욱 되새기게 되나 보다. 전국의 균형발전을 위해서도 새만금 사업이 조속한 시일에 이루어지기를 바란다.

선진국에서는 지구를 오염시켜 가면서 경제개발을 이룩해 놓았다. 이제 후진국에서 경제개발을 하려니 '오염총량제'를 시행하라고 한

다. 이는 힘없이 당하는 것 같아 기분 나쁜 일이다. 물론 환경이 훼손돼서는 안 되지만 경제개발도 미룰 수는 없다. '시화호'를 거울삼아 환경 훼손을 최소화시키는 친환경개발로 빠른 시일에 준공되어지길 모두가 빌었다. 지지하는 목소리는 가라앉고, 반대하는 목소리는 커져 국책사업이 흔들리고 있음을 많이 걱정하면서 연륙교 다리를 건넜다.

남해안을 따라서 차는 계속 달렸다. 온 종일 눈이 시리도록 바다를 바라봤다. 바다에 나무로 만든 독살이 눈에 띄었다. 썰물 때 고기가 빠져나가지 못하도록 고기를 잡는 전통 고기잡이 시설이라고 한다. 어부들의 손놀림도 바빴다. 비취빛 바닷물을 하얗게 가르며 유람선이 지나갔다. 갈매기 떼가 배 주위를 맴돌았다. 점심식사로 먹었던 갯장어도 저 어부의 손을 거쳤겠지. 양념장도 바르지 않고 숯불에 구워 깻잎에 싸서 먹을 때 부드럽고 담백한 맛이 일품이었다. 곁들인 장어국은 섬 마을의 정취를 흠뻑 느끼게 했다.

물건마을로 가는 길 산자락에 개간된 계단식 밭을 보았다. 적은 면적에도 곡식을 심어 놓았다. 옛날에 아버지께서 들려주신 이야기가 생각났다.

'어느 농부가 일을 하다가 모자를 벗어 놓고 쉬었다. 일을 하기 위해 자기 논을 세어보니 한 배미가 보이지 않았단다. 아무리 찾아도 없었는데 자기 모자를 집어든 순간 모자라던 논이 다시 생겨서 일을 마치고 집에 왔단다.' 하시면서 아무리 적은 땅이라도 곡식을 심어 소중하게 가꾸는 농부가 되라고 가르치셨다.

마을에 들어서니 나무숲이 울창했다. 300년 전에 태풍으로부터 마을을 지켜주고, 고기 떼가 모이게 하기 위해 팽나무, 상수리나무, 이팝나무, 후박나무 등을 해안선 따라 반달형으로 심어 놓았단다. 이 숲이 아름다워 천연기념물로 지정되었으며 지금은 전국에서 아름다운 숲으로 뽑혔다고 한다. '방조어부림'을 보니 조상의 지혜로운 생활이 돋보였다.

관광하기에 좋은 선선한 날씨였으나 물건마을을 지나면서는 빗방울이 떨어졌다. 섬진강을 따라 올라오면서 많은 물을 만났다. 산골짜기의 개울 물, 하천, 강물이 바다로 흐르고 있었다. 욕망을 바다에 던지지 못하고 무겁게 가슴에 끌어안고 서성이지는 말아야지…….

아래로만 흐르는 물의 순리를 닮아 가며 살고 싶다.

(2003. 7. 18)

초도 이야기

철~석 차르르~, 철~석 차르르르~.

칠흑같이 어두운 밤바다에 파도소리, 바람소리, 반짝이는 별들의 속삭임이 하모니를 이루고 있다. 아름다운 섬 초도를 찾아서 밤바다의 바닷가를 서성인다. 밤하늘에서 북두칠성이 반짝인다. 수많은 별들은 비단실로 수를 놓은 듯 아름답다. 거문고자리, 독수리자리, 큰곰자리와 목동자리 등 전설이 풍성한 여름 밤하늘의 별자리를 우러르게 한다.

긴 방파제 머릿돌에 초도 등대가 있다. 그 옆으로는 불법어업을 단속하는 큰 배가 대낮처럼 불을 밝혀놓았다. 불법으로 고기를 잡는 어부들 때문에 고기가 줄어든다고 했다. 주민을 위해 적발 위주의 단속보다는 예방차원의 지도방법을 선택했으리라. 드문드문 고기 잡는 배들도 불을 밝혀 놓았다. 캄캄한 밤바다를 밝혀주는 빛이 있어 더욱 낭만적이다. 하늘엔 별들이 반짝이고 밤바다엔 고기잡이배들이 불을 밝혀 환상적인 분위기를 연출했다.

마당에 숯불을 피워 놓고 자리를 깔았다. 참장어는 소금구이로 먹었다. 소주잔에 인정을 담아 전복과 돔 안주로 끈끈한 가족의 정을 나누었다. 어촌마을의 이장들도 저녁 만찬에 함께 어울려 술을 마셨다. 뉴질랜드를 관광할 때 피지 어느 시골마을에서 손님 접대하던 이장의 얼굴이 겹쳐진다. 어느 곳에서든 섬 마을에는 아득한 전설이 있고 정취가 있어 좋았다.

그 곳의 별미는 뭐니뭐니 해도 전복죽이 으뜸이었다. 고소하면서도 그 깊은 감칠맛은 잊을 수가 없다. 제주도에서 전복을 따러 이곳 섬마을에 온 해녀들이 낭군을 만나 초도 주민이 되었단다. 섬에 머물면서 음식의 맛을 개발하였는데 한번 먹어본 사람들은 다시 이곳을 찾는다고 한다. 바다에서 건진 자연산 전복요리 솜씨는 전주 음식의 깊은 맛보다도 한층 더 좋았다. 조미료 '미원'이 전국의 음식 맛을 천하통일 시키기 전 어머니가 정성으로 차려주시던 음식 맛을 이곳에서 비로소 맛볼 수 있었다. '며느리도 모르는' 그 집안 특유의 음식솜씨가 어우러져 해녀 전복죽이 맛있다고 소문난 곳이다.

'맨주먹 농장'은 야산에서 닭과 오리를 방목하여 기르고 있었다. 그 닭과 오리를 백숙으로 요리하는 솜씨가 대단했다. 여러 가지 한약재를 넣어 오리 특유의 냄새를 없애고 찹쌀과 녹두를 넣어 푹 고았다. 여름철 보양식으로 먹기에 참 좋은 음식이었다. 닭과 오리로 '도리탕'을 만들었는데 별미였다. 아름다운 자연 속에 묻혀 해녀들이 만들어 준 맛있는 음식을 먹으며 어촌마을의 풍성한 인정에 흠뻑 빠졌다.

일주도로를 달리다 초원에 방목하는 한우를 보았다. 이 섬에는 배를 타고 나가야 육지에 갈 수 있으니 소도둑은 있을 수 없단다. 그래서 풀이 많은 넓은 산에서 방목을 한다고 했다. 한가롭게 풀을 뜯는 소 떼를 바라보니 평화로워 보였다. 공해가 없는 곳에서 자란 나뭇잎들이 기름을 발라 놓은 듯 번들거렸다. 이 섬은 '모세의 기적'도 있어서 바닷물이 갈라지면 그 옆 작은 목섬까지 걸어서 다녀올 수 있다. 바다 주변이 바위와 까만 자갈로 덮여 있다. 오랜 세월 파도에 씻겨 만들어진 공깃돌들이 부드럽다. 피부에 닿을수록 사랑스럽다. 그 위로 밀려오는 파도가 거울처럼 맑다.

비포장도로로 한참을 걷다 보니 백사장이 펼쳐졌다. 이 섬에서 유일한 금모래 해수욕장이었다. 현우, 정관이, 찬우가 엄마, 아빠와 함께 신이 나서 뛰어 놀았다. 철~썩, 물이 밀려왔다 빠져나갈 때 물길을 따라 달리기도 하고 모래밭에 하트 모형을 그리며 즐거워한다. 파도가 밀려왔다 빠져나갈 때에는 발밑에 모래가 간지럼을 태운다. 그 모래의 감촉이 오랜 여운으로 남았다.

"이 뒤로는 맥반석 산이에요. 질 좋은 돌로는 묵석墨石이 있는데요, 지난날 일본으로 수출했다는 말도 있어요."

까만 자갈이 보석처럼 빛나는 바닷가에서 빤짝빤짝 예쁜 섬을 본다.

노을이 서쪽 하늘을 온통 붉게 물들이면 바닷물도 찬란한 붉은 빛이었다. 하늘과 바다의 만남이 어쩌면 저렇게 곱고 아름다울 수 있을까? 붉게 물든 바닷물이 파도가 되어 반짝였다. 그 날 긴 순간을 서서히 물에 잠기는 해를 넋을 놓고 바라보았다. 하나도 놓치지 않으려고 마음에 그려 넣었었다.

"어머님, 내일 아침 일출 광경도 저렇게 곱습니다."

언제 곁에 다가왔는지 둘째사위가 말했다.

"그래? 노을이 매일 저렇게 고운가?"

"아닙니다. 어머님이 운이 좋으십니다. 구름에 가리거나, 비가 오는 날, 안개가 낀 날이면 저렇게 고운 노을을 구경할 수 없습니다."

그 말 한마디에 기분이 더 좋아졌다. 내일 아침에 일출을 볼 수 있는 행운이 다시 찾아오길 바라는 마음 간절했다.

아름다운 섬나라 뉴질랜드를 관광하고 무공해에 반해버린 나는 여러 가지 면에서 뉴질랜드를 닮은 초도에 또 반했다. 나리꽃과 이름 모를 들꽃이 있고, 노랑나비 · 호랑나비들의 유희를 볼 수 있는 곳, 주변의 아름다운 섬들과 비취빛 바다, 도둑이 없고, 공해가 없고, 순박한 인심이 있는 섬. 자연환경이 아름답게 잘 보존된 초도는 사람들의 손때가 묻지 않은 깨끗한 섬으로 오래오래 기억되리라. 환경과 개발이 조화를 이뤄 별미기행의 아름다운 섬으로 선뵐 날을 기대해 본다.

(2003. 7. 28)

등대

'2003 전주 MBC 테마여행 거문도 · 백도 문화탐방'에 참여한 것은 내게 큰 기쁨이었다. 우리 일행은 종합경기장 '수당문' 앞에서 밤의 요정들이 활동하는 시간에 버스를 탔다. 시원한 밤바람을 가르며 보름달을 벗삼아 남쪽 바다를 향해 달렸다.

집안일을 접어둔 채 떠나는 여행이었지만 몸과 마음은 날아갈 듯 가벼웠다. 적어도 오늘 하루는 반찬을 만들지 않아도 되고, 빨래를 하지 않아도 된다. 청소 걱정을 하지 않아도 우렁이각시가 해주겠지. 보름달과의 달콤한 밀어도, 동행한 연인도 잊은 채 깊은 잠에 빠졌다. 첫날밤 새색시의 원삼 족두리도 벗겨주지 않은 채 곯아떨어져 버린 새신랑처럼. 새벽녘 해수사우나 앞에서야 눈을 비비며 가방을 챙겼다.

여수 오동도 동백길을 따라 이어진 산책로를 거닐며 가족의 이름을 하나하나 불러보았다. 떠오르는 태양을 향하여 소망을 띄웠다. 바다는 포근한 내 어머니의 품속 같았다. 바다는 언제나 넓은 포용력으로 골짜기의 모든 물을 끌어안는다. 힘들 때 품안에 꼭 껴안아주시던 어머니! 모든 허물을 가슴으로 감싸 안아주시던 내 어머니처럼…….

여수에서 배를 타고 거문도로 갔다. 거문도에서 '오고가'라는 배 이름을 보니 웃음이 나왔다. 현실적이라는 생각도 들었다.

수월산에 도착하여 해안선을 따라 등산을 했다. 잘 다듬어진 등산로는 힘들이지 않고 걸을 수 있어 좋았다. 수백 년 묵은 동백나무가 빽빽하게 들어섰다. 수월산의 동백나무숲은 남해안 최고의 절경에 속한다고 했다. 올해는 유난히도 까만 자벌레가 동백나무를 많이 해쳤단다. 운이 좋으면 동백나무에서 벌레를 잡아먹고 있는 동박새의 울음소리도 들을 수도 있다며 호기심을 자극했다. 나는 아직 동박새의 울음소리를 들어본 적이 없다. 하지만 여러 종류의 새 소리를 듣다보니 동박새의 울음소리를 쉽게 가려낼 수 있었다. 은 쟁반에 옥구슬이 구르는 듯 맑고 아름다운 새소리, 그 소리가 동박새 울음소리이겠지. 오늘은 운이 좋았다.

바다를 돌고 돌아 수월산 정상에 도착했다. 수월산 정상에는 동양 최대의 등대가 있었다. 높이가 높아서도 아니고, 건축물이 커서도 아니었다. 등의 반경이 넓고 파장이 커서 동양 최대의 등대라는 것이었다. 프랑스에서 제작된 프리즘렌즈에 의하여 적색과 백색이 교차하며 섬광을 낸다. 안개가 짙은 날이나 캄캄한 밤바다를 항해하고 있는 사람들의 안전을 지키는 등대로 우뚝 서 있다. 등대마다 섬광을 내는 속도가 다르다고 한다. 그 빛의 속도로 등대의 위치가 구분된다. 거문도는 15초, 백도는 9초 간격으로 빛을 반짝이며 어두운 밤에 항해하는 선박들의 길잡이를 한다.

이 세상 사람들도 저마다의 빛을 갖고 있다. 어려운 이웃을 도와주는 사회사업가, 내 영혼을 평안한 곳으로 인도하는 성직자, 모르는 것을 가르치는 교육자, 정당하게 법을 집행하여 억울한 마음을 달래주는 법관, 사회복지제도를 입안하는 행정가, 법을 만드는 국회의원 등 모든 사람들이 자신들만의 빛으로 세상을 밝히는 등대 구실을 한다. 그 빛이 때로는 촛불처럼 영롱하기도 하고, 때로는 형광등처럼 밝은 빛을 발산하는 삶일 수도 있으리라.

세상에서 버림받은 사람을 도와주며 같이 살아가는 삶, 좋은 일에 정성껏 힘을 모아줄 수 있는 삶, 정의를 세울 수 있는 삶 등은 등대 같은 삶이다. 등대마다 빛을 보내는 시간이 차이가 나듯이 사람들도 여러 방면에서 어둠을 밝히는 등대의 삶을 살아간다.

며칠 전에 TV뉴스에서 세 자녀를 안고 14층 아파트에서 투신자살한 어느 젊은 어머니가 있었다. 살려달라는 자식들을 앞세우고 저승길을 가야 했던 그녀에게 정녕 희망의 등대는 없었을까? 그 세상에서 같이 살았다는 것이 미안하다.

삶이 힘든 사람에게 희망을 안겨줄 등대는 그 사람 생활 주변에서 찾을 수 있어야 복지사회다. 수월산 정상의 정자에 앉아 먼 바다에 시선을 주고 있었다. 등대에 대한 설명 들으며 나는 내 삶의 의미를 생각했다.

수월산을 내려와 바닷가에서 배를 기다렸다. 맑은 바닷물 속에 드러난 바위와 조약돌들, 잡힐 듯 헤엄치며 놀고 있는 물고기들이 한가로워 보였다. 물고기와 놀며 시름을 털어내기 위해 바닷물에 손을 담갔다. 주변의 여러 섬들이 서로 빼어난 풍광을 자랑하듯 우뚝우뚝 서 있다. 내 삶의 끝자락에 서서 등대라는 낱말의 의미를 되새겨 본다.

(2003. 7. 23)

섬마을의 전설

옛날부터 거문도는 학문 높은 대학자가 많이 살았던 곳이다. 수월산 아래 바다 속 깊이 30m 정도에 남근바위가 있어 그 영향으로 문장과 학문이 탁월한 대유학자가 많이 태어난다고 전해져 왔다. 우리는 바다 속 남근바위를 볼 수 없어 아쉬워했다. 높은 학문을 지닌 사람이 머무는 곳이라 해서 거문도라 부르게 됐다는 이야기도 전해 내려오고 있다. 중국 청나라 제독 정여창이 이곳에 사는 선비 김유라는 대학자와 필담筆談을 나누다가 그의 문장력에 탄복하여 거마도를 거문도라 이름지었다는 이야기다.

거문도는 산이 병풍처럼 둘러쳐져 있는 호수 같은 항구다. 주변의 많은 섬들이 푸른 바다 위에 떠 있어 관광객들의 시선을 잡아끈다. 암석해안의 쪽빛 바다가 아름다운 거문도에는 고돌이 영감님이 산다. 주민들은 고돌이 영감님에게 풍어제를 3일간이나 지낸다고 한다. 제관들은 고돌이 영감님에게 먼저 절을 한 뒤 용왕님에게 제사를 지낸다. 부석이 떠내려올 때 고등어가 많이 잡혀 부석에게도 정성스럽게 제사를 지낸다고 한다. 예나 지금이나 인간은 능력 밖의 것을 원할 때 신에 의지하게 되나 보다.

백도에는 슬픈 사랑의 전설이 있다. 그 전설을 따라 뱃머리를 백도로 돌렸다. 깎아지른 듯 기암괴석이 천태만상이다. 변화무상한 절벽이 장엄하면서도 선경의 극치를 이루고 있었다.

백도는 "태초에 옥황상제의 아들이 아버지의 노여움을 받아 백도로 귀양을 왔다. 그 후 용왕의 딸과 눈이 맞아 바다에서 풍류를 즐기며 세월을 보냈는데, 여러 해가 지난 뒤 아들이 몹시 보고 싶은 옥황상제가 아들을 데려오라고 신하를 백 명이나 보냈으나 신하들마저 돌아가지 않았다고 한다. 화가 난 옥황상제는 아들과 신하를 벌주어 돌로 변하게 하여 모두 크고 작은 섬이 되어 백도가 되었다."는 전설이 있을 정도로 신선들의 놀이터답게 아름답다.

신기하게 생긴 바위와 거문도 · 백도의 역사, 쪽빛 바다와 기암괴석이 어우러진 비경…. 하늘의 신령들이 자연의 경관이 너무도 수려한데 반하여 매일같이 내려와 바둑을 두고 풍류를 즐겼다는 신선암, 형제가 꾸지람을 듣고 숨어 있는 형제바위, 식량을 쌓아 놓은 노적섬, 매바위, 갓바위 등…. 그밖에 옥황상제의 아들이 바위로 변했다는 서방바위는 자손이 없는 사람이 치성을 들이면 손을 보게 된다는 전설이 있어 지금도 치성을 드리는 사람이 있다고 한다. 용왕의 딸 각시바위, 그 옆에는 가난한 사람이 공을 드리면 부자가 된다는 보석바위, 그래서인지 관광객들이 합장을 하며 비는 모습도 눈에 띈다. 신들이 쌓고 살았다는 궁성바위, 부처님바위 등이 쉴 새 없이 많은 흘러나온다.

갖가지의 기묘한 형상으로 웅장하게 솟은 바위는 세로로 골이 파여 오묘한 모습을 보여주었다. 흥미진진한 옛날의 전설을 듣고 있노라니 그 소리에 잠기고 말았다. 쪽빛 바닷물과 기암괴석이 어우러진 절경이 나의 혼을 앗아갔다. 한동안 아름다운 경치에 취해 몽롱하다.

백도는 상서로운 섬이다. 어부들은 태풍이 불어오거나 기상이변이 있어도 걱정이 없단다. 폭풍이 일 때마다 그 사실을 사람들에게 미리 알려주어 피난을 하게 만든다는 것이다. 그 징조로는 사람들끼리의 대화 소리가 유난히 크게 들리거나, 돌덩이가 굴러 떨어지는 등 위험을 알리는 신호를 해준다고 했다. 그럴 때 어부들은 서둘러 뱃길을 돌려 거문도항에 도착하면 풍랑이 높게 일고 태풍이 분다는 것이다. 화를 면하게 된 어부들이 영험한 백도의 신기루를 신앙처럼 믿는다고 한다.

남근석이 있어 대학자가 많이 태어난다는 거문도, 쪽빛 바다 위에 옥황상제 신하들의 전설이 살아있는 백도, 고돌이 영감님이 어부들을 돌보아 준다고 믿고 있는 순박한 섬 주민들, 상서롭다는 백도에는 아직도 신들을 살게 만드는 어부들이 있다. 그들의 섬 사랑 이야기가 거문도·백도를 아름답게 만드는 생명력이 되지 않았나 싶다.

(2003. 7. 2)

5부 | 선녀의 차생활

6월의 밤

덕진연못에 불꽃이 피어났네.
하늘을 수놓은 불꽃은 별이 되어 쏟아졌네.
땅을 진동하며 하늘을 향해 치솟은 불꽃이
무지개다리 되어 하늘과 땅을 이어주었네.

무위사 높은 잔디밭에
복분자술 팔보채 안주 있어
한잔 가득 채워놓고
친구와 정담으로 6월의 밤을 맞았네.

한잔 술에 취해
덕진연못을 산책하고
현수교를 지나 취향정에 자리하니
연못을 가득 채운 연꽃이 나그네를 유혹하네.

하늘에서 하강한 선녀들
단옷날 밤 취향정에 들차회 열어
차떡과 황차 마시며 손님을 맞이하고
연향에 취해 6월의 밤을 노래하네.

— 2004년 단옷날에

설예원 마당에서

10월이 중반으로 접어들었는데도 날씨가 가을답지 않게 덥다. 설예원 마당 중앙에 화문석 자리를 넓게 깔아 큰 대청을 만들었다. 그 양 옆으로 멍석 위엔 자리를 펼쳐 작은 방을 만들고, 서쪽 작은 방엔 소반 위에 비녀상이 차려져 있다. 동쪽 작은 방 앞에는 세숫대야와 수건을 준비해 놓았다.

대문에서부터 큰 대청 앞으로 두 줄 붉은 카펫이 간격을 두고 펼쳐졌다. 신부 입장을 위해 때 펼쳐 놓은 길 같다. 그 길로 주부(계자 엄마)가 빈을 맞이하여 걸어 들어온다고 한다. 그 길이 있어 식장 분위기가 살아났다. 대청 뒤 방안에는 빨강치마에 노랑저고리를 입은 앳된 계자가 주안상 옆에 다소곳이 앉아 있다. 올해 20세 된 송이가 계례를 올리기 위해서 대기하고 있다.

관례는 약혼하기 전의 자녀에게 책성인지례責成人之禮를 치러 성인된 책임을 지어주는 의식이다. 남자는 15세~20세에 관례를 치러 스스로 인간의 도리를 알아서 행하며 살아가도록 했다. 어른의 출입복을 입히고 갓을 씌워 주며 관례 의식절차를 통해 가르쳤다. 여자에게는 배자를 입히고 댕기머리를 올려 쪽을 찌고 계례비녀를 꽂아주는 계례를 치렀다.

고려시대에 왕가에서만 하던 의식이 조선시대로 내려오면서 사대부 사이에서도 행해진 이 의식은 ≪예서禮書≫에 "중국 황제가 동이東夷에서 자부선인紫府仙人에게 배웠다."라고 기록되어 있다. 이 문서로 미루어 짐작하자면 우리나라에서 처음 시작된 예절문화임을 알 수 있다.

관례 순서에 따라 주부가 대문에 나가 빈을 맞이하여 식장으로 들어왔다. 시자가 계자의 댕기머리를 묶어 쪽을 쪄 주고, 빈이 대야에 손을 씻고 계자에게 읍한 뒤 비녀를 꽂아주고, 계자를 향해 축사를 한다.

"좋은 달, 좋은 날을 골라서 비녀를 꽂고 어른의 옷을 입히나니 이제 어린 마음을 버리고 어른으로서의 덕을 좇아 오래도록 정숙하며 장수해 복을 누릴지니라."

계자에게 배자(어른 옷)를 입히며 축사를 통해 각별히 당부의 말을 잊지 않는다.

"좋은 달, 좋은 때에 어른의 출입복을 입었으니 삼가서 거동을 의젓하게 가질 것이며, 덕을 삼가 높여서 검은 머리가 파 뿌리 되도록 큰 복을 누릴지어다."

의식절차에 따라 덕망 있고 예를 잘 아는 빈의 축사로 세상을 살아가는 인간의 참된 도리를 하나하나 알려준다.

"술은 맛이 좋고 맑아 의식에 드리니 아름답고 향기로우니라. 절하고 받아서 제사 지내고 마실지니라. 술을 마시는 데는 너의 분수에 맞아야 하느니 지나쳐서 몸을 해치면 아니 되느니라. 건강을 잊지 말고 조신할지어다."

배자를 입은 계자가 네 번 절하고 술잔을 받아 제사 지낸 뒤 남은 술을 마셨다. 의식절차가 까다롭고 매우 복잡하다. 어른에게 술을 받아 마시게 하는 것은 술을 어렵게 배워 조심스럽게 마시라는 뜻이 담겨져 있는 듯했다. 마시기 좋은 술이라고 아무 생각 없이 지나치게 마시면 몸을 헤치기 쉬우니 삼가는 마음으로 마시라는 부모의 마음을 담아 전달해 주는 것 같았다.

마지막 의식으로 빈이 계자에게 자字를 내리는 절차가 남았다. 본명을 존귀하게 여겨 아무나 부르지 못하게 별명을 지어주는 절차다. 좋은 뜻의 이름을 지어 성인으로 살아가는 데 바른 정신을 일깨워 주고, 값진 삶을 살아가도록 이름의 뜻을 인식시켜 준다.

"계례의 모든 절차를 이미 갖추었으므로 너의 자를 지어주나니 아름다운 글자와 깊은 뜻에 맞도록 행세할 것이며 잘 간직해 길이 보전토록 하라. 너의 자는 가佳자와 원園자이니라."

오늘 처음 보는 엄숙한 의식이다. 빈과 주부, 시자, 집사, 집례가 모두 당의를 차려 입고 정성스럽게 절차를 집행한다. 단지 계자의 머리 모양을 바꾸거나 옷을 바꿔 입히는 등의 외형적 변화만을 가르치지 않았다. 성인으로서의 책무를 깨우쳐 주고, 축복 속에서 성인의 책임감을 인식시켜 주었다. 계자가 빈으로부터 자를 받고 다짐하여 언약을 했다.

"저 가원은 부족함이 많사오나 감히 밤낮으로 어른의 가르침을 받들어 행하겠사옵니다."

네 번 큰절을 하고 자를 받았다. 천진하던 그 고운 얼굴에 웃음기가 사라지고 긴장을 한 듯 엄숙한 표정이다. 긴 시간 잘 참고 견디는 모습이 의젓하다. 어른이 된 계자가 사당에 절하고, 부모님과 어른을 뵙는 절을 했다. 동네 어른이나 선배들도 어른이 된 계자와 뵙는 절을 했다. 계자와 예를 차린 뒤 예전엔 "해라." 하던 말을 "하게."로 높여 대접해 주라는 빈의 말에 따라 오늘부터 말 대접이 달라졌다. 어른으로서 부담된 책임을 다 이행했으니 이제부터 어른으로 행동하고, 어른대접을 받으라는 삶의 방식을 인식시켜준 것이다.

여러 가지 복잡한 절차를 또박또박 치러내는 계자가 의젓하고 대견스럽다. 오늘따라 더욱 조신해 보인다. 여러 사람의 축복 속에서 어른이 되었으니 자존감 있는 복된 삶을 살아갈 것이다.

계자의 얼굴에 우리 딸들의 얼굴이 겹쳐졌다. 빈의 어머니와 아버지가 참으로 부럽다. 딸이 자라나는 시기에 맞춰 격식을 갖추고 건강하게 잘 기르는 젊은 부부가 한없이 부러웠다.

나는 자식 셋을 길러 출가시켰으나 관례를 해준 아이는 하나도 없다. 지금 와서 생각하니 난 자녀를 양육할 지식이 너무 부족했나 보다. 좋은 부모가 되려는 공부도 하지 않았다. 20세에 성년식을 한다는 말은 들었어도 우리 자녀들에게 이런 의식절차를 통해 성인교육을 해주지는 못했다. 그저 가난을 벗어나려고 바쁘게 살다보니 정신적인 삶의 질은 생각조차 할 수 없었다. 밥만 먹이고 옷만 입히면 됐고, 학교 공부만 교육인 줄 알았다. 학교에서 성적이 오르면 좋아했고, 성적이 떨어지면 얼굴색이 변하면서 지식만 쌓도록 강요하며 살았다.

사람이 살아가는 데 지식보다 더 값진 것이 지혜라는 생각을 미처 하지 못했다. 어머니라는 이름의 책임을 알지 못하고 무조건 사랑만으로 자녀를 기른 것이 미안하다.

설예원 마당에서 생각해 보니 어머니의 자격미달을 탓하지 않고 곱게 자라준 애들이 참으로 고맙다. 내 자녀들에게는 해주지 못했던 성인식을 손자들에게는 꼭 체험시켜 줘야겠다.

어른으로 인정받을 수 있는 의식절차가 엄숙히 거행되는 순간들이 사극영화 한 편을 감상하는 듯 퍽 인상적이었다. 차예절지도사범 교육생들 특강으로 치른 계례가 얼마나 좋은 성인교육이었는지 모른다. 외국 관광객들도 한데 어우러져 설예원 설립 20년과 계례자의 축하객이 되어 차와 음식을 나누어 먹으며 축제를 즐겼다. 참 좋은 체험이었다.

≪행촌수필≫ 제14호, 2008.

행복을 나누는 바구니

올여름은 유난히 더웠다. 수은주가 35°~36°c를 오르내리고, 기상청에서는 연거푸 폭염주의보를 발표했다. 늦은 밤까지 열기가 식지 않아 더위에 지친 이들이 밤잠을 설쳤다. 더러는 철새처럼 천변을 헤매고 다녔다.

바람 길에 돗자리를 깔고 앉아 도란도란 이야기꽃을 피우기도 하고, 옛날을 회상하며 전주천을 산책하는 노부부의 아름다운 모습도 눈에 띈다. 갈수록 더워지는 지구는 사계절이 뚜렷한 우리나라를 열대성 기후로 만들어 가나 보다.

갑자기 밀어닥친 먹구름이 이글거리던 태양을 삼키고 나면 스콜처럼 내린 소나기가 거리를 휩쓸고 지나간다. 이럴 땐 찜통 같은 거리의 열기를 식혀주는 소나기가 고맙게 느껴지기도 하다. 국지성 폭우는 그렇게 8월 내내 내렸다. 그 뜨겁던 열기와 지루했던 장마도 이젠 다 지났다. 요즈음 보기 드문 무지개도 떴다. 그 8월의 마지막 밤에 차인茶人들이 마로찻집에 모였다.

마로찻집 안주인이 차인들을 불러 모았다. 지난여름 지독했던 무더위는 잘 보내고, 가을은 즐겁고 행복한 마음으로 맞이하자. '지난번 덕진연못에서 연꽃들차회를 열었을 때, 차 한 잔 대접받지 못하고 봉사만 한 회원들에게 차 한 잔 대접하고 싶어 이런 기회를 만들게 됐다.'며 맑게 웃는다.

선이 뚜렷한 이목구비에 뽀얀 얼굴이 조선시대 그림 속의 여인 같다. 주름살 없는 젊은 나이에 어울리지 않게 희끗희끗 흰머리가 있는 규방부인이다. 찻집을 하면서 차를 한잔 남들에게 그저 베푼다는 게 그리 쉬운 일인가? 찻떡과 복숭아, 사과, 황차를 마시며 그룹을 지어 담소를 즐긴다.

한국차문화협회 사범시험을 마친 제7기 사범들이 설예원에 모여 규방다례 연습을 했다. 전북지부사범교육 10주년 기념 및 2007학년도 2학기 사범교육생 개강식에 시연을 보여주기 위해서 정성을 들였다.

연습이 끝나고 늦은 밤 선배 사범님들이 모인 마로찻집으로 갔다. 이런 모임에 참석하는 게 익숙하지 못한 새내기 사범인 우리도 눈치껏 한쪽 구석자리에 이방인처럼 앉았다.

멀리 장수에서 오신 고당 선생님, 부안의 남 사범님, 정읍에서 과수원을 운영하는 유 사범님, 남원에서 이 도령과 춘향처럼 오신 조 사범님 등 모두가 뒤섞여 서로의 안부를 묻고, 거추장스러운 벽을 허물고 마음으로 즐겁게 이야기를 나누었다.

남의 이야기에 귀 기울여 듣고 인정하며 서로가 서로를 격려하는 표정, 배려하는 속마음들이 유리알처럼 맑아 보였다. 함께 생각할 수 있고, 함께 웃을 수 있으며, 함께 눈물을 흘릴 줄 알고, 서로가 외로울 때 위로해 줄 수 있는 사람들, 우리 모두를 보듬어 줄 수 있는 넓은 가슴을 가진 차인들이다.

서로가 기쁜 마음으로 만나 표정 하나, 몸짓 하나까지 즐겁게 표현할 줄 알며 만남을 이어가니 이보다 좋은 사람들이 또 있을까? 찻잔의 예열 물을 버리면서 욕심도 버리고, 미움도 버리고, 성냄도 버리고, 질투와 시기심마저 모두 버리고 마음을 청결하게 비운 진정한 차인들이다. 차를 나누며 삶을 살아가는 데 필요한 동반자들이다. 오늘 밤의 즉흥극이 어느 영화나 드라마 장면과 비교할 수 있을까?

아직까지 이름을 써서 바구니에 넣지 않은 사람은 후회한다며 종이와 연필을 주었다. 멋모르고 이름을 적어 바구니에 담았다. 일종의 경품추첨권이었다. 상품은 작은 부채 3점, 큰 부채 2점이다. 이름이 뽑히면 상품을 주었다. 그 부채에 그림을 그린 사람은 마로찻집 주인의 신랑이었다.

작품마다 나부裸婦가 그려져 있다. 모두가 자기가 뽑히도록 이름을 잘 집으라며 한마디씩 하며 떠들었다. 한 사람씩 뽑을 때마다 예술작품으로 만들어진 부채를 꼭 받아야 할 사람이 뽑혔다며 축하의 박수를 보냈다. 받은 사람이나 못 받은 사람이나 모두가 즐겁게 박수를 치며 신나게 웃었다.

늙은 총각에게는 "그 여자를 쳐다보고 올해에는 꼭 장가가세요!"라며 격려의 박수를 보냈다. 또 바쁜 시간을 나누어 남원에서 왔다간 이가 뽑혔을 때는 "그래, 이것을 받게 되면 가게 문을 닫고 여기까지 왔다 간 보람을 느낄 거야."라며 축하해 주었다. 내가 받는 것보다 꼭 받을 사람들이 받았다는 마음으로 박수를 보냈다.

5명의 추첨이 모두 끝나니 과수원을 경영하는 분이 사과 한 박스를 현장에서 상품으로 내놓았다. 심부름을 하던 마로의 양녀딸이 "아직 내 이름을 적어 넣지 않았으니 나도 적어 넣을래요."라며 이름을 적어 넣고 흔들었다.

그런데 어쩜, 또 그 집의 딸 이름이 뽑혀 모두가 축하의 박수를 보냈다. 그 딸이 꼭 받아야 한다는 생각이 모두의 생각이었나 보다. 고당 선생님은 다음에 꼭 주겠다며 상품을 걸었다. 뽑힌 사람이 그 상품을 받았는지 확인해 보지 않았지만 모두가 주고 싶어하고, 나누고 싶어하는 마음들이어서 그날 밤은 더욱 즐거웠다.

무더운 여름에 시원한 바람을 부채질하듯이 그 사람의 삶에 시원한 바람이 되기를 바라는 마음에서 나는 부채선물을 잘 한다. 합죽선에 화가의 그림이 있는 부채다. 내 삶에서도 그 시원한 바람이 불어오기를 바라는 마음에서 가방에 넣고 다니는 합죽선을 즉흥상품으로 내놓고 싶어 망설였다.

신출내기가 선배 사범들 앞에서 혹 잘못하는 것은 아닌지 조심스러웠다. 아무리 좋은 자리라 해도 내 위치를 찾아 내가 앉을 자리에 앉고, 설 자리에 서서 있는 듯도 하고, 없는 듯도 한 그런 삶을 살고 싶었기에 감정을 억누를 때가 주로 이런 때이다.

마로 사장은 여기 모인 모든 분들에게 기념품을 주고 싶었나 보다. 자꾸만 신랑에게 상품을 더 내놓으라고 했다. 갤러리 같은 찻집의 벽에 붙은 작품을 떼어 왔다. 그 작품은 값이 50만 원 상당이라면서 서슴없이 내놓았다. 자기 작품이지만 아끼는 작품이라고 했다. 상품으로 선뜻 내놓은 그 작품의 주인을 직접 뽑았다.

즉흥적으로 사과 한 박스를 내놓은 유 사범이 당첨됐다. 모두 뛸 듯이 기뻐하며 박수를 보냈다. 당첨되지 못한 이들이 몇 배 많아도 모두가 축하할 수 있어 즐겁고 행복했다. 날마다 이런 생활이 이어진다면 이게 바로 천당이겠지?

창호지를 바른 문에 손으로 구멍을 내어 신방을 들여다보듯 선배 사범들의 행복하게 사는 모습을 엿본 하루였다.

≪행촌수필≫ 제12호, 2007.

꽃달임

꽃이 피었다. 전통문화 중심도시 전주 한옥마을에 봄꽃이 활짝 피었다. 왕골자리를 정갈하게 깔고 찻상을 폈다. 들차회 자리를 꾸미려고 연출하는 손놀림들이 곱다. 화려하게 피어나는 봄꽃들처럼, 부드럽게 불어오는 봄1 향기처럼 화사하게 장식을 했다. 탐스럽게 담겨진 장미꽃바구니, 도자기에 예쁘게 꽂힌 백합과 카네이션 그리고 하얀 꽃을 피워놓은 싸리꽃, 찻상에 걸쳐진 복사꽃 가지, 맑은 물에 둥둥 띄워 놓은 진달래, 파란 잔디

에 꽃길을 연출해 놓은 조화 등등, 각 차일마당에는 여러 모양의 꽃꽂이들이 봄나들이를 한다. 들차마당 분위기를 연출하는 경연이라도 벌이려는 것 같다.

차일마당 곳곳에선 웃음소리가 퍼진다. 전국 각 지방에서 참여한 차인들의 얼굴엔 웃음꽃이 환하게 피었다. 울긋불긋 차려입은 화려한 한복은 봄꽃과 어우러져 공예품전시관 문화마당에 또 다른 꽃을 피웠다. 소곤소곤 정담을 나누는 차인들의 연가는 봄 아지랑이가 되어 한옥마을에 여울지고, 여인네들의 손에서 반죽되는 찹쌀가루가 화전으로 활짝 핀다. 화전놀이를 온 이들과 구경 나온 이들이 모두가 흥겹다. 한옥마을과 전통놀이가 한데 어우러져 장관을 이루었다. 여인들의 엉덩이가 흔들흔들 흔들리고, 흥에 겨워 어깨춤을 춘다. 활기찬 몸짓에 웃음꽃이 활짝 피어 있어 모두가 미인이다. 신명이 있어 참 보기도 좋다.

예로부터 우리 여인네들은 삼짇날 무렵이면 산과 들에 핀 꽃을 따서 찹쌀가루로 꽃전을 만들어 먹으며 놀았다고 한다. 면면이 이어져 내려온 옛 여인들의 화전놀이가 오늘은 차와 함께 즐기는 마당놀이가 되었다.

꽃달임을 위해 준비한 꽃들은 시들지 않게 시원한 물을 뿌려 눈으로 훤히 볼 수 있도록 유리그릇에 담아 놓았다. 고운 한복에 앞치마를 두르고, 옹기종기 모여 앉아 꽃전을 지지는 여인들의 모습이 그림 같다. 여인네들의 얼굴에 행복이 피어난다. 하얀 찹쌀가루를 더운물에 반죽하여 동그랗게 만들고, 프라이팬에 기름을 두르고 미지근한 불에 익혀 뒤집어 놓고, 진달래꽃을 동그란 떡 위에 올려놓는다. 진달래, 보라 빛깔의 제비꽃, 샛노랗게 피어난 장다리로는 꽃을 피우고, 쑥과 쑥갓으로는 이파리를 만들었다. 여러 가지 모양으로 빚어낸 화전이 화려하다. 시럽으로 화장을 해 예쁜 접시에 담아내니 멋진 예술작품이다.

지나는 이들이 발걸음을 멈추고 넋을 놓고 바라본다. 흐뭇한 마음으로 출품을 했다. 다른 이들의 작품도 살펴보려고 행사장을 한 바퀴 돌았다.

모두 14작품이 전시되었다. 어느 팀에서 만든 작품인지는 몰라도 먹기가 아까울 정도로 아름답다. 번호표만 붙여 놓고 출품자의 명단은 접시 밑바닥에 써 놓기로 했다. 그래서 제출자가 어느 팀인지 더욱 궁금하다. 장원을 알 수가 없어 나 스스로 심사위원이 되었다. 0번은 S라인으로 진달래 꽃길을 내고 그 사이에 화전을 담아 놓아 화전보다 장식이 더욱 돋보인다. 0번은 예쁜 도자기 접시에 차와 함께 화전을 담아 놓아 전통 차와 함께 즐기는 화전놀이의 주제에 알맞다. 앙증맞은 꽃꽂이는 화전을 돋보이게 하는 데 충분했다. 0번은 하얀 접시에 울긋불긋 화전을 담아 작은 꽃병으로 운치를 연출하는 센스가 있어 좋다. 0번은 채반에 화전을 놓고 복숭아 꽃가지를 걸쳐놓아 예스러움을 자아내며 포근한 고향을 연상시킨다. 0번은 질박하게 구워놓은 도자기에 화전을 돋보이게 몇 점만 얹어 놓고 작은 꽃병으로 디스플레이(display)했다. 현대 감각에 맞는 예술성도 엿보인다. 붉은색, 파란색, 노란색으로 화전을 만들어 화려하게 꽃 접시에 담아낸 팀, 오미자 차에 꽃잎을 띄워 멋을 부린 팀 등등. 작품, 작품마다 감탄이 절로 나왔다. 모두가 우수한 예술작품들이다.

꽃 속에 묻혀 있는 화전접시보다도 오미자 가루, 치자 가루, 녹차 가루로 떡 반죽을 해서 화전을 빚어 놓은 정성이 눈에 꽉 찬다. 하얀 떡 위에 꽃잎으로 알록달록 꽃전을 만들어 정갈하게 담아낸 여인들의 솜씨가 더욱 돋보인다.

"산은 산이고, 물은 물이다."

라고 하신 성철 스님의 말씀대로 오늘은 꽃꽂이 전시장이 아니고, 전통 차와 화전놀이가 주제이므로 꽃 장식에 전통 차와 화전이 묻혀서는 안 된다. 그렇다고 꽃 장식이 너무 없어도 밋밋하다. 화전을 돋보이게 할 수 있을 정도로만 장식하면 된다. 지나침이 모자람만 못하다는 말도 있다. 항상 본질을 먼저 생각하고, 중용中庸으로 살면 그 삶이 후회하지 않는 삶이라는 것을 느끼게 한다.

울긋불긋 봄꽃으로 화장을 하고, 하얀 접시에 깔끔하게 장식해 놓은 화전이 말차 한 잔 곁들여 소반에 다소곳이 앉아 손님맞이를 한다.

한옥마을을 찾은 외국관광객들이 우리 전통 차에 관심을 보인다. 차 문화를 교류하며 들차 자리를 열고 있는 일본, 캄보디아, 베트남, 중국 등지에서 우리나라 산업현장을 찾아와 열심히 일하고 휴가를 받아 나온 사람들, 외국인들이 한국문화에 더 많은 관심을 보인다. 쉽게 접해볼 수 없었던 한국의 전통문화를 전주에서 보고 배워가려는 듯 차 마시는 예법을 열심히 따라 한다. 그들의 서툰 모습에서 어린아이 같은 순수한 마음들이 묻어난다.

대전에서 왔다는 간호사관생도들, 사진작가들, 지나가는 시민들 모두가 오늘은 전통 차와 함께 즐기는 화전놀이에 동참했다.

어린아이들은 깨강정을 먹어보고, 다식을 맛보고, 말차, 녹차, 황차를 맛본다. 차를 대접하면서 차 마시는 예법을 알려주었다. 오른손 손가락을 가지런히 모아 찻잔을 잡고, 왼손은 찻잔 밑을 공손히 받쳐 올려 눈으로는 색을 감상하고, 코로 향을 맡은 뒤, 세 번 정도 나누어 마시며 입에서 5가지의 맛을 느껴보라고 했다. 정담을 나누며 찻잔을 감상하고, 여유롭게 내 삶을 돌아보며 내가 가진 것들을 누리고 살다보면 세상의 낙이 찻잔 속에 담겨져 있다는 깨달음을 얻게 된다.

초심다회에서 출품한 작품번호가 6번이다. 심사하는 동안 내 뒷줄에 앉아 있던 아저씨들이 스스로 평가한 작품평을 한다.

“저 중에 6번이 그래도 깔끔하고 아름답다.”

그 말이 어찌나 반갑던지, “우리 작품을 좋게 평가해 주셔서 감사합니다. 오늘 심사에서 떨어져도 출품 자체에 의미를 두었으므로 만족합니다. 우리 팀 작품을 좋게 평가해준 아저씨들의 그 말씀만으로 우리 팀은 충분히 행복합니다.”라며 활짝 웃었다.

심사 결과는 멀리 부산에서 온 부산지부, 전남의 호남지부, 충남지부, 정읍지회 등이 상을 받았다. 팀을 호명할 때마다 환호성이 터졌다. 축하해주는 박수 소리가 석양의 한옥마을을 뒤덮는다. 장엄했던 헌공다례의 순간도, 규방다례의 시연도, 시끌벅적했던 비빔밥 큰잔치도, 화기애애하던 들차회 및 화전놀이도, 전주전통문화 투어도 동남풍에 밀려가고 있었다. 아쉬움을 남기며 다음해엔 더욱 알찬 꽃달임놀이를 약속한다. 전국의 차인들이 헤어지기 전 진한 악수로 정을 나눈다.

≪행촌수필≫ 제11호, 2007.

초록의 변신

- 제다실습 -

참 아름다운 자연이다. 초록빛 가로수에 부서지는 햇살이 오늘따라 유난히 반짝인다. 어제 내린 비로 봄의 생명력이 너울너울 춤을 추며 다가온다. 꽃들의 잔치마당이 된 지리산과 그 아래로 흐르는 섬진강이 어우러져 매혹적이다. 자연에 취한 황손 어르신께서 흥얼흥얼 노래를 하신다. 가수활동을 하셨으니 기분이 좋을 때면 저절로 흥이 나서 노래를 하게 되는가 보다.

화개장터를 지나니 악양면 토지의 최참판 댁 안내표지판도 보인다. 한참을 더 가다가 다압농업협동조합에서 녹차를 만들었다.

차 잎을 따다가 만들기엔 하루로는 시간이 부족하여 차 잎 딸 때 주의사항만 들었다. 손톱으로 자르면 손톱 밑에 있는 세균에 오염되기 쉽고, 칼로 자르면 철분이 차 잎에 스며들어 녹차 맛을 흐려놓는다고 한다. 어제 아줌마들이 따다 놓은 차 잎을 보니 사랑스럽다. 차 잎을 덖기 전에 고르기를 했다. 백합과 오대, 쇤 잎, 줄기 등을 골라냈다. 선별된 차 잎을 300℃의 고온에서 초벌을 덖어 무명천에 부어놓고 차 잎이 둥글게 뭉쳐지도록 비볐다. 작업대의 하얀 천에도 푸름이 스며든다. 다른 조에서 덖은 것과 비교하니 우리 조에서 덖은 차 잎의 때깔이 더 곱다. 솥에 붙은 차 잎 하나라도 태우게 되면 차 맛을 잃을까봐 정성을 다해 일한 보상이라도 받은 듯이 흐뭇하다. 실장갑 세 개를 끼고 작업을 하는데도 손가락이 뜨겁다. 그 때 옆에서 대기하고 있던 사람이 얼른 교대를 해 주어 흐르는 땀방울을 닦을 수 있었다. 덖은 녹차 잎을 비비고 털어 널기를 세 번 거듭하니 점심시간이다.

네 번 덖을 때부터는 170℃에서 건조시키는 작업이었다. 다섯 번 덖을 때부터 차 잎에서 분이 생겨났다. 민들레 홀씨처럼 허공을 맴돌다가 덖는 이의 눈썹과 머리카락에 하얗게 내려앉는다. 목화솜틀 집에서 일하고 온 사람 같다. 덖는 횟수가 많아질수록 녹차의 빛깔이 진해졌다. 차 잎이 솥에 직접 닿도록 털면서 뒤집었다. 너무 높이 들어올려 털게 되면 차 잎이 식고, 향이 흩어져 좋은 차를 얻지 못한다고 하니 조심스럽다. 차 잎이 부서지지 않도록 실장갑을 벗고 어린아이를 어루만지듯 살살 뒤집었다. 좋은 녹차를 얻으려고 마음을 모아 정성으로 만들었다. 땀도 많이 흘렸다. 차 잎이 손가락 사이로 흘러내린다. 말로만 듣던 구중구포의 우전을 내 손으로 만들었다. 가슴이 뿌듯하다. 내가 낳은 자식을 보는 것처럼 사랑스럽다. 수제차 우전을 볼 수 있는 안목도 생겼다. 힘든 작업을 체험하고서야 녹차의 고귀함과 소중함을 알 수 있었다.

곡우 전에 돋아난 연둣빛 어린 새싹이 모두 우전이 되지는 않는다. 300℃의 가마솥에서 뜨거운 고통을 속으로 삼키고 초록빛 옷을 입더니, 아홉 번이나 몸을 태워 진초록의 솜털 같은 은빛 우전으로 태어났다. 무쇠가 용광로의 뜨거움을 견디고 농기구로 새롭게 태어나듯, 녹차 또한 뜨거운 가마솥에서 수없이 자기 변신을 거듭한 뒤 좋은 맛과 향기를 지닌 사랑스러운 녹차로 태어난 것이다.

평범한 삶을 산 사람보다는 어려운 일을 겪으며 살아온 사람의 생각이 더 깊게 마련이다. 어려움을 극복할 때 삶의 지혜가 생기고 남을 배려하는 마음도 생기나 보다. 큰 시련을 극복하고 나면 깨달음을 얻고 진솔한 삶의 의미를 생각하게 되며 여유로운 삶을 음미하게 된다.

오늘 만든 차는 바로 먹지 않고 일주일쯤 숙성시킨 뒤에 우려 마시는 것이 좋다고 한다. 식물도 나무에서 뜯겨질 때 스트레스를 받고 뜨거운 가마솥에서 열을 받았으므로 숙성기간을 둔다. 차 잎이 받은 스트레스를 숙성시키지 않고 바로 우려 마시면 그 영향이 사람에게 전해질까 두렵다. 녹차를 마시면 마음이 차분해지고 머리가 맑아지는 것이 이런 이치를 따져 만들어서 마시기 때문인가 보다.

오는 길에 명원 녹차밭에 들렀다. 그 집의 며느리는 관광객으로

왔다가 차밭의 매력에 흠뻑 빠져 시집온 새댁이다. 차 잎이 반그늘에서 자라야 좋은 차를 만들 수 있어 7천 평의 녹차밭에 단감나무를 심었다고 한다.

지리산의 맑은 공기, 들꽃으로 아기자기하게 꾸며진 차방, 차나무 정원에서 나눔의 정신이 배어 있는 좋은 사람들과 차 한 잔을 마시고 나니 정신이 맑아지고 마음이 차분해진다.

차를 만드는 사람의 정성과 우려 주는 사람의 마음이 찻잔 속에 녹아 그윽한 향을 낸다. 맑은 물에 욕심을 씻어내니 연자 빛깔의 고운 차를 우려낼 수 있었나 보다. 찻잔 속을 들여다보며 깊은 생각에 잠겼다.

초록의 변신(녹차)을 음미하며 섬진강 물줄기를 따라 한없이 걷고 싶다.

(2006. 6. 15)

※ 백합 : 겨울에 차 잎을 싸고 있던 막.
※ 오대 : 차 잎을 받혀 주던 잎.

선녀의 차생활

차를 우린다.

끓인 물을 숙우에 붓는다. 그 물로 다관과 잔을 예열한다. 차호를 공굴리며 차시로 적당량의 차를 떠서 다관에 담는다. 뜨거운 물을 식히기 위해 주전자의 물을 숙우에 따른다. 굵지도 가늘지도 않은 물줄기가 맑은 소리를 내며 숙우를 채운다. 그 맑은 소리가 청아淸雅하다. 그 물을 다관에 부어 차를 우린다. 물은 딱딱한 차를 어우르고 차는 물을 받아들여 향과 고운 색을 내준다. 물이 너무 뜨거우면 떫은맛이 우러난다. 우려내는 시간이 오래 걸려도 떫다. 도를 닦는 마음으로 차를 우린다.

예열한 잔의 물을 퇴수기에 버린다. 내 잔의 물을 먼저 버리면서 마음속에 탐욕을 버리고, 다음 잔의 물을 버릴 때에는 성냄도 버린다. 그 다음 잔의 물을 버릴 때에는 어리석음도 함께 버린다. "오랜 기간 동안 차 생활을 하다보면 탐貪, 진嗔, 치癡를 다스리게 되고, 차도를 배워 행하다 보면 깨우침을 얻을 수 있다."라고 Y선생님은 가르친다.

차생활에서 삶의 지혜를 얻을 수 있는 순간이다.

찻잔에 예열한 물을 비우고 나면 정성으로 우려낸 차를 잔에 따른다. 내 잔에 한 방울 떨어뜨려 색과 향을 살펴본다. 가장 높은 손님 잔부터 따르고, 농도 조절을 위해 여러 차례로 나누어 따른다. 잔 받침을 하여 손님을 대접하고, 내 찻잔을 들어 녹차의 색을 감상한다. 코끝에서 향을 음미한 후 공손하게 맛을 본다.

우리들의 삶에서 고독과 슬픔, 고통을 이겨낸 사람만이 참 즐거움과 행복을 느낄 수 있듯이 녹차도 뜨거운 물을 거부하지 않고 고통을 참아내며 자신을 녹여 맛과 색, 향을 내어준다.

차 맛은 본디 쓰고, 떫고, 시고, 짜고, 단맛이 있어 오미五味가 있다고 하나 난 아직 그 맛을 느끼지는 못했다.

차 맛이 순수해서 마시는 장소의 분위기와 대화 내용, 그 날의 느낌이나 감정에 따라 맛이 달라지겠지…….

차를 마신다. 차를 다 마신 후 손끝으로 잔의 감촉을 살핀다. 잔의 모형과 빛깔을 감상하고 찻잔의 온기를 느껴본다. 물 따르는 소리의 청아함, 연록색의 은은함, 그윽한 풀잎 향기, 입 안 가득 퍼지는 감미로운 맛, 찻잔의 감촉, 이렇게 녹차는 오감으로 마신다.

차를 마실 때, 찻잔을 예열하고 나누어 따르는 과정에서 나보다도 손님에게 따뜻한 차를 마실 수 있도록 배려하는 마음이 곱다. 다관에 녹차를 넣어 우려낼 때에는 물의 온도와 시간이 중요하다. 차와 물의 만남에서 나를 내어주고 너를 포용하는 나눔의 지혜도 배운다.

물의 온도와 시간을 조절하고 적당한 온도로 차를 우려낼 수 있는 방법, 손님을 접대하는 절차, 차를 마시는 요령을 일컬어 '차도'라 하며 가르치는가 보다. 지나침도 모자람도 없는 그 모습 그대로 차도를 가르치는 모습이 선녀 같다.

차 한 잔을 마시며 지난 일주일의 생활을 되새긴다. 실의와 좌절의 긴 터널을 헤쳐 나오면서 더욱 진지한 삶의 의미를 깨달을 수 있듯이 알맞게 우려낸 차를 손님에게 대접하고 나도 마신다. 따끈한 차 한 잔으로 가슴 깊이 느끼는 행복의 여운이 길다. 도인처럼 차를 나누는 선녀의 차 생활 모습에서 선과 악의 평등을 본다.

≪모악에세이≫ 제7집, 2004.

· 다관 : 끓인 물로 찻잎을 우려낼 때 쓰는 그릇.
· 숙우 : 물을 식히는 그릇.
· 숙우 : 물을 식히는 그릇.
· 차호 : 차를 덜어내어 담아놓고 쓰는 그릇.
· 퇴수기 : 다관과 찻잔 헹군 물, 차 찌꺼기 등을 버리는 그릇.

선녀의 차생활(2)

차상을 앞에 놓고 너와 내가 마주앉아 목례로 대화의 창을 연다. 다포를 걷어 차선을 세우고 청아한 물줄기로 다완을 뜨겁게 어우른다. 다소곳이 앉아 다완에 물을 따르는 모습은 학처럼 고고하고 선녀같이 눈부시다. 빨간 오미자와 노란 콩가루로는 예쁜 꽃을 만들고, 까만 참깨와 녹차가루로는 나뭇잎을 만들어 예쁜 그릇에 담아 손님을 접대한다.

차선은 뜨거운 물에 적셔 부드러움을 알게 하고, 섬섬옥수로 다완을 들어올려 거울같이 맑은 물에 선녀의 시선을 담근다. 도란도란 대화가 있는 호숫가를 산책하듯 천천히 아주 천천히, 다완을 돌려 예열하고, 그 속에 정성을 담아 희망에 부푼 기쁨의 산책이 끝나면 퇴수기에 물을 버린다. 미움과 증오, 시기와 질투, 탐욕을 모두 퇴수기에 담아 버린다. 마음을 비우고 다호를 공손히 들어올려 뚜껑을 열었다. 차시를 들어 녹차가루를 한 수저 가득 퍼 차향과 색을 감상한다. 뜨거운 물을 온몸으로 받아들여 열이 오른 다완 중앙에 잠시 손을 멈춰

뜸을 들인다. 차시를 높이 올려 딱! 소리를 내며 녹차가루를 털어 담는다. 다완 주변에 시냇물이 흐르듯 무심히 물을 따르는 모습이 천상에서 내려온 선녀 같다. 청량한 물소리가 고요한 달밤에 멀리서 들리는 대금 연주곡을 듣는 듯 정신이 맑아진다. 차선을 들어 가루차와 물이 한 몸을 이루게 한 후 격擊불佛 하는 손놀림이 제비처럼 빠르다. 가루차와 물이 서로를 이해하고 둘이 하나가 되어 우유 빛깔의 차꽃을 피워낸다. 그 꽃을 어우르며 다완 중앙에서 차선을 거둔다. 참 잘~ 했어요,하는 듯 예쁜 꽃이 다완 가득 피어났다. 사뿐히 내려앉은 나비처럼 꽃을 다스리는 모습이 선녀처럼 곱고 아름답다.

꿈의 나래를 펴고 파란 하늘을 나는 한 마리의 학이 차생활 속에 살아 숨을 쉰다. 너와 나의 오묘한 정이 찻잔 속에 녹아 더욱 깊어진다. 고요하고 잔잔한 호수를 거닐며 다듬어진 몸과 마음이 아침이슬처럼 영롱하다. 그 모습 속에서 이슬을 받아 차를 우려내는 선녀의 차생활이 보인다.

(2004. 12. 20)

· 다완 : 차 사발.
· 차선 : 차 가루를 물에 푸는 대나무로 만든 도구.

東, 同, 童心圓에서

꽃내음 가득한 삼월 삼짇날, 만주 벌판을 영토로 삼고 살았던 고조선시대의 지도가 화석이 되어 서 있는 제비봉 자락에서 '국태민안과 조선영토 회복 기원'을 염원하는 이들이 모여 헌공다례와 백일장을 열었다. 지도를 보는 이들마다 신기하다는 표정이다. "여기 영토 찾는 기원을 심노니, 아 내 조국 잃어버릴 수 없는 땅, 어서 와서 하나 되게 하소서." 신비한 지도비석 뒷면에 국토수복 및 민족의 진취적인 기상을 높이기 위한 뜻이 새겨져 있다.

차문화협회 이림 전북지부장의 집례로 송동심 원장의 초헌, 다로 선생의 아헌, 종헌에 유 사범이다. 푸른 옷에 유건을 썼다. 차우림이로는 정 사범, 도우미 김 사범이 단정하게 빗어 올려 쪽찐 머리에 청명한 하늘 빛깔 옷을 입으니 선녀 같다. 학처럼 고고하고 정경부인처럼 도도하다. 제단 분위기가 정갈하고 경건하다.

동심원에 신비로움이 감돈다. 발원문을 낭독하는 소리가 하늘 높이 울려 퍼진다. 헌공다례를 올리고, 편부경 시인의 〈동동동심원을 다녀

와서〉 시 낭송이 있었다.

내빈들을 소개했다. 각 지방에서 독도를 수호하기 위해 활동하고 있는 젊은이들도 소개되었다. 많은 분들 중에 한부지사(전)와 상공회의소 윤 사무처장 모습이 보인다. 시에서 상사로 모시던 분들을 이곳에서 뵙게 되니 더욱 반가웠다.

풍광이 수려한 누각에 오르니 탁 트인 저수지가 바다 같다. 시선을 돌릴 수 없어 서성이다가 마음까지 그곳에 머물게 되었다. 하얀 모시두루마기에 갓을 쓰고 양팔로 홰를 치며 누각에 올라와서 북장단에 시조를 읊으시던 아버지의 모습이 떠오른다. "태산이 높다 하되 하늘 아래뫼이로다…." 시조 특유의 떨림과 소리를 꺾어 다루를 치며 부르시던 아버지 생각이 난다. 원목으로 만든 찻상 앞에 앉아 저수지를 보니 시흥이 절로 난다.

내가 지은 시가 아니면 어떠랴. 내가 즐겨 읊으면 남이 지은 시도 내것같이 사랑스러워지는 것을. 시조를 못하는 대신 목청껏 민요 한가락을 뽑고 나면 가슴이 탁 트여 청량음료수를 마신 기분이 될 것 같았다.

누각을 둘러보니 독도 풍경사진이 여러 장 걸려 있다. 우리 민족의 혼을 일깨워 주려고 노력한 흔적이 여기저기 묻어 있다. 호적까지 독도로 옮긴 사람, 그 사람의 독도 사랑하는 마음이 유리알처럼 투명하게 보인다. 오늘 여기 모인 사람들이 모두 애국자 같아 보였다. 민족을 생각하고, 나라를 걱정하며, 국가의 안녕을 위해 기원하는 이들이 모두 제비산 자락에 모인 것 같았다.

정원을 둘러보니 여기 저기 수석들이 많다. 개인이 가꾸어 놓은 동산이라고 믿어지지 않을 만큼 뜻이 깊고, 나라 사랑하는 마음이 가득 담겨 있는 공원이다. 수석과 어우러진 정원수, 잘 다듬어진 꽃나무, 우리 조상들이 곡식을 갈아 음식을 만들 때 사용했던 맷돌, 동네 맷돌들을 다 모아다가 징검다리처럼 오솔길을 만들었다. 그 길을 걸으면 시골 고향집에 온 듯 포근하고 감미로운 정취를 느낀다. 기이한 모양의 수석들은 공원의 운치를 돋우었다. 눈 언저리에서 맴도는 수석은 이무기가 용으로 변신하여 승천하려고 요동을 치는 듯이 보이는 괴석이다. 한참을 보고 있으니 가슴이 뜨겁게 달아올라 꿈틀거린다. 돌 하나, 풀 한 포기도 모두 정성스럽게 다듬어 놓았다.

이 공원이 민족공원이 되어 어린아이들 역사현장학습 장소로 이용되면 좋겠다. 신비한 지도석이 마음속에 깊이 자리 매김할 수 있도록.

풍요로운 점심이었다. 맛깔스런 전라도 음식과 익산지회의 개원축하 인절미, 정읍지회의 봄맞이쑥절편이 있어 더욱 잔치마당 같다. 누각에서 말차 한잔하고, 판소리 〈춘향가〉 중에서 '사랑가'를 감상했다. 잔물결에 빨려든 석양은 황홀했다. 자맥질하던 오리도 저수지의 아름다움에 한 몫을 보탠다.

녹차를 마시면서 감흥을 돋우라고 찻상도 놓여 있다. 모두가 녹차를 마시면서 동심원에 대한 3행시를 지었다. 송원장의 동, 동, 동심원의 깊은 뜻을 새기면서 삼행시를 써 낸다.

"동녘 동東, 같을 동同, 아이 동童은 해 뜨는 한겨레가 동방의 등불이 되어 어린아이와 같이 순수한 마음으로 한결같이 동이 민족을 사랑하라는 뜻을 담아 동동동심원이라 했습니다. 조선영토회복기원을 위해

이 동산을 30년 전부터 가꾸었습니다."
라는 설명에 느낌이 근접한 삼행시의 장원은 익산지회 이춘자 회원이 뽑혔다.

"동東, 同, 童 : 동해 우리의 땅 독도는,

심心 : 심해에서 불끈 솟는 새로운 아침 해를 반기며,

원園 : 원대한 우리 민족의 영원한 표징이 되리라."

동심원의 깊은 뜻과 진취적 기상이 잘 표현되었으며, 깊은 시심이 살아있는 작품이라는 심사평에 박수 소리가 제비산 자락에 퍼진다.

가작이 두 명, 장려상이 세 명이었는데 나를 따라 구경나온 큰시누가 지은 "동 : 동하여 이 봄날 꽃 따라 바람 따라 흘러왔더니/ 심 : 심심산천 유곡의 흐드러진 만찬에/ 원 : 원을 그리며 이곳에 모여 앉아 봄을 만끽하노라."가 장려상을 받았다.

시상을 할 때 모두가 입을 모아 운을 떼면 글쓴이가 받아 읽었다. 그리고 축하를 알리는 손뼉 소리가 동심원 뜰에 가득 퍼졌다.

요즈음 일본은 독도를 넘보고 있으며, 중국은 우리나라 역사를 왜곡하려 하고 있다.

"왜곡된 고구려 역사가 세계적으로 인정을 받게 될 경우, 한민족은 '뿌리 없는' 민족으로 전락하게 된다. 고조선사 및 발해사도 중국사로 넘어가게 된다. 반만년 역사가 순식간에 2~3천 년의 역사로 반토막 나는 셈이다."
라고 말하는 역사학자도 있다.

이렇게 어수선한 상황에서 나라를 걱정하는 이들이 있음은 천만다행한 일이라 하겠다. 민족의 역사는 수호되어야 하고, 영토는 지켜져

야 하는 것은 무지랭이도 다 아는 일이지만 적은 일이라도 이렇게 실천해 가는 일은 그리 쉽지만은 않은 듯하여 동심원을 다시 생각나게 한다.

≪행촌수필≫ 제13호, 2007.

· 역사왜곡 부분은 고려대 박물관 김우림 학예과장님의 글을 인용했습니다.

뱀사골의 봄맞이

여행객들의 기분은 아랑곳하지 않고 추적추적 비가 내린다. 봄을 시새워 내린 눈이 잔설로 남아 운봉에서 지리산 온천으로 넘어가는 고갯길이 미끄러웠다. 도로에 모래를 뿌려 놓았는데도 차바퀴가 공회전을 한다. 차가 낭떠러지로 떨어질 것 같은 아찔한 순간들이다. 캄캄한 밤에 안개인지 구름인지 앞을 가려 길은 잘 보이지 않고, 구불구불 산비탈 아흔아홉 고갯길을 넘어갈 땐 진땀이 났다. 간이 콩알만큼 졸았다. 밤늦은 시간에야 교원공제회에서 운영하는 지리산가족호텔에 도착할 수 있었다.

고로쇠물을 많이 마시기 위해 저녁식사는 된장찌개로 간단히 먹기로 했다. 남자들은 거실에 진을 치고 앉았다. 멸치, 오징어, 만경강에서 낚시로 건져온 마른 망둥어는 고추장에 찍어먹고, 짭조름한 김부각을 씹으며 물을 마셨다. 지리산 뱀사골에서 채취한 고로쇠물을 마실 수 있었던 것은 남원에서 근무했던 L교장 덕이었다. 고로쇠에 대한 해박한 지식을 들으며 즐겁게 물을 마셨다. 몸에 쌓인 노폐물이 말끔히 몸 밖으로 배설되어 건강해지는 기분이라며 좋아했다. 미네랄 성분을 많이 함유하고 있어 그런지 물맛이 달짝지근했다. 아무리 마셔도 계속 마실 수 있어 신기했다. 준비된 물이 다 떨어질 때까지 마시고 또 마셨다.

단풍나무과에 속하는 고로쇠나무는 밤사이에 흡수했던 물을 낮에 흘려 내놓는다. 날씨가 흐리거나 비가 오거나 바람이 심한 날에는 수액이 잘 나오지 않는다. 뼈에 이롭다 해서 골리수骨利樹 나무라고 부른다는 설이 있다. 이 나무에 얽힌 재미있는 유래도 많다.

옛날 운봉고원은 신라와 백제의 경계 지역이라서 군인들의 싸움이 많았던 곳이었다. 백제의 병사가 오랜 전투로 기력이 쇠잔하고 심한 갈증을 느껴 샘을 찾아 산을 헤매던 중, 우연히 화살이 꽂힌 나무에서 수액이 흐르는 것을 보고 받아 마셨다. 그 뒤 갈증이 해소되고 힘이 솟아나 수액을 즐겨 마시게 되었다는 이야기와, 몸이 갑자기 쇠약해진 변강쇠가, '곰이 포수의 화살에 맞고 쓰러졌을 때 산신령의 계시로 골리수나무 수액을 마시고 깨끗이 나았다.'는 말을 듣고, 뱀사골을 찾아가 고로쇠 수액을 마신 뒤 건강을 회복했다는 이야기다.

어쨌든 수액이 동물이나 인간에게 좋은 영양분을 공급해 주어 건강에 이롭다는 것을 알 수 있다. 인체에 쌓여 있는 노폐물을 배설시켜 주고, 허약한 사람들에게 원기를 회복시켜 주며, 인체에 필요한 미네랄을 제공해 주는 좋은 물임에는 틀림이 없다.

병든 사람들에게는 꼭 필요한 약수일 수도 있다. 수액을 채취하는 농가에게는 아들딸을 가르치는 학자금일 수도 있고, 노모의 병원비를 감당해야 하는 경우도 있을 것이다.

수액을 마시면서 염려가 되는 것은 인간의 욕심이다. 너도 나도 몸에 좋다고 나무의 생존에 필요한 물까지 빼내지는 않을까? 경제적인 수입만을 노리고 무리한 수액채취로 나무가 고사하지는 않을까 걱정된다.

자기 편리만을 위한 생활을 하다가 자연환경을 오염시켜 무값으로 마시던 물과 공기도 돈을 주고 사서 마시는 날이 왔는데…. 자연을 훼손하지 않고 보존할 때 자연이 주는 혜택을 오래도록 누리며 살 수 있음을 잊고 눈앞의 이익만 추구하며 살고 있으니 한심한 일이다.

고로쇠 수액을 필요로 하는 인간과, 수액을 나누어 주는 나무와, 농가의 소득 중에 우선되어야 할 것이 있다. 그것은 수액을 나누어 주는 나무가 생존하는 걸 헤치면서 수액을 채취해서는 안 될 일이다. 인간이 욕심을 버려야 자연과의 공존이 가능하다. 물을 마시면서 나무에게 죄를 지은 것도 같고 미안하다.

지리산 온천은 노천탕이 있어서 좋다. 뜨끈뜨끈한 물에 반신욕을 하기도 아주 좋다. 황토사우나는 땀을 빼기에 적당한 온도라서 좋다. 지그시 눈을 감고 앉았다. 인사철마다 겪는 심적 고통은 버리지 못한 탐욕에서 온 것이다. 감정의 굴곡이 너무 높고 깊어 어지럽다. 무거운 욕심덩이를 물속에 던져버리고 살고 싶다. 폭포처럼 떨어지는 물이 온몸을 휘감아 돌며 욕조에 머문다. 인연이 닿아 내 몸을 감싸 안았다가 흘러가는 저 물처럼, 인연이 닿아 내 주변에서 같이 생활하고 있는 이들도 좋은 기억만으로 부드럽게 흘러갈 수 있으면 좋으련만…….

흐르는 물에 내 몸을 맡기듯 조직의 흐름에 순응하며 얼마 남지 않은 공직을 조용히 마무리하고 싶다. 일을 잘하는 멋진 선배였다는 소리도 듣고 싶다.

주먹을 꼭 쥐었다가 사르르 편다. 욕심의 끈을 놓았다. 깊은 소용돌이에서 허우적거리며 빠져 나오니 고통의 멍에를 벗어 버린 것 같아 홀가분하다. 이제야 봄이 오는 소리가 들려온다. 어제의 쌀쌀한 날씨는 오늘 따스한 봄날을 만들기 위한 몸살이었다고, 겨울이 가면 봄이 온다는 믿음이 있기에 그 추위를 견디며 살아왔다고 속삭여 준다.

드문드문 꽃망울을 터트리는 산수유, 홍매화의 화신이 손짓을 한다. 욕심을 채우려고 자연을 훼손하지도 않고 자연의 소리에 귀를 기울이며 살고 싶다.

(2004년 2월 마지막 밤)

6부 | 회상

회상

- 가끔 생각나는 그 사람 -

그 사람이 돌아왔다. 아무 말 없이 훌쩍 떠난 그 사람이 8년 만에 다시 돌아왔다. 개인 사정으로는 직장을 내놓고 떠나야 할 아무런 이유가 없었는데….

국고보조금을 너무 많이 받아와서 그 일이 화근이 되었을까? 몇몇 의원들의 야유에도 흔들림 없이 버텨주던 거목이었는데…. 민선 1기가 끝나갈 즈음 Y시장이 그 사람에게 말했다고 한다. 당시 실세인 K국장과 Y국장도 그 자리에서 같이 의논을 했던 일이었다.

노인복지사업비로 2~3억 정도만 국고보조금을 받아 올 수는 없겠느냐고 시장이 하는 말에, 노력해 보겠다는 답변을 하고 '노인성치매환자관리방안'에 대한 사업계획을 수립하였다.

IMF 이후라서 국고보조금 받기가 어려운 시절이었다. 시 예산이 확보되지 않은 상황에서 시장의 확인서 한 장으로 20억 원의 국비가 왔다. 보건소 신축비 9억, 치매병원 신축비 11억을 받아낸 것이다.

사업을 추진하는 과정에서 전주시가 뒤집어질 듯이 여론이 들끓기 시작했다. 전주시 10대 뉴스가 될 만큼 시민들의 많은 관심 사업으로 급부상되었다.

치매환자가 사회문제로 대두되기 시작할 즈음이었다.

치매가족들의 문제를 정부(시)가 나서서 해결해줌으로써 패륜을 막자고 했다. 그들의 고통을 나누어 가지고 같이 아파하고, 고민하며 해결해 가자, 치매환자와 그 가족들이 인간답게 살아갈 수 있도록 삶의 질을 높여주자, 그 사업을 성공시키려면 보건소와 치매병원을 복합건물로 신축하여 운영하자, 치매병원을 운영하려면 많은 인력이 필요하다, 인력 확보는 도내 의과대학생들과 간호학과대학생들 · 사회복지학과 학생들을 받아 학생들에게는 노인보건의료연구의 실습현장을 제공해주고, 일반인 자원봉사자를 모집하여 환자간병 교육을 하고, 봉사시간 예치제도를 실시하여 환자가족의 간병비 부담을 줄여주자 하는 내용이 사업의 골자였다.

자원봉사자에게는 차비와 점심 정도의 실비 지급을 하고, 좋은 일을 하다가 사고가 생길 경우 시가 책임을 지며, 그 대안으로 자원봉사자 보험가입을 시행하기로 계획했다.

예치해둔 자원봉사 시간은 본인이나 가족이 필요할 때 찾아 쓸 수 있도록 하여 누구나 건강할 때 자원봉사를 할 수 있도록 했다.

이러한 세부 추진계획을 받아본 보건복지부 담당자는 참 좋은 방안이라고 적극 지원해 주었다. 시범적으로 시행하여 성공하면 전국적으로 확대 실시하면 좋겠다는 의견이었다. 그 때의 계획 서류를 다른 시와 도에서도 많이 복사해 갔다.

민선 2기 시장이 당선되면 당연히 최우선적으로 그 사업을 마무리 지을 수 있으리라 기대가 컸다. 몇몇 시의원들은 치매병원을 시가 운영하면 전주시를 말아먹는다고까지 반대했다. 집행부의 K국장, Y국장이 의회에서 반대를 했다, 전주시 예산이 없다고.

참으로 기가 막힐 노릇이었다. 집행부의 의견이 일치하지 않은 상태에서 의회가 무엇을 결정지을 수 있겠느냐며 부결시키는 등 7차례나 반복되는 비운을 맞았다. 3,4년을 몇몇 시의원들과 고위공직자들에게 시달리며 사업추진을 했다. 지금, 그 분들의 양심에 다시 한 번 묻고 싶다.

'사심 없이 시민을 위해 반대했습니까? 아니면 자신들의 자존심이나 욕심, 그 밖에 다른 이유가 있어서 반대하지는 않았습니까? P의원의 말대로 반대를 위한 반대를 하지는 않았습니까? 잘못된 판단이 시민들에게 미치는 영향을 충분히 고려해 보셨는지요?'라고.

선거가 끝나고 반대하던 의원들의 얼굴을 의회에서 찾아볼 수 없어서 지금도 가슴에 묻어둔 말들이다. 개인의 자존심을 겨냥한 험한 소리에도 귀 기울이지 않고, 표정의 흔들림 없이 의젓하게 대처하던 그 사람이 어느 날 젊은 나이에 직장을 떠났다.

"내가 이룰 수 없는 사업이라면 내 후임이 나서서 사업을 추진할 수 있도록 길을 열어주어야 한다고 생각했다. 우리 부모님과 가족들과도 모두 상의가 끝났으며, 다른 사람이 일할 수 있도록 지금 떠날 결심을 했다."

라는 말을 남기고 떠났다. 사고 이월된 예산을 사용할 수 있는 기간을 배려한 것이다. 덤덤하게 짐을 챙겨들고 나가는 뒷모습을 바라보면서 나는 큰 잘못을 저지른 것 같아 가슴앓이를 했었다.

사업이 반쪽으로 갈라졌다. K시장의 결단에 의해 급속도로 진행되었다. 보건소 신축비는 국고로 환수되고, 치매병원은 시 직영이 아닌 위탁자를 찾아 운영하는 방안으로 바뀌었다. 업무추진 부서가 보건소에서 시청 사회복지과로 이관되었다. 조례를 제정하고 위탁운영자가 선정되었다. 2000년도에 노인복지병원이 개원하고 2004년도에 병실이 모자라 증축을 했다고 한다. 어떤 의원의 말처럼 전주시를 말아먹지는 않을 모양이다. 보건소도 다가동에 새 건물을 신축하여 이전했다.

앞으로의 행정은 복지문제가 최우선이 되어야 함을 10년 전엔 의원이나 고위공직자들이 몰랐을까? 불과 10년 앞을 내다보지 못한 그때 일을 되새겨 보니 참으로 씁쓸하다. 5년 앞서 가면 현인이 되고, 10년 앞서가면 미친 사람이 되는 세상이었다.

꽃향기 실은 4월 어느 날 밤, 지난날의 이야기 속으로 젖어든다. 다른 이들이 하나 워드를 할 때 직원들에게 한글과 엑셀을 교육하고, 건강증진과 예방사업에 치중하며 앞선 행정을 한 사람, 택견으로 몸을 단련하고 대금을 불며 마음을 비울 줄 아는 사람, 녹차처럼 다섯 가지의 맛을 가지고 있으면서도 한 가지의 맛을 특별히 나타내지 않고 조화롭게 자기관리를 할 수 있는 사람, 세월이 흘러도 만나면 한결같이 편안한 느낌을 주는 사람, 명예나 금전, 자리에 연연하지 않고 자기욕심을 버리며 살아 갈 수 있는 맑은 마음을 소유한 사람, 자기의 평안한 삶보다 시민들의 삶의 질 향상이 더 중요하다고 생각하며 살아온 사람, 보건소장직을 훌훌 털어버릴 수 있었던 그 사람은 요즘 세상에 보기 드문 진정한 멋쟁이다. 한결같이 평온한 예전의 얼굴에서 꽃향기 가득한 미소가 머문다.

≪행촌수필≫ 제9호, 2006.

청남대, 그 권력의 흔적

철 대문을 들어서니 일산 모양으로 잘 다듬어진 소나무들이 청청하다. 물 좋고 산 좋은 이곳에서 맑은 공기 마시며 생활의 여유를 찾고 싶은 충동이 인다. 옆으로 난 오솔길을 따라가니 수영장이 바닥을 드러내고 주인이 없음을 말해준다. 옆문으로 들어서니 파란 잔디밭엔 철없는 모과나무 한 그루가 주인이 없음도 모르고 주렁주렁 열매를 매달고 있어 보기가 안타깝다. 가을하늘을 향해 용솟음쳐 오르는 분수는 썰렁한 모습으로 외롭게 서 있고, 정갈한 모습의 청기와 2층집이 대청호를 바라보고 있다. 이곳이 사진 촬영하기 좋은 곳이라며 H교육장 사모님이 사진을 찍어 주었다.

신발을 벗고 건물 안에 들어서니 국빈 영접을 위한 접견실이 정갈하고 아늑하다. 2층은 대통령 가족들을 위해 만든 공간이다. 대리석 바닥에 푹신한 카펫을 깔아놓은 거실과 침실, 샹들리에 불빛이 화려했던 과거의 흔적으로 남아 있다. 대통령의 집무실이 있고, 농사일을 하고 있는 '소' 그림접시가 응접실을 지키고 있다. 고불 맹사성을 생각하며 청백리를 닮아가려고 했을까? 휴가 기간에도 정국운영에 대해 고민하던 장소였음을 말해주고 있다.

대통령의 휴가가 끝나면 언론을 통해 정책이 보도되었다. 그로 인해 '청남대구상'이라는 정치용어가 생길 정도로 새로운 정국구상을 하던 장소였다.

한때는 베일에 싸여 각종 유언비어가 국민들의 호기심을 자극하기도 했었다. 황금으로 만든 수도꼭지를 설치하였다느니, 지하의 수족관이 어떻다느니, 대리석으로 으리으리하게 장식하여 호화롭게 꾸며졌다느니…. 사치스러운 생활을 했으리라 상상했었다. 그러나 그 곳에는 구경꾼들의 호기심을 충족시킬 만큼 사치스럽지는 않았다. 인파에 밀려 안으로 들어가 본 내부 시설은 잘사는 이웃집 살림살이와 별반 다르지 않았다. 아줌마들의 한결같은 목소리는 '우리 사는 집의 규모보다 약간 큰 것 외에 별다른 것 없네….'였다.

등산로처럼 잘 다듬어진 오솔길로 접어들었다. K대통령 부자가 낚시를 즐겼다는 양어장 주변에 빈 의자가 외롭게 놓여 있었다. 의자에 앉아 나누었을 부자간의 이야기가 궁금했다. 주인 잃은 비단잉어는 꽃잎이 져버린 연잎 사이를 헤엄치며 놀고 있다. 옛날 양어장으로서의 낭만은 간데없고 분수만 남아 있어 쓸쓸하다.

까치가 한가롭게 감을 쪼아 먹는다. 까치는 오지 않을 주인을 기다리고 있는 것일까? 석양에 까치의 날갯짓이 허허롭다. 아무도 없는 골프장엔 잔디가 잘 가꾸어져 있다. 군데군데 서 있는 일산 모양의 소나무가 옛날의 영화를 말해준다. 골프장 아래 호수에는 '영춘호'가

천막에 덮인 채 권력의 덧없음을 말해주고 있다. 호수 주변에서는 오리들이 한가로이 산책을 즐기고 있다. 20대의 예쁜 마을 처녀가 오리공무원을 소개했다.

"2003년 4월 노 대통령이 청남대를 국민들에게 돌려주기 이전에는 군인아저씨들이 오리를 길렀습니다. 막 태어난 오리를 사다가 밥을 주면서 훈련을 시켰지요. 군인아저씨들이 나각螺角을 불면 멀리서도 다이빙을 하며 일렬로 달려 나왔습니다. 군인아저씨보다도 직급이 높은 오리공무원들은 극진한 예우를 받고 살았지요. 그런데 어느 날, 오리공무원들이 국가공무원에서 지방공무원으로 강등되고, 민간인이 관리하면서 군기가 빠져 근무지를 이탈하는 오리도 생겼답니다. 길을 지나다가 말라빠진 집 나간 오리가 있거든 잘 타일러 돌려보내 주세요."

라며 익살을 떨었다. 대통령의 방문이 있을 때 기쁨조(?)였던 오리들의 역할이 변하여 하릴없는 오리로 변했다. 지금은 나각을 불어도 오지 않는 오리, 한 줄로 서서 오지 않고 제멋대로 흩어져 오고 있는 오리를 생각해 보았다. 군기가 빠져버린 오리…. 그래도 오리는 이곳에 남아 옛 주인의 화려한 과거를 말해주며 청남대를 지키고 있는 공무원이다.

신라의 고승 원효대사가 현암사 주변의 지형을 둘러보고 '장차 3개의 호수가 생길 것이며, 임금이 머무는 나라의 중심이 될 것이다.'라고 예언했다고 한다. 천년이 지난 뒤 그 예언이 이루어진 것일까?

대청호수에는 부표가 떠 있다. 수질오염은 생각하지 않고 이런 곳에 물고기 양식을 하고 있구나, 하며 언짢았던 오해를 풀어 주었다.

그 부표는 양식장이 아닌 '청남대' 대통령의 경호를 위한 방책이었던 것이다. 1차 경계선과 2차 경계선을 건너오는 사람은 경호원들이 정중하게 안내를 하지만 3차 방책을 넘어오는 사람에게는 발포도 가능했다고 한다.

'초가정' 가는 오솔길엔 앵초, 백일홍, 봉숭아, 구절초 등 수십 가지의 야생화가 잘 다듬어진 모습으로 손님을 맞아주었다. 초가정 뜰 안에서 바라본 대청호 주변 야산들이 호수와 잘 어우러져 가을 여심을 붙잡았다. 농가가 그리워 만든 초가정일까? 안채와 헛간에는 지게, 곡괭이, 쟁기, 홀태 등 옛날 농기구가 진열되어 있어 농자천하지대본農者天下地大本임을 알려주고 있었다.

수영과 골프를 좋아했다는 J 대통령, N 대통령이 테니스를 했다는 잔디밭, K대통령 부자가 낚시를 즐겼다던 양어장, 이 모든 시설들이 주민들의 불편과 피해를 헤아려 보살펴준 뒤에 국민의 뜻으로 만들어진 휴식처였다면 이렇게 허망한 '청남대'가 되지는 않았을 것을…. 10년 권세 없고權不十年, 열흘 붉은 꽃 없다花無十日紅는 옛말이 새삼 떠올랐다.

청남대는 마침내 베일을 벗고 지난날 화려했던 권력의 흔적으로 남아서 권력의 무상함을 말해주고 있었다.

≪행촌수필≫ 제4호, 2003.

'최 여사'

새벽등산을 즐기는 최 여사는 오늘도 어김없이 4시30분에 잠자리에서 일어난다. 어제 등산복을 사왔으니 그걸 입고 같이 가자고 한다. 새벽등산의 동행자로 생각하고 있는 것이다. 평상시에는 곧잘 따라다니다가도 게으름을 피우고 싶을 때에는 등산복 타령을 하며 거절하곤 했었다. 그런 나에게 등산복까지 사주며 같이 가자고 한다. 어젯밤, 늦은 시간까지 TV에서 영화 한 편을 보고 잠자리에 들게 된 나는 새벽에 눈뜨기가 힘들어 "오늘은 좀 힘들어서 못 갈 것 같아요. 혼자 다녀오세요." 하고 대답했다.

그런데도 "나이가 들수록 운동을 안하면 큰일나니까 알아서 해야지!" 하며 내 손을 잡아끈다.

비대해진 내가 혈압으로 쓰러지게 되면 자식들에게 폐가 될까봐 미리 걱정을 하는 걸까? 아니면 늙은 후에 동행자 없는 삶을 살아가기가 겁나서 내 건강을 챙겨주는 것일까?

새벽에 일어나기가 힘들어도 그걸 이기고 일어나서 새벽등산을 다녀오기만 하면 기분이 상쾌해진다. 어둑어둑한 길에 동행이 있으면 마음도 든든해서 좋다.

유일여고 뒤쪽 인후공원은 새벽등산길로 안성맞춤이다. 너무 높지도 낮지도 않고, 위험하지 않도록 길을 잘 다듬어 놓았다. 등산하는 사람들끼리 서로 도란도란 이야기를 주고받으며 걸을 수 있어 좋다. 아는 이들끼리 서로 안부를 묻기도 하며, 미소 띤 눈인사로 정겨운 마음을 전할 수 있어 좋다. 지난밤을 숲 속에서 지새운 산새들의 속삭임이 있어 좋고, 이슬 머금은 들꽃의 향기에 취할 수 있어서 좋다. 콧속을 파고드는 풀 냄새는 고향마을의 냄새라서 더더욱 좋다.

자연이 살아있는 삼호아파트 뒷길을 따라 올라가 팔각정에서 숨고르기를 한 후, 여러 갈래로 나누어진 오솔길 중에서 현대아파트 방향으로 내려간다. 어두워도 훤히 알 수 있는 길이기 때문이다. 그 길에 닿으면 1,500보쯤 걷는 셈이다. 이 길을 잽싸게 왕복으로 두 바퀴 돌고 나면 6,000보가 된다. 아침운동으로 그만하면 족하다.

팔각정에 올라 상쾌한 아침 공기를 마시고 나서 마무리 운동을 한다. 동트는 하늘을 향하여 가족들의 평안을 빈다. 저 멀리 진안과 남원으로 뻗은 길은 산 아래로 흐르는 시냇물 같고, 기린봉 산자락을 휘감은 저 구름은 나를 신선의 기분에 젖게 한다. 팔각정 계단을 내려와 삼호아파트로 난 오솔길을 걸어 집으로 돌아온다.

흠뻑 젖은 땀을 씻은 후 하루 일과를 시작한다. 아침 준비를 하고, 최 여사는 세탁을 한다. 어느 때에는 최 여사가 찌개를 끓이고 내가 세탁을 하는 날도 있다. 전날에 맛있게 먹어본 찌개를 직접 만들어 주고 싶다며 찌개를 끓인 날은 요리 솜씨가 나보다 훨씬 나은 걸 인정하지 않을 수 없다.

지난봄 어느 날의 일이다. 어느 술집에서 술국으로 나온 냉잇국을 맛있게 먹었다면서 냉잇국을 끓였다. 갑자기 찾아온 내 친구가 그걸 먹어 보고 너무 맛있다며 남편에게 '최 여사'라는 별명을 붙여 주었다. 그 후론 기분이 좋은 날에 가끔씩 장난기를 섞어 "최 여사!" 하고 부른다. 지금 내게 주어진 이러한 행복은 젊어서는 느껴 보지 못했던 일들이다.

나의 남편인 최 여사도 여느 남편들처럼 주방에 발을 들여놓지 않았다. 여자가 하는 일과 남자가 하는 일을 철저하게 구분하였다. 내가 힘들 때에도 여자가 하는 일이라며 전혀 도와 줄 줄 몰랐다. 그러던 그 최 여사가 변했다. 세 아이를 길러 출가를 시키고 마음이 허전하여 '빈 둥지 증후군'을 앓고 있을 때, 그 때 날 배려하는 마음이 생긴 것일까? "효자 열 자식보다 악처가 낫다."는 속담이 새삼스럽게 느껴지는 나이 탓일까? 그동안 힘들게 참고 살아 준 것에 대한 보답일까?

어느 때부터라고 딱 꼬집어 말할 수는 없다. 살다 보니 말없이 도와주기 시작한 것이다. 최 여사는 오늘 아침 녹색어머니 회원들과 가을 산행을 한다며 한껏 멋을 부린다. 밑화장을 한 후, 몇 번이고 거울에 모습을 비춰보면서 향수를 진하게 뿌린다. 잘 닦인 구두를 신고 출근하는 뒷모습을 향해 평상시처럼

"최 여사님, 오늘도 좋은 하루 되세요."

라며 배웅을 했다. 산뜻한 출근길에 행복한 마음을 담아 건넨 인사말이다. 내일도 최 여사의 등산에 즐거움과 행복을 주고받는 동반자가 돼야지! 새롭게 마음을 다짐하며 지그시 미소를 지어 본다.

≪행촌수필≫ 제7호, 2002.

꿈속의 길

높푸른 가을하늘에 하얀 뭉게구름이 유유히 흘러갔다. 들녘의 벼이삭도 누렇게 익어 고개를 숙였다. 좁은 길목 양쪽 옆으로 사람 키를 훨씬 넘긴 해맑은 가을꽃이 자태를 뽐내며 너울너울 춤을 춘다. 빨간 꽃, 하얀 꽃, 연분홍 꽃들이 한데 어우러져 피어 있다. 만약 저 꽃들이 한 가지 색깔로만 피어 있다면 저리 곱지는 않겠지. 그 길옆을 자전거로 달린다. 정다운 이들과 도란도란 이야기꽃을 피우며 긴 도로를 달린다. 코스모스가 활짝 핀 들녘에서 바람을 맞으며 자전거로 달리는 일은 무척이나 신나는 일이다.

언제부터인지 가을이 되면 자주 꾸게 되는 꿈속의 길이다. 꿈을 깨고 일어나면 가슴 가득 행복이 밀려든다. 아득히 멀어져 간 그 곳의 추억을 되새겨본다.

처음 발령을 받아 부임했던 곳이 시골의 오지奧地 면사무소였다. 적은 금액이지만 벽지 수당도 받았었다. 전주에서 정읍으로 가는 길에서 버스를 내려 3~4㎞는 족히 걸어야 갈 수 있는 곳이었다. 부자富

者들은 오토바이를 타고 다녔지만 나는 자전거로 통근을 했었다. 지금은 자가용이 흔하지만 '70년대 그때에는 오토바이도 그리 흔치 않았다. 가을이 되면 양쪽 길옆에는 코스모스가 흐드러지게 피어 길손의 마음을 즐겁게 해주었다. 드높은 가을하늘 아래 소슬바람이라도 만나면 해맑은 얼굴로 춤을 추었다. 그 길을 달리며 꽃의 향기에 흠뻑 젖어보기도 하고, 가던 걸음을 멈추고 꽃의 아름다움을 음미해보기도 했다.

신이 맨 처음 창조한 꽃이 '코스모스'라는 말을 어렸을 때 들어본 적이 있다. 신의 첫 작품이라서 청초하고 아름다운가 보다. 작은 바람에도 살랑살랑 춤을 추는 코스모스의 모습은 신선한 매력이었다. 나는 성스러운 느낌을 풍기는 순백의 백합보다도 꽃의 제왕인 장미보다도 청초하고 아름다운 코스모스가 더 좋았다.

코스모스는 물론 우리나라 꽃은 아니다. 강인한 생명력 덕택에 멀리 멕시코에서 우리나라까지 건너온 식물이다. 누가 심지 않아도 저절로 씨앗이 땅에 떨어져 싹을 틔우는 귀화식물이 되었다. 산과 들, 길가에서 파란 하늘을 배경 삼아 하늘거리며 핀다. 우리가 흔히 볼 수 있는 야생화라서 그 생명력이 더 사랑스럽다.

어떤 이들은 코스모스라는 말이 질서와 조화 또는 완전한 질서 체계를 가진 우주를 의미한다 하고, 또 어떤 이들은 조화를 이룬 아름답다는 어원을 빌려 한 송이 코스모스를 작은 우주로 비유하기도 한다. 코스모스는 많은 사람들로부터 사랑을 받는 꽃이다.

코스모스 그 길을 자전거로 달리기 위해 자전거 타는 연습을 열심히 했었다. 오뚝이처럼 넘어지면 또 일어나면서 배웠다. 온몸에 퍼렇게 멍이 들었다. 그래도 아픈 줄 모르고 열심히 배웠다. 그리고 자전거를 타고 코스모스 길을 신이 나서 달렸다. 자전거를 타고 달릴 때의 그 기분은 온 세상이 모두 다 나의 것이었다. 그 즐거움과 상쾌함을 잊지 못한다. 그 후론 마을에 출장 갈 때에도 자전거를 탔던 기억이 난다. 지금도 그 꽃의 매력을 잊을 수 없어서 꿈속에서조차 그 길을 자주 가나 보다. 세월이 흘러, 나도 중년의 고개를 넘었다. 내가 처녀 시절에 달렸던 그 코스모스 길을 자전거로 달려보고 싶다.

코스모스꽃이 만발하면 시골에서 만난 어떤 할머니가 생각난다. 어느 날, 정읍에서 월례회의를 마치고 오성리에서 버스를 내려 코스모스 길을 걸었다. 지나가는 택시가 있어 손을 들었는데도 혼자 타고 가면서 우릴 태워주지 않았다. 그 때 시골에서는 태워 달라고 하지 않아도 우리가 걸어가고 있으면 차를 세우고 태워주었었다. 택시가 지나간 후에 그 사람을 보니 지난여름에 뇌염 예방접종을 받고 아이가 죽었다고 우릴 경찰에 신고한 사람이었다. 지금도 그 때를 생각하면 참 안됐다는 생각이 든다.

뇌염 예방접종을 하기 위해 마을 이장에게 연락을 하고 명단에 있는 애들만 주사를 놓는데 멀리서 할머니가 손자·손녀들을 데리고 오셨다. 접종 대상자가 아니므로 주사를 놓을 수 없다는 말을 해도 못 알아듣는 듯, 막무가내로 아이들을 우리 앞으로 밀었다. 우리는 셋이서 상의를 했다. 접종이 거의 끝날 시간인데도 아직 오지 않은 애들이 있고, 할머니가 저렇게 막무가내니 딸들은 놔두고 귀한 손자 하나는 주사를 놓아 주자고 했다. 그래서 할머니의 정성으로 주사를 놓았는데 그게 잘못되어 아이가 죽었다고 경찰서에 신고를 했다.

같이 근무한 동료 셋이 경찰서에서 조사를 받았다. 누가 주사를 놓았느냐며 주사 놓은 사람만 찾는데 아무도 기억할 수 없었다. 우리 셋이서 흰 가운을 입고 앉아 있으니 할머니는 경찰 입회하에 세 사람 중에서 주사 놓은 사람을 골라내려고 흐린 눈을 비비며 우리들의 얼굴을 들여다본다.

"휴, 주사 놓은 사람을 찾아낸다고 내 손자가 살아 돌아오는 것도 아니고, 먼데서 왔다고 생각해서 손자에게만 놓아주었는데…. 경찰 양반, 난 모르겠네. 딸만 낳다가 늦게 아들을 얻어 금지옥엽으로 자란 내 손자가 저세상에서도 좋은 곳에서 잘살기나 바래야지." 하시며 뒤도 돌아보지 않고 나가셨다.

시골에 무지렁이 할머니로 알았는데 생각하는 것은 어느 철학자보다도 더 깊었다. 그 아이의 부검 결과 예방접종과 상관없는 병명으로 판명되고, 할머니의 현명한 판단으로 그 사건이 진정되었다. (그 아이의 명복을 빈다.)

오는 주말엔 가족들과 더불어 자전거를 타고 가을 나들이에 나서야겠다. 그 꿈속의 길을 달리면 나는 추억 속에서나마 젊은 시절을 되찾을 수 있을 것 같다.

(2002. 10)

현장체험

2월의 새벽 공기는 아직 차가웠다. 동이 트려면 아직도 몇 시간을 더 기다려야 한다.

"안녕하세요? 쓰레기 처리에 대한 현장체험을 하러 나왔습니다. 저는 완산구청 J팀장이구요, 이분은 P팀장입니다. 오늘 같이 일하면서 여러분에게 많은 도움이 되었으면 하는 바람입니다."

J팀장이 우리 소개를 했다.

"이른 시간에 오시느라고 수고하셨습니다. 매일같이 습관화된 저희들도 일찍 나오려고 하면 힘이 드는데……."

어두워서 자세히 볼 수는 없지만 청소차량 기사의 나이가 많이 들어 보였다. 간단한 인사말을 주고받으며 경기전에서 경원동 파출소 방향으로 출발했다.

오늘 작업내용은 골목에 모아 놓은 쓰레기와 집 대문밖에 내놓은 쓰레기를 수거차량에 싣는 일이었다. 수거차량을 뒤따라가며 양쪽 길옆에 내놓은 쓰레기봉투를 실었다. 젖은 음식물쓰레기가 없어 작업은 편리했다. 옛날의 쓰레기봉투에 비해 냄새가 적고 가벼웠다. 쓰레기 분리수거가 정착되기 이전에는 악취와 봉투의 무게로 처리과정이 더 힘들었었다.

쓰레기 분리수거 처리방법은 세 가지로 구분된다. 음식물쓰레기는 가로변의 수집통에 담았다가 가축의 사료 등으로 재활용하고 있다. 종이 박스나 플라스틱 등의 쓰레기는 자원재활용으로 처리된다. 그 외에 일반쓰레기는 규격봉투에 담아 내놓으면 수거차량에 실어다가 매립한다. 지역 주민들의 님비(nimby) 현상으로 쓰레기 매립장 확보가 어려운 때 쓰레기 분리수거로 양을 줄일 수 있어 그나마 퍽 다행한 일이었다.

주부들의 적극적인 참여로 쓰레기 분리수거가 정착되어 가면서 쓰레기 매립장 이용기간이 늘어난 것이다. 재활용 자원도 확보되고, 시 재정도 많이 아껴지는 등 여러 방면에서 좋은 제도로 정착 되었다.

그러나 일부 주부들은 생활의 편리함을 좇아 아직도 일회용품을 많이 사용하고 있다. 일회용 도시락, 일회용 종이컵, 일회용 기저귀 등이 종량제 시행 이후에도 쓰레기로 많이 배출된다.

쓰레기봉투 값을 올리면 일회용품 사용이 자제될 수 있을까? 지방자치단체의 쓰레기 양 줄이기 정책 성공은 우리 주부들의 실천 여부에 달려 있다. 환경을 지키려는 주부들의 아름다운 마음이 쓰레기 분리 배출과 일회용품 사용 자제에서도 나타났으면 좋겠다.

각 가정에서 쓰레기를 적정하게 분리 배출하는 주부들의 실천은 추운 날씨에 쓰레기를 치우는 미화부들의 수고를 훨씬 덜어준다는 점도 아울러 인식했으면 싶다.

규격봉투에 담긴 쓰레기는 빠른 시간에 청소차에 실을 수가 있었다. 하지만 규격봉투라 하더라도 음식물이 그 속에 들어있으면 들고양이가 비닐봉투를 헤집고 쓰레기를 흩어 놓아 볼을 에는 강추위로 땅바닥에 얼어붙어 있는 쓰레기를 모아 차에 싣는 작업이 무척 힘들었다. 간혹 규격봉투가 아닌 비닐 봉투에 담아 내놓은 사람도 있었다. 아무도 모르게 살짝 버려진 쓰레기봉투를 바라보면 그 사람의 양심을 버린 듯해서 안타까웠다.

신문이나 빈 상자를 가지런히 끈으로 묶어서 내놓은 가정도 있었다. 야구르트병이나 음료수병은 비닐봉투에 모아 내놓고, 음료수 캔이나 부탄가스 캔은 종이봉투에 따로 모아 내놓았다. 아마도 마음씨가 고운 주부가 미화원들의 노고를 생각하고 쓰레기 배출에도 정성을 쏟은 모양이었다. 이렇게 분리 배출한 주부들의 작은 실천이 우리 생활 주변의 환경을 살리는데 크게 기여하고 있다. 참 고마운 일이다.

청소차량 기사와 미화원들은 시민들의 출근시간 불편 해소를 위해 새벽 3시부터 작업을 시작한다. 쓰레기를 치우는 작업이 3D업종에 들어 대다수의 시민들은 기피하는 작업이지만, 근무 여건이 좀 어려워도 참고 묵묵히 일하고 있는 사람들이다. 그들의 노고를 직접 체험하고 근무 조건을 이해하게 된 지금, 그들을 돕고 싶은 마음이 든다. 모두가 그들을 배려하는 마음으로 도우며 살아가는 세상이 되기를 바라는 마음도 간절해진다. 내가 할 수 있는 쓰레기 분리배출을 실천하면 미화원들의 작업은 한결 수월해질 것이다. 그럴 때 쾌적한 생활 환경보전도 가능해지며 삶의 질이 향상되어지리라 믿는다.

전주시에 거주하는 모든 주부들이 새벽 3시의 쓰레기 처리 현장체험에 참여해 보면 어떤 변화가 올까? 그렇게 되면 쓰레기처리 문제가 해결될 수 있을 것 같다. 작은 실천으로 쾌적한 생활환경을 잘 보전하여 살기 좋은 아름다운 전주시가 되었으면 참 좋겠다.

(2003. 2. 23)

무자식이 상팔자라고

1971년도는 제2차 경제개발5개년계획을 마무리하는 마지막 해였다. 나는 이때 가족계획 계몽요원으로 정읍의 오지奧池 면사무소에 첫 발령을 받았다. 정부에서는 '60년대부터 가난을 벗어나기 위해 WHO의 지원을 받아 인구억제대책을 추진했다. "알맞은 수를 알맞은 터울로 낳아 잘 기르자"가 최초의 가족계획 구호였다.

그 후 인구수를 더 줄이기 위해 '66년도부터 3 · 3 · 35운동을 했다. 이 말은 세 명의 자녀를 세 살 터울로 35세까지 출산하자는 운동이다. 피임확대와 저출산(두 자녀 이하) 가정에 대한 정부의 지원이 강화됐다. 주택 당첨순위도 1순위, 공무원들의 학자금도 2자녀 이하에만 적용되는 등 강력한 인구억제정책으로 출산율이 낮아졌다.

그 때 피임목표량을 채우지 못한 면사무소 담당자는 매월 실시되는 월례회의에서 질책을 받았다. 가가호호를 발로 뛰면서 보건사업도 병행竝行하여 추진했다. 위생적인 생활방법과 식생활개선(혼식장려) 등에 대하여 주민계몽활동도 하였다. 순박한 시골부인들은 어린이 예방접종과 각종 피임방법 그리고 모자보건에 관심을 갖고 열심히 듣고 실천해 주었었다.

내가 직장에 첫 발령을 받고 일할 때는 농촌에서 여성이 직장생활을 하는 곳은 대체로 학교와 면사무소였다.

가난을 벗어나기 위해서는 식량증산도 중요하지만 우선 인구수를 줄이는 게 더 큰 일이었을까? 정부는 강력한 인구억제정책을 추진하고, 그때 시골 어른들은 "저 먹을 것은 제가 가지고 태어난다."며 가족계획요원을 망측스러워라 했다.

농경사회였던 우리 사회는 가족 수가 많아야 노동력을 해결할 수 있었다. 그래서 결혼을 하는 신랑과 신부에게 축복을 비는 말도 부귀다남富貴多男이었다. 베갯잇에까지 수를 놓아 출산을 장려했었다.

그런데 가족계획을 위한 계몽이라니…. 어쨌든 가족계획 계몽교육은 어른들 몰래 마을의 부녀회원들을 대상으로 이루어졌다. 마을에 부녀회의가 있는 날 밤에는 아무리 멀리 떨어진 마을이라도 출장교육을 나갔다. 산골짜기와 내를 건너서 피임대상자들을 만나기 위해 찾아다녔다. 낮시간에 만나야 할 때는 사람들이 일하고 있는 논과 밭으로 찾아다녔다.

그때의 농촌 생활은 식량을 자급자족하지 못해 끼니를 감자나 고구마로 때우고, 보리밥조차 먹을 수 없는 춘궁기春窮期를 겪는 사람들이 많았다. 대책 없이 많은 자녀를 두어, 먹는 입 하나를 덜기 위해 여자아이는 도시의 남의 집에 부엌데기로 보내야 했고, 남자아이는 남의 집 꼴머슴으로 보내는 이들도 있었다. 그런 집의 자녀는 보통이 7~8명이었으며, 자녀가 많은 집은 열 명을 낳기도 했다. 가난한 가정에서는 피임을 더욱 기피했다. "아기를 많이 낳아 길러야 그중 한 놈이라도 효도하는 놈이 생긴다면서 가족 수만 늘려가고 있었다.

적은 농토에 농사를 지어 많은 식구들의 양식을 해결해야 할 때 풍족할 수 없는 것은 당연한 일이었다. 정부에서 식량증산운동을 벌였다. 휴경지에는 빠짐없이 농작물을 심도록 하고, 논두렁에까지 콩을 심도록 했다. 그러나 농부들은 논두렁에 콩심기를 좋아하지 않았다. 논에 통풍이 되지 않아 벼가 약해지고, 벼멸구가 많이 생기며, 일손이 못 미친다고 이유를 들어가며 기피했다.

그런 작업들은 면사무소 직원들이 나서서 했다. 그 때에는 "돈 있는 부자가 도로 변에 논을 사 놓으면 면장이 농사를 지어준다."는 우스갯소리도 있었다. 모내기부터 피사리, 논두렁 콩심기, 가을에 벼베기까지 면사무소 직원들이 일손을 도왔다. 작업이 시기적으로 늦어지면 그 지방을 관장하는 면장이 문책을 받았다. 그래서 나도 그 일들을 해야 했다. 인구억제정책과 식량증산운동은 불가분不可分의 관계가 아닌가.

'71년도 그 때에는 아기 수를 줄이기 위해 둘 이상 아기를 가진 부모들을 찾아다니며 피임방법을 지도 · 권장하였다. 대상자들 집을 발이 닳도록 다녀 그 집 수저가 몇 개인지까지도 알 수 있을 정도였다. 그래도 아들을 낳지 못하는 사람은 딸을 칠공주까지 낳아도 포기하지 못하고 아들을 낳을 때까지 계속 낳았다. 어떤 집의 가장은 다른 부인을 얻어서라도 아들을 낳고 싶어 했다. 세인들은 이것을 남아선호사상이라 이름하였다. "3 · 3 · 35운동"이나 "아들 딸 구별 말고 둘만 낳아 잘 기르자"로 슬로건이 바뀐 후에도 아들선호 사상은 여전하였다.

아마도 뿌리 깊은 유교사상과 가계 계승문제가 더 아들을 선호했을 것이다.

어느 날부터는 "하나만 낳아 잘 기르자"로 가족계획 구호가 다시 바뀌었다. 여성들이 갖는 자녀수에 대한 패러다임이 바뀐 것이다. 여성들의 교육 수준이 높아지고, 맞벌이 여성의 수가 늘어났다. 가족제도도 남성위주에서 여성위주의 생활로 변화되고, 대가족에서 부부중심의 가족형태로 변화되면서 아들선호사상이 퇴색되어 갔다. 1988년에 인구증가율 1%를 조기 달성한 정부는 강력히 추진했던 가족계획 사업들을 전면 폐지하기에 이른다.

저출산율을 더 부추긴 요인 중의 하나는 결혼평균연령이었다. 1960년대 21.6세였던 것이 2000년도에 26.5세로 높아졌다. 만혼이 늘어난 것이다. 결혼을 해도 한 자녀 이상 출산은 기피를 한다. 자녀 양육부담이 우리 세대(40년대)에 비해 늘어난 탓일까?

우리 세대가 자녀를 양육할 때에는 먹을거리나 옷, 장난감 등에 지금 엄마들처럼 돈을 들이지 않았다. 조기교육을 위한 값비싼 학습자료들이며 배터리만 넣으면 실물처럼 움직이는 장난감도 없었다.

지금의 미시엄마들은 좋은 걸로 잘 먹이고, 다른 아이들보다 예쁜 옷을 입히며, 다른 아이에 뒤지지 않도록 여러 종류의 과외지도를 시켜야 하고, 장난도 최신식으로 장만해줘야 한다는 부담감 때문일까? 미시엄마들의 경제적 능력에 대한 강박관념 때문일까? 어린이 양육으로 손실될 수밖에 없는 자기시간에 대한 개념 때문일까?

우리의 현실은 대체출산률代替出産率 2.1명을 지키기에도 미흡하다고 한다. 출산율이 인구대체 수준 이하로 떨어지면 고령화 사회로 변화되어 가는데…….

가족계획 대상자도 1971년도에는 40년대에 태어난 여성에서 2002년도엔 80년대에 태어난 여성으로 반세기가 흘렀다. 출생률이 1960년대에 6.0명에서 2001년에는 세계에서 가장 낮은 1.3명으로 변화되었다. 정부에서 장려하지 않아도 저출산으로 변해버린 것이다.

선진국인 영국의 1.64명보다도 낮고, 미국 2.13명, 일본 1.33명보다 낮은 세계최저 수준이다. 출산율이 낮아지는데 미국과 영국의 경우 100년을 거쳐 서서히 이뤄졌다. 이런 나라에서는 대책을 세워나갈 여유가 있었다. 하지만 우리나라는 20~30년 만에 급속히 저출산율로 바뀌었다. 한 가정에 한 자녀만 낳는 가정이 늘어나고 있다. 이제는 인구의 균형을 유지하기 위해 아기 더 낳기를 장려해야 한다고 한다.

저출산율은 노동력 부족과 노령인구에 대한 부양비 증가 등의 사회문제로 이어지기 때문이다. 그래서 대체출산까지는 출산장려정책개발이 필요하다고 한다. 그래야 인구의 균형이 유지가 된다고 하니 격세지감隔世之感을 느끼지 않을 수 없다. 무자식이 상팔자라는 생각이 보편화되지 않도록 미시 엄마들의 문제 해결에 사회가 같이 걱정하고 고민해 줘야 할 것 같다.

≪행촌수필≫ 제2호, 2002.

청단풍 낙엽이 되어

어느덧 아침저녁으로는 쌀쌀하다. 그렇다고 가을이라 하기에는 한낮이 너무 무덥다. 이런 계절에는 옷을 갈아입기에도 신경이 쓰인다. 가을옷을 입자니 너무 덥고 그렇다고 여름옷을 입자니 빈티가 나는 듯해서 몇 날을 정성들여 만든 스웨터를 걸쳐 입고 계단을 내려왔다.

차에 올라 운전대를 잡고 차창을 보니 떨어진 낙엽이 나를 반긴다. 빨갛게 단풍이 들기도 전에 나뭇잎들이 떨어졌다. 나무들도 구조조정을 하는 것일까? 하얀 눈이 소복소복 쌓이는 늦겨울에는 헐벗은 몸으로 추위를 견디는 인내를 가르치고, 연둣빛 새싹으로 쫑긋이 눈망울을 터트리며 봄소식을 전할 때에는 한없는 꿈과 희망을 심어 주었으며, 그 무덥던 여름날에는 짙푸른 녹음으로 청량음료 같은 시원함과 피로를 덜어주더니, 가을이 오기도 전에 빨간 옷을 갈아입지도 못한 채 낙엽이 되어 내 차 위에 떨어졌다.

저 낙엽은 나와 무슨 인연인가? 전생에 인연이 있어 나에게 왔으니 내 널 정성껏 어루만져 책갈피에 끼워 놓고 더불어 동병상련의 회포나 풀어 보아야겠다. 정성으로 먼지를 씻어내고 승용차 옆 의자에 태워 사무실에 도착했다.

우리 아파트 화단에는 단풍나무가 많다. 예전에는 나무 사랑에 무관심한 듯 후진 주차를 하는 이들이 더러 있었다. 후진 주차를 할 때 뿜어내는 매연이 싫어도 거부할 수 없는 단풍나무는 고운 빛깔의 새 옷을 입어보지도 못하고 맥없이 떨어졌다.

아침에 차를 타고 나갈 때 편리하다는 인간중심의 생각으로 나무의 생명현상에 관심을 두지 못했다. 아침마다 매연을 뿜어주는 그런 사람에게 나무는 무어라 얘기했을까? 매연을 참아내는 그 고통을 무어라고 표현했을까?

그러던 어느 날, 아파트 관리실에서 전면주차를 계도하기 시작했다. 화단의 나무들 이야기를 들을 수 있는 보호자가 관리실에 거주하고 있어 참 다행한 일이다.

오후부터 시작되는 토요일의 숙직은 너무 지루하단다. 그래서 일요일 일직을 하는 날에는 몇 분이라도 빨리 교대해주려고 서두른다. 그래야 내 마음이 편하기 때문이다.

'71년부터 공직생활을 하면서 사명감을 가지고 일하라는 훈시를 많이 들었다. 때로는 사명감이 있을 때도 더러 있었다. 농촌의 부녀자들에게 가족계획을 홍보하던 시절이 그랬고, 아동세대주에게 흑염소를 사주며(국비) 희망과 꿈을 심어주던 때가 그랬다. 환경오염 방지를 위해 '완산 어머니환경감시단'을 조직하여 재활용 쓰레기는 분리수거를 하자, 비닐봉투 사용을 줄이자면서 캠페인을 하던 때도 그랬다.

노란색 천으로 예쁜 시장바구니를 만들어 나누어주면서 비닐봉투 사용을 줄이고, 폐식용유로 비누를 만들어 나누며 합성세제를 덜 쓰자고도 했다. 대기오염을 줄이고 오염배출행위자를 단속하는 '자전거 환경감시단'을 조직하여 캠페인을 벌이던 일, 해병대전우회 잠수부들과 합동으로 아중 저수지와 전주천의 쓰레기를 치우기도 했다. 환경보전은 캠페인이나 이론이 아닌 실천운동이 중요하다고 생각하며 실천운동에 앞장섰다.

노령화사회에 대비해서 지방자치단체에서는 전국 최초로 전주시에 치매병원을 신축하려 할 때 그 많은 어려움을 극복할 수 있었던 힘은 오로지 사명감에서 비롯되었다.

지난날의 꿈과 패기는 다 사라지고 젊지도 늙지도 않은 어중간한 나이의 여인이 거울에 비친다. 이제 공직을 떠나면 내가 사회인으로 무엇을 할 수 있을까? 팽팽하여 터질 듯하던 피부는 세포의 노화로 탄력이 없어지고, 새까맣던 머리는 보기 싫게 희끗희끗해졌으며, 처진 눈꼬리와 입술 주변에는 웬 주름이 그리도 많이 늘어났는지…….

나잇살을 먹으면서 어느 곳 가리지 않고 덕지덕지 붙은 살이 울퉁불퉁한 모과처럼 변해버려 곡선도 각선도 아닌 내 몸을 바라보니 낯설다. 마음이 심란하다. 어쩌면 이 나뭇잎이 내 처지를 미리 알려주려고 오늘 내게 찾아온 것은 아닐까? 아직 붉게 물든 단풍이 아닌데도 나무에 매달려 있지 않고 자기 몸을 희생하여 힘든 나무를 도와주려는 건지도 모른다. 나뭇잎이 한날 한시에 새싹으로 돋아났어도 자연의 순리를 좇아 낙엽으로 떨어지는 날은 서로 다르듯이, 인간 또한 같은 날 태어난 사람이 똑같은 삶을 살다가 똑같이 죽을 수는 없다.

이것이 자연의 순리가 아니던가.

청단풍 낙엽을 깨끗이 손질하여 판판하게 편 다음 두꺼운 책 속에 반듯하게 끼워 놓았다. 코팅을 해서 오래 두고 책갈피로 사용해야만 할 것 같아 정성을 기울였다. 내 비록 청단풍 낙엽처럼 직장에서 정년을 맞이하지만 내 스스로 먼지를 닦아내고 반듯하게 코팅을 하여 빈틈없는 생을 살아가고 싶다.

자연의 순리를 벗어나지 않고 허욕을 부리지 않는 자연인으로 살고 싶다. 이 작은 소망이 이루어지도록 욕심을 버리고 마음을 비우며 살아야겠다. 자연의 순리에 따라 늙어갈 수 있음에 만족하고 내 스스로 남은 삶을 풍요롭게 다듬고 가꾸며 살아가고 싶다.

≪행촌수필≫ 제7호, 2004.

순간의 여유

알람시계가 나를 흔들어 깨운다. 빨리 일어나라고 목소리를 높이며 다그친다. 곁에 누워 잠을 자고 있던 사람은 어느새 사라지고 없다. 꽤 늦은 시각인가 보다. 요즈음 며칠 정신없이 살다보니 생활의 리듬이 깨졌다. 무거운 몸을 추스르고 새로운 일터로 나가기 위해 집을 나섰다. 어느 길로 가야 막히지 않고 빨리 갈 수 있는지를 헤아려 본다.

오늘은 시내 쪽으로 방향을 잡았다. 진북터널을 거쳐서 가는 길과 어느 길이 더 가까운 길인지 시간을 재보기 위해서다. 출근하는 여자의 아침시간 5분은 낮의 1시간과도 바꿀 수 없다. 남편 출근준비나 애들 뒷바라지, 고등학교 3학년생의 도시락 준비를 하는 것도 아닌데…. 그래도 아침만 되면 마냥 분주해서 쫓기며 산다.

일도, 사람도 낯설어 남의 일터에 놀러온 기분이다. 창밖의 먼 하늘을 바라보며 여유를 찾아본다. 6층 사무실에서 밖을 내다보니 효자소공원이 우리 집 정원처럼 눈앞에 펼쳐진다. 아침부터 흐리던 하늘에서 탐스럽게 하얀 눈이 내린다. 곱게 단장한 새아씨 걸음처럼 차분하게 내린다. 소나무 위에도, 오솔길에도, 그 옆의 나무들에게도 하얀 눈이 소복소복 쌓인다.

공원에서 아이들이 뛰어 논다. 등산로로 나 있는 경사진 오솔길에서 비료 부대로 썰매를 탄다. 세 갈래로 된 길은 어느새 아이들의 놀이터가 되었다. 아이들은 강아지들처럼 눈을 맞으며 신나게 뛰어 논다. 나는 저 놀이 속의 주인공이 될 수 없어 눈 덮이는 소공원만 멀거니 쳐다본다.

언젠가는 내 손자들도 눈을 맞으며 신나게 놀겠지, 소복하게 쌓인 눈 위에 반듯이 누워 하늘을 쳐다보며 사진도 찍고, 뽀드득 뽀드득 소리를 들으며 하얀 눈길을 걷기도 하겠지, 언 손을 비비며 눈을 뭉쳐서 눈사람도 만들고, 눈싸움도 하겠지, 눈 위에서 뒹굴고 깔깔대면서 놀겠지, 눈 속에서 신나게 뛰어 놀다가 손이 시려 호호 불며 찾아오면 나는 그 손자들에게 옛날이야기를 해주리라.

눈 오는 날, 아버지가 화롯불에 묻어둔 군고구마를 꺼내 꽁꽁 언 손에 쥐어주며 옛날이야기를 들려주셨던 것처럼 나도 그렇게 하고 싶다. 곶감 한 꼬챙이와 설빔을 손꼽아 기다리며 설을 맞던 어린 시절의 이야기도 들려주고, 떡 안반으로 덫을 만들어 눈 위에서 먹이를 먹던 참새를 잡아 아궁이에 구워 먹던 이야기도 전해주어야겠다. 그리고 화롯불에 묻어둔 군밤을 꺼내시면서 들려주던 다람쥐 이야기, 호랑이와 곶감 이야기 등 많은 이야기를 들려줘야겠다.

아버지는 눈 내리는 겨울, 사랑방에 손님이 없어 심심하실 때면 말동무가 필요하셨을까? 해상왕 장보고 이야기, 이성계의 개국 이야기,

당태종과 양귀비 이야기 등 역사 이야기를 아버지 무릎에 앉아 들으며 자랐다. 항상 옛날이야기가 풍부했던 아버지가 그립다.

오늘처럼 사랑스럽게 눈이 내리는 날, 손자들의 손을 꼭 잡고 내 어린 시절의 아름다운 추억을 전해주고 싶다. 어린 현우에게 동화책을 읽어 주고, 어린 찬우에게는 옛날이야기를 들려주고 싶다. 할 일 없는 난, 타임머신을 타고 내 어릴 때로 돌아가 아버지의 그 구수한 목소리를 듣는다. 순간의 여유를 즐기는 오늘도 내 마음은 눈 내리는 들녘으로, 내 고향집으로, 마구 달리고 있다.

(2003. 2.)

7부 | 그 곳에 두고 온 정

설악산 여행

미시령고갯길

첫째날

오랜만의 여행인데 일기예보가 좋지 않았다. 차량을 이용하여 움직이기 때문에 날씨가 좋아야 하는데, 차를 운전해야 하는 사람들의 걱정이 이만저만이 아니다. 길을 모른다며 승용차에 내비게이션을 달고 사용방법을 알아보기도 하고, 시외버스 터미널에 가서 강릉행 시간표와 요금을 알아보기도 했다. 장거리 운전이 불안하다고 대중교통을 이용하자니 올망졸망 꾸려놓은 짐 보따리를 들고 다닐 일이 걱정이었다. 또 자가용을 타고 가려니 길이 멀고 처음 가는 길이라 불안했다. 엎친 데 덮친 격이랄까? 가을비가 내리겠다는 일기예보를 들으니 겁이 나기도 했다.

'가을 내내 가물어서 나뭇잎을 말라버리게 하더니 하필이면 단풍구경 가기로 날을 받으니 비 소식이 있을 게 뭐람?' 푸념을 하며 토라지려는 마음을 추스르고 여행봇짐을 쌌다. 따가운 햇볕이 아니어서 다행스럽다고 자위하면서 여행길에 나섰다.

문막휴게소를 거쳐 해안도로를 타고 속초로 가는 길에 가을비가 한 방울씩 차창에 떨어졌다. 외나무다리에서 원수를 만나듯 미시령 고개에서 가을 소나기를 만나고 말았다. 오락가락하던 빗방울에 안개까지 자욱했다. 미시령터널을 몇 개 지나자 캄캄한 먹구름이 우리가 타고 가는 차량을 덮쳤다. 길도 모르는데 한치 앞도 볼 수 없으니 와락 겁이 났다. 등에 식은땀이 흘렀다. 강원도를 찾아온 신고식을 톡톡히 치르려나 보다며 마음을 졸였다. 어린아이 걸음마하듯이 가까스로 안개지역을 벗어났다. 목적지인 현대콘도에 무사히 도착하니 안도의 한숨이 절로 나왔다. 여장을 풀고 졸였던 가슴도 쓸어내렸다.

김 과장님의 길 안내가 있어 운전이 수월했다고는 하나 한 교육장과 최 교장은 긴 시간 운전으로 피로가 쌓였을 것이다. 피로회복에 좋은 명약은 없을까? 여행 첫날밤은 주문진에서 사온 생선매운탕에 복분자술 한잔, 고슬고슬한 햅쌀밥에 오징어, 깻잎, 초고추장을 넣고 쓱쓱 비벼 먹으며 안전운행을 자축했다. 그 모습을 창밖 멀리서 울산바위가 굽어보고 있었다.

단풍은 그래도 설악산

둘째날

이상기온으로 10월에도 여름 날씨가 계속되더니, 가을가뭄이 겹쳐 단풍이 들기도 전에 바싹 말라버린 나뭇잎을 보니 허망했다. 옛날의 화려했던 설악산 가을단풍이 기억에서 지워지지 않아 더욱 씁쓸했다.

아름다운 오색 단풍을 감상하며, 오래오래 감탄하고, 자연의 경이로움을 찬양하고 싶었다. 즐거운 시간이 되기를 소망하며 기쁨을 마음 가득 느끼고, 행복을 누릴 수 있는 유익한 여행이 되기를 바라며 왔다. 설악의 정기를 가슴 가득 채워 가리라 생각하면서 위험부담을 안고 찾아왔는데 단풍이 없다니…. 부푼 꿈이 비누거품처럼 꺼져간다.

가을 설악산의 나무들을 바라보았다. 어쩌다가 붉게 물든 나뭇잎 몇 가지를 살피니, 물기가 있고 토양이 좋은 곳에 선 나무는 고운 색상의 단풍을 뽐내지만 산비탈의 나뭇잎은 단풍이 되기 전에 말라 버렸다. 마른 나뭇잎을 털어내지 못하고 매달고 있는 나무가 내 모습과 닮았다는 생각이 들었다.

허망한 마음을 달래며 가을의 길목에서 서성인다. 쓸쓸한 마음이 삭정이가 돼버린 것 같아 안타까웠다. 무거운 마음의 짐을 하나하나 덜어내고 가벼운 마음으로 살아가고 싶지만 그게 쉽지가 않다. 여름 장마에 돋아나는 독버섯처럼 웅크리고 있는 욕심들…. 털어내려고 안간힘을 써보지만 번번이 헛수고다. 내 욕심 때문에 자식들이 힘들고, 내 욕심으로 주변 사람들에게 피해는 입히지 않았을까? 모든 욕심을 버리고 현실에 만족하며 살아가야겠다. 가을 나무가 낙엽을 떨어뜨리듯이 내 인생길도 종점에 이르기 전 마음에 무거운 짐을 하나하나 덜어내야겠다. 다 덜고 가벼운 마음으로 곱디고운 노년을 준비해야지. 좋은 토양의 단풍나무가 고운 단풍을 보여주듯이…….

서둘러 케이블카를 타러 갔다. 멀리서부터 차가 막혔다. 걸어가는 사람도 갈수록 늘어났다. 탑승권을 구입할 수 없어 그냥 가는 사람도 있다고 하여, 미리 차에서 내려 탑승권을 구입하러 들어갔다. 관광차와 사람이 뒤엉켜 입구에 차를 세워 놓고 기다리다가 겨우 주차장에 진입했으나 탑승 시간이 11시 45분이었다. 2시간 이상을 기다려야 했다. 그래도 케이블카를 탈 수 있어 다행이었다.

비선대로 난 등산로를 따라 걸어가는 길목에 자수정 목걸이가 눈에 띄었다. 딸을 사랑하는 마음을 전하기엔 안성맞춤이었다. 목걸이 두 개를 호주머니에 넣으니 힘든 숙제를 끝낸 것 같았다.

케이블카를 타고 권금성에 오르니 그곳에 단풍이 모여 있다. 10월의 늦더위도 권금성까지는 올라오지 못했던 모양이다. 눈을 돌리는 곳마다 곱게 물든 단풍이 깎아 놓은 바위와 어우러져 관광객의 눈길을 유혹한다. 신이 빚어놓은 자연이 참 아름다웠다. 단풍은 그래도 단연 설악산이었다. 영금정은 속초 8경에 든다고 한다. 돌로 된 산에 파도가 부서지는 소리가 꼭 거문고 소리와 같다고 하여 영금정이라 했다고 전한다.

속초 등대의 전망대에 올라서 세찬 바닷바람을 맞으며 바위에 부서지는 파도 소리를 듣는다. 동해의 물빛이 참으로 고와 손을 담그면 금방이라도 옥색 물이 들 것 같다. 주변의 경관과 사람들의 삶이 닮을 수는 없을까? 이렇게 아름다운 경관을 보고 사는 사람들은 신선 같은 삶을 살아야 될 것 같다. 신선은 아니더라도 무언가 좀 다른 삶을 살았으면 좋겠다.

수산시장에 들를 때 가게마다 지나가는 행인을 호객한다. 그들을 뿌리치고 나오기가 힘이 들었다. 그 곳에서 생선을 산다면 꼭 바가지를 쓸 것 같아 얼른 시장을 빠져나왔다.

화암사로 가는 길은 구불구불했다. 아찔하도록 높은 절벽 위로 굽이쳐 난 길이 해발 몇 미터나 될까? 발바닥이 간질간질하고 아찔한 순간들, 아슬아슬한 느낌의 커브 길을 돌아 내려왔다. 몇 미터 아래 도로에 화암사 안내표지판이 있었다.

화암사 경내는 고요하고 정갈했다. 경관이 아름다워 편안한 느낌을 주었다. 관광객 몇 사람 외에 스님조차 볼 수 없는 쓸쓸한 절이었다. 화암사 남쪽으로 우뚝 솟은 익선관王冠 모양의 바위는 그 모양이 빼어났다고 해서 수암秀巖이라 불린다고 한다. 이 절은 민가와 멀리 떨어져 수행에 전념한 스님들이 시주를 구하기가 힘들었다고 한다.

어느 날 두 스님 꿈에 백발노인이 나타나 바위의 조그만 구멍에 지팡이를 대고 세 번 흔들라고 했더니 두 사람 분의 쌀이 쏟아져 나왔다. 그 뒤 두 스님은 식량걱정 없이 수행에 전념할 수 있었다. 몇 년 뒤 객승이 이 이야기를 듣고 욕심을 내어 구멍에 지팡이를 꼽고 수없이 흔드는 바람에 쌀 보시가 끊어졌다는 전설이 있다.

신혼부부들이 이곳 수암바위에서 아들을 점지해 주시라고 빌면 아들을 낳는다는 절이다. 내 눈에 보이는 바위는 코끼리 모양이었는데 다른 사람은 왕관으로 보였나 보다. 기묘한 바위를 구경하고 철산 온천수에 몸을 담그니 피로가 확 풀렸다. 객승의 욕심을 경계하며 훌훌 털어버리니 몸이 거뜬했다. 강원도 막국수에 메밀전을 먹으니 남부러울 것 없었다.

《행촌수필》 제10호.

유턴 없는 고속도로

셋째날

일기예보와는 달리 하늘에 구름은 있어도 비는 내리지 않아 관광하기에 좋았다. 다 타버려 민둥산이 된 낙산사 산등성이에 외롭게 서 있는 불상, 조선 개국공신 하륜과 조준이 노년을 보냈다는 하조대, 바위에 부딪쳐 하얗게 부서지는 파도, 파랗게 멍이 든 바닷물, 만년설이 녹아내린 듯 비취빛의 동해바다가 한눈에 들어와 가슴 뿌듯했다.

주문진 수산시장은 생선과 젓갈이 싱싱하고 값이 저렴하다고 해서 생선과 명란젓을 구입했다.

문막휴게소 정자에서 준비해간 점심식사와 차를 마시고 오는 길에 아름다운 단풍들이 차창 밖을 스쳐간다. 올라갈 때는 눈에 띄지 않던 단풍이 산과 바위와 소나무와 어울려 조화를 이루고 있다. 그 아름다움에 넋을 잃었다. 기분 좋게 내려오는 길목에서 또 가을비를 만났다. 한 교육장님 차에서 기다리지 말고 먼저 가라는 전화가 온 걸 보면 길을 잘못들어 서울 방향으로 진입한 모양이다. 빗길 고속도로에서 길을 잘못 들면 유턴을 할 수 없어 더욱 답답하고 불안할 텐데……. 다행이 죽암휴게소에서 기다리던 차량을 발견하고 손을 흔들었다. 그래도 운전을 잘하시는 분이라서 빨리 돌아오셨다. 시원한 얼음물 한 잔을 마시며 안도의 숨을 쉰 뒤, 동행자들의 불안을 덜어 주고자 여유를 부리는 마음이 아름다웠다.

인정집에서 다슬기탕으로 무사고 여행의 건배를 들었다. 끔찍했던 기억과 아름다운 단풍, 푸른 바다가 눈언저리에 오래도록 여운을 남긴다. 좋은 분들과의 만남이기에 신의 가호가 있었다고 감사기도를 드렸다.

우리 일행이 빠져나온 속초와 주문진에 태풍보다 강한 바람(초속 63.7m)과 폭우가 쏟아졌다는 소식, 강수량이 300㎜로 지난여름 폭우 피해를 복구하기도 전에 다시 도로가 파손되고 나무가 뽑히는 등 이재민을 냈다는 아나운서의 뉴스를 들으니 안타까웠다.

우리 일행이 태풍 속을 아슬아슬하게 헤쳐 나와 다행스럽다고 생각하기가 미안했다. 올해 두 번씩이나 재난을 당한 강원도 도민들에게 따뜻한 위로의 뜻을 전하고 싶다.

(2006. 10.)

그 곳에 두고 온 정

- 꿈에 그리던 금강산

첫째날

금강산~ ~ 금강산 ~ ~/이름이 좋아서 금강이드냐~
경치가 좋아서 금강이드냐~/이름이 좋아서 금강이드~ 냐~
봉우리마다 비단이요~/골짜기마다 구슬이니
무릉도원이 여~기일세 ~/닐닐닐~ 닐리루 닐리 ~~

가보고 싶었다. 그곳에 가서 목청껏 노래를 불러보고 싶어 민요도 열심히 배웠다. 몇 년 전에 배를 타고 다녀온 사람들도 부러웠고, 요즈음 육로로 다녀온 사람들도 부러웠다. 내가 가고 싶을 때 훌쩍 다녀올 수 있는 곳이 아니라서 가고 싶은 마음이 더욱 간절했는지도 모른다. 즐거운 여행을 위해 강원도 휴휴암에서 송이막걸리로 목을 축였다. 암자에서 술잔을 기울이며 바라본 동해바다는 여행자의 마음을 들뜨게 하기에 충분했다. 늦가을 바닷바람이 휘이익 ~ 휘이익 ~ 불어 동해바다 물을 너울너울 춤추게 했다. 낯모르는 이들의 모임에 끼여 떠나는 여행이라 서먹서먹했으나 금강산에 갈 수 있다는 것만으로 만족했다.

낙산사에서 1박 하고 새벽 6시 화진포 아산휴게소에 도착했다. 북측 반입금지 물품(휴대폰, 신문, 서적, 라디오 등)은 그대로 우리가 타고 온 차에 놓고 금강산관광 지정업체 버스로 바꿔 탔다. 같이 여행할 가이드가 탔다.

외국여행에서는 가이드를 잘 만나야 여행이 재미가 있다. 그 짧은 기간에 금강산을 모두 보고 올 수 없으니 장님이 코끼리 만져보듯 구경하고, 가이드의 설명으로 금강산에 대한 이야기를 들어야 한다.

남측 출입사무소에서 수속을 밟고 철길을 따라 북녘으로 갔다. 감호 뒤편에 우뚝 서 있는 낙타봉이 우리를 맞는다. 호수에서 한가롭게 자맥질하던 오리도, 길가의 단풍든 들풀도, 해질녘 드높은 가을하늘 가장자리에 집지어 놓은 구름도 남측에서 흔히 볼 수 있는 풍경들이다. 삼팔선은 유행가 가사처럼 철조망으로 가로막아 놓은 줄 알았다. 그런데 낮은 시멘트 기둥이 철길에 서 있다. 작은 시멘트 기둥 몇 개 세워 놓고 부모 형제들을 생이별시켰다고 생각하니 허망하였다.

방랑시인 김삿갓과 처녀 뱃사공의 이야기를 들으며 남강을 건넜다. 북측 출입사무소에 도착하자 차안에서 자기 짐들을 모두 들고 내리라고 한다. 차 안에 짐이 있으면 차량 검사를 받을 때 운전기사가 복잡하단다. 차안에 비치목록을 붙여 놓고 그 외의 물건이 있으면 반입을 금지하는 것 같았다.

북측 입국수속을 받을 때 직원이 묻는 말에 대답을 정확히 해야 한다. 주로 직업이나 사는 곳을 묻는데 명찰에 기록된 내용을 말해야지 답변이 다르면 벌금을 낸다고 겁을 준다. 긴장되지만 별 문제 없이 통과했다. 외국여행을 할 때보다 더욱 조심스럽게 검색대를 거쳐 나왔다. 도로에 서서 내가 타고 온 차를 기다렸다. 검색을 마친 차들이 먼저 출발하지 않고 줄서 있다. 모든 차량 검색이 다 끝나길 기다려 함께 온정각으로 출발했다.

온정각 동편에서 셔틀버스를 탔다. 관광객들이 관광코스별로 일제히 출발하려고 차안에서 대기하고 있었다. 모든 차량이 준비가 완료되고 나서 출발 신호에 따라 순서대로 북측 선도 차량의 에스코트를 받으며 만물상 코스로 올라갔다. 우리 일행이 VIP라서 앞뒤에서 에스코트해 주는 거라며 가이드가 익살을 떤다. 모래재보다 더 구불구불한 산길을 멀미를 하면서 올라갔다.

차창 밖으로 보이는 산세山勢는 금강산임을 느끼게 했다. 만물상 코스의 가을단풍은 바람에 다 날려가고 없었다. 풍악을 보려고 가을에 갔는데 기암괴석만이 개골산임을 말해준다. 북측 아가씨의 만물상 등산 코스에 대한 설명도 들었다. 잘 웃고 이야기도 많이 해주었다.

주차장 주변에 기념품을 파는 노점상과 찰옥수수, 막걸리, 음료수 등 군것질감을 파는 포장마차가 있었다. 잘 보존된 자연을 헤칠까봐 염려한다면 기우杞憂이겠지…. 나도 찰옥수수를 사서 맛있게 먹었다.

금강산문화회관에서 평양모란봉교예단의 공연을 감상했다. 사람이 몸으로 표현할 수 있는 최상의 기예들을 감상하고 연방 감탄했다. 공연이 끝나고 극장을 나올 때 손님을 정중히 배웅하듯 모든 단원들이 일어서서 손을 흔들었다. 순간 극장 안이 숙연해졌다. 가족을 배웅하듯 얼굴 표정도 애틋하게 정을 담아 손을 흔든다. 괜히 가슴이 뜨거워지며 뭉클해진다. 코끝이 시큰해지며 눈가엔 이슬이 맺힌다. 그 곳에 내 동기간을 떼어놓고 나오는 것 같은 아린 마음이었다.

10월의 마지막 밤을 금강산에서 보낸다는 설렘도 있었다. 마음에 맞는 룸메이트면 오래 기억될 추억의 밤이 되겠지, 하는 기대도 있었다. 담배연기 자욱한 주막에서 막걸리를 마시며 정치를 논하던 기개도, 옷깃을 세우고 낙엽을 밟으며 거리를 헤매던 낭만도, 차를 마시며 명상에 잠겼던 고상함도 오늘 밤은 엄두를 내지 못하고 낯선 여자의 코골이를 들으며 콘테이너 박스에서 잠을 청했다.

손수건 인연

둘째날

온천빌리지에 들어가기 전에는 펜션 정도로 예상했는데 좁은 방에 5명이 합숙을 해야 했다. 화장실과 샤워실은 10m~20m 정도 떨어진 곳에 공동 사용하도록 설치되어 있었다. 저녁식사는 온정각 동편에 있는 광개토식당에서 한식으로 풍성하게 먹었다. 그 식당 지배인 부모님과 같은 일행이라고 해서 덕을 본 것 같았다. 음식 맛도 우리 입맛에 맞았다.

다음날 아침식사는 호텔에서 먹었는데 고구마가 나왔다. 맛은 없지만 변비를 예방하기 위해 먹었다. 우리 한식과는 좀 다르게 밥량이 많고, 반찬은 개인별로 놓아 주었으나 우리 입맛에 맞출 수는 없었나 보다. 점심은 옥류관에서 냉면을 먹었다. 비빔냉면을 시켰는데 우리가 생각하는 비빔냉면이 아니었다. 물냉면은 12,000원, 쟁반냉면은 15,000원이었다. 비빔냉면을 시킨 사람들이 쟁반냉면을 받고 이건 아니라고 말했다. 음식점 여자종업원들의 이야기는 평양냉면과 함흥냉면이 다르다며, 함흥냉면은 쟁반냉면이 비빔냉면이라고 해서 그냥 먹었다. 로마에 가면 로마법을 따르라는 말이 꼭 맞는 말이었다. 그 곳에서는 이유가 없었다.

"비빔냉면인데 왜 물이 있느냐? 이건 물냉면이잖아?"

그런 말이 통하지 않았다. 주문을 받을 때에는 아무 말 없이 비빔냉면으로 주문을 받고서 주문하지 않은 쟁반냉면을 준다. 음식에 입맛을 맞춰 먹으라는 거겠지. 내 집 손님이 아니라서 불친절한 걸까? 손님이 왕이라고 하면 큰일 날 것 같았다.

금강산, 그 곳에는 먹이가 없어 산새가 없고, 물이 너무 맑아 물고기가 없다고 한다. 구룡연 가는 길에 산새의 울음소리가 없어 허전했고, 그 맑은 물에 비단잉어가 놀지 않아 쓸쓸했다. 단풍나무 가지 사이에서 푸드득 날아다니며 재잘대는 산새 소리가 그립고, 무대바위 그 맑은 물에 비단잉어가 노는 모습을 그려보았다.

금강문 주변을 내려올 때 다람쥐 가족을 만났다. 알밤을 들고 있는 최 계장 손을 몇 번 핥는다. 둘이 눈을 맞추듯 쳐다보다 최 계장이 고개를 끄덕이자 알밤을 물고 간다. 바위 뒤에 고개를 내밀고 쳐다본다. 고맙다는 인사일까? 사람을 보고도 도망가지 않는 것을 보니 전에도 관광객들로부터

먹이를 구했었나 보다. 지나가던 여승들이 다람쥐와 노는 모습이 신기한 듯 한참을 바라보고 서 있다.

금강산 다람쥐는 동물을 사랑하는 손을 알아보는 재주가 있나보다. 내 손의 알밤은 가져가라고 오랫동안 기다려도 얼씬도 하지 않는다. 아쉽게도 다람쥐의 관심을 끌지 못해 섭섭했으나 다람쥐 가족들이 같이 식사하는 모습을 생각하며 알밤을 던져 주었다. 최 계장은 한참 더 놀고 늦게 내려왔다. 북측에서 가장 쉽게 사귄 친구였다.

"뒤에 걸려 있는 수건이 참 예쁩네다."

여자라서 예쁜 것을 보면 갖고 싶은 생각이 드나 보다. 말을 붙여주는 처녀가 예뻐서 얼른 말을 받았다. 배낭 뒤의 붉은 스카프를 풀어 보이며,

"이거 줄까?"

"아닙네다. 하나도 안 예쁩네다."

나는 스카프에 대해서 설명을 했다. 우리 둘째 딸이 어버이날 선물로 백화점에서 구입해준 예쁜 스카프라며 레이스가 달린 빨강색 스카프를 주고 싶다고 했다. 내 딸 같은 생각이 든다며 되도록 많은 말을 했다. 우리가 전주에서 왔다고 말을 하자 금방 얼굴에 화색이 돌며, "모악산에 수령님의 조상 묘가 있습네다." 하며 그제야 친근감을 보였다.

"통일이 되면 꼭 찾아 뵐 것입네다."

그 소녀의 바람이 이루어지는 날이 언제쯤일까? 꿈에 그리던 금강산에 이름 모를 딸을 혼자 남겨 두고 돌아왔다. 눈을 감아도 그 아이의 예쁜 얼굴이 지워지지 않는다.

(2007. 9. 30)

아래로 흐르는 어머니의 정

둘째 딸의 분만 예정일은 추석 전날이었다. 추석 때 큰댁에 가려던 계획을 취소하고, 집에서 대기하며 지냈다. 추석연휴를 넘긴 23일, 새벽잠을 깨는 전화벨이 울렸다. 딸의 전화였다. 전화를 받은 남편은 예쁜 녀석이 예쁜 짓만 한다며 추석연휴에 분만을 하면 서로가 바빠서 어쩔 뻔했느냐 한다. 나에게 어서 광주에 다녀오라며 여비까지 두둑하게 주었다.

광주행 고속버스에 몸을 싣고 지그시 눈을 감았다. 어렸을 적 둘째 딸 기를 때의 모습들이 떠올랐다. 큰애가 딸인 우리 집은 둘째는 아들이 태어나기를 은근히 기다렸으나 남편의 기대와는 달리 둘째도 딸이었다. 아빠에게 딸이라서 서운함을 잊게라도 해주듯이 기쁨과 즐거움을 안겨 주며 재롱둥이로 잘 자랐다.

어린 시절 유치원과 초등학교에 다닐 때에도 엄마 손을 거치지 않고 숙제와 준비물은 그 전날 밤 꼬박꼬박 챙겨두고 잠자리에 들었다. 항상 차분하게 어른처럼 처신하는 행동이 믿음직했다. 공부하라고 다

그치지 않아도 학교생활을 잘하던 착한 딸이었기에 넉넉하지 못한 살림에도 유럽으로 어학연수를 보냈고, 캐나다 엘버타 대학에 유학을 보내면서도 돈이 아깝지 않았다. Y대 영어통역대학원을 들어갔을 때에는 졸업만 하게 되면 '큰 사람'이 되겠지 하는 기대를 가졌다.

그러던 어느 날 형석이와의 결혼이 확정단계로 이어졌다. 사회적인 성공보다는 한 가정을 이루어 현모양처의 길을 가려고 했을 때, 유학까지 다녀왔으니 사회를 위해 봉사하려니 여겼던 나는 곁에서 안타깝게 지켜봐야만 했다.

그러던 둘째가 결혼한 지도 어느덧 1년 3개월. 그간 대학원도 졸업을 하고 새로운 가족으로 아기가 태어난다니…. 둘째가 사회활동하기는 점점 더 멀어져 가는구나 싶어 아쉽다.

이번에 태어난 아기는 나의 두 번째 외손자다. 정상분만하기엔 두위頭圍가 커서 어려우니 제왕절개수술을 해야 한다고 했다. 나는 딸의 시부모님과 사위가 결정하는 대로 따를 수밖에 없었다.

갑자기 수술 준비를 서두르자 마음이 불안해지기 시작했다. 다급하게 이뤄진 수술이 잘못되면 어쩌나 하는 마음과, 수술하려는 딸을 대신해서 아파 줄 수조차 없는 내가 한스러울 뿐이었다.

밤 11시 50분쯤, "진이 보호자 계셔요?" 하며 파란 유니폼을 입은 간호사가 아기를 안고 분만실로 들어간다. 진이는 내 둘째딸 이름이다. 수술실 앞에서 기다리던 사돈과 사위가 앞서고 나도 뒤따라갔다. 아기의 우렁찬 울음소리가 들렸다. 발 도장을 안 찍으려 버둥거리는 모습을 보니 건강한 사내아이다.

한참을 바라보던 난 수술실에 있을 딸이 걱정됐다. 아기 곁에는 시부모와 사위가 있다. 나는 손가락과 발가락 모든 게 신기하게 잘생긴 외손자의 모습에 취해 있을 수만은 없었다. 수술실로 발길을 옮겼다.

혈육의 정이 이런 것일까. 너무도 힘든 딸의 분만을 지켜봐야 하는 나는 아직도 수술이 끝나지 않고 수술실에 남아 있는 딸아이 생각에 가슴이 콱 막히며 눈물이 핑그르 돌았다. 마음을 졸이며 나 홀로 가방을 챙겨 딸아이의 수술실 문 앞에 섰다.

간절한 마음으로 기도를 했다.

'신이여, 우리 둘째딸이 무사히 수술을 마치고 건강을 되찾을 수 있도록 돌보아주소서.'

남 몰래 뜨거워진 가슴은 눈가의 눈물로 자리를 잡는다. 얼마나 지났을까? 불안한 마음을 진정시키지 못하고 수술실 문 앞을 초조한 마음으로 서성거릴 때 수술실 문이 열렸다. 수술실에서 청소하는 아줌마가 나왔다. 그리고 문이 닫혀졌다. 문이 열리면 딸이 나올 줄 알았는데 그게 아니다. 아줌마한테 물었다.

"수술이 아직 끝나지 않았어요?"

아줌마는 수술환자가 회복실에서 마취가 깨어나면 분만실로 올라간다고 알려준다.

나는 회복실을 찾지 못하고 허겁지겁 분만실로 갔다. 분만실 간호사가 나가서 기다리란다. 이렇게 오고 가기를 반복하다가 사위가 의식이 회복된 딸아이의 침대를 밀고 분만실로 들어오는 것을 보았다. 반가움과 원인 모를 설움이 왈칵 쏟아진다. 잘 참고 견뎌준 딸을 보며 안도의 숨을 몰아쉬고 곁으로 다가갔다. 아기는 신생아실로, 둘째는 입원실로 옮겨졌다. 23일 밤은 그렇게 하얗게 지샜다.

둘째딸은 아기에 대한 궁금증이 제 몸 아픈 것보다 더 절절했나 보다. 난 그런 딸에게 내가 아기를 처음 면회할 때 상황을 자세히 이야기해 주었다.

"진아, 간호사가 아기를 안고 나올 때 울며 나왔단다. 그러다 할머니가 '강아지, 내 강아지 나오느라고 애썼네.' 하고 말을 했지. 형석(아기아빠)이도 '강아지! 강아지!' 하고 불렀단다. 그러니까 태어난 지 1시간도 채 되지 않은 아기가 할머니와 형석이 목소리를 알아듣지 뭐니? 금방 울음을 그치고 눈을 떠서 가족들과 초점을 맞추려는 듯 주위를 두리번거리며 쳐다봤단다. 그 표정이 얼마나 평화로워 보였는지! 면회시간이 끝나 간호사가 아기를 안고 들어가니 또 우는 거 있지? 가족들의 목소리가 들리지 않아 불안해서 우는 듯했단다. 아기는 이목구비가 또렷하고, 태어난 지 몇 주 된 아이처럼 깔끔한 것이 귀공자처럼 잘생겼어."라고 몇 번이고 들려줬다.

아기가 잘생겼다는 말과 면회 장면을 다 들은 딸은 아기 면회를 간단다. 몸은 퉁퉁 부었고, 열은 38°를 오르내리며, 심한 출혈로 혈색소 수치가 떨어져, '혼자 활동하면 쓰러질 염려가 있다.'고 주치의 선생님의 주의를 받았는데 그 아픈 몸으로 면회를 간다고 한다. 신생아실로 가기 위해 도뇨관을 휠체어에 메어 달고 침대에서 일어나는 순간 출혈이 심해서 또 나를 놀라게 했다. 자궁수축이 제대로 되지 않아 출혈이 심했나 보다. 허겁지겁 분만실로 달려가서 응급조치를 받았다. 움직이지 말라고 주치의가 말한다.

아기 면회시간은 1시간인데 시간이 다 지나간다. 얼마 후 아기 면회시간이 거의 끝날 무렵, 가도 된다는 말을 듣고 휠체어를 타고 신생아실에 갔다. 아기엄마라고 사정을 하고서야 면회를 했다. 아가와의 첫 대면인데도 다른 엄마들처럼 아기를 안아 보지 못하고, 저 유리창 너머로 쳐다보아야만 했다. 휠체어에 앉아 가냘픈 목소리로 "아가야!"라고 힘없이 부르는 딸의 모습을 보면서 왠지 내가 목이 메인다.

이렇게 여러 날을 어렵게 생활하면서, 밥맛이 없어 못 먹겠다는 둘째도 '아기에게 젖을 주려면 많이 먹어야 한다.'고 말을 하면서 꾸역꾸역 미역국 한 그릇을 다 받아먹는다. 여자는 약해도 엄마는 강하다는 말이 생각난다.

몸이 아프고 힘들 때는 다른 누구보다 친정엄마가 곁에 있으면 마음이 편했다. 내 경험으로, 직장의 밀린 일들이며 남편 혼자서 생활해야 하는 불편쯤은 헤아리지도 않고 허겁지겁 달려오기를 잘했다는 생각이 들었다. 그런데 아픈 딸을 병원에 두고 직장과 집안일로 다시 돌아와야 하는 현실에 가슴이 답답하고 저렸다. 며칠만 더 있을 수는 없을까? 집에 전화를 해본다.

둘째딸은 엄마가 병원에서 먹는 것도, 잠자는 것도 모두가 불편한 데서 고생만 하고 간다며 운다. 내가 집에 간다고 하자 눈이 퉁퉁 부을 정도로 운다. 아직도 몸을 추스르지 못하고 누워 있는 그런 딸의 모습을 보면서 더 곁에 있어주지 못하고 병원에 놓고 오는 것이 죄를 짓는 것만 같다. 그래도 딸아이 시부모님이 "진이는 우리 집 딸이에요. 걱정하지 마세요."라는 말에 위안을 받는다.

둘째딸에게 전화를 했다. 아기 이름을 정관이라고 지었다고 알려주었다. 둘째는 이젠 '진아'라고 부르던 호칭을 '정관이 엄마'라고 불러 달라며 행복해 한다. 옆에서 아기 울음소리가 들려온다.

"엄마, 정관이가 울어서 안아 줘야 해. 전화 끊을게."

전화가 찰칵 끊겼다. 이젠 진이가 내 딸이기보다는 정관이 엄마임을 새롭게 깨달았다. 그런 딸에게 엄마의 마음을 전한다.

진아, 부모의 마음을 생각하여 진眞이라는 뜻을 소중히 간직하고 네 이름으로 살아가 주기를 바란다.

≪좋은사람≫ 2002. 11. ≪행촌수필≫ 제2호, 2002.

어머니가 무거운 짐을 내려놓을 때

아침에 일어나 눈을 뜨면 가족들의 먹을거리를 챙겨야 했다. 아이들 학교 갈 준비물을 챙겨 주고, 도시락을 준비해 남편의 출근을 도와준 뒤에야 겨우 나는 직장엘 갔었다. 컨디션이 좋지 않은 날에도, 몸살감기로 삭신이 쑤시고 열이 나는 날에도 어김없이 일어나 그 일은 꼭 해야 했다.

아이들이 어릴 때, 출근은 해야 하는데 아이를 맡아줄 사람이 없으면 발을 동동 구르며 애를 태우기도 했다. 그래서 열대여섯 살 먹은 덕자에게 아이들을 맡겨 놓고 출근하기도 했다. 어린 아기를 집에 두고 직장에서 근무할 때면 마음이 편하지 않았다. 소방차가 경적을 내면서 시내를 질주하면 가슴이 철렁 내려앉았고, 병원구급차가 삐오~ 삐오~ 하면서 달려가도 우리 아이들이 먼저 생각나서 노심초사했다. 식은땀을 씻으며 해녀숨을 내쉬고 가슴을 쓸어내리던 일이 어디 한두 번이었을까?

길을 가다가 그만그만한 또래의 어린이가 울고 있으면 코끝이 시큰

하며 가슴이 아렸다. 특히 애를 보는 사람 등에 업혀서 엄마와 떨어지지 않겠다고 기린 목만큼이나 허리를 뒤로 젖히며 쌩떼을 놓는 날이면 더 심한 가슴앓이를 했다. 저도 울고 나도 울면서 직장에 출근하는 날은 온종일 아이 울음소리가 귓전에 머물었다. 그런 날은 소리도 내지 못하는 울음, 눈물조차도 흘리지 못하는 속울음을 울었다. 하루 종일 머릿속에 우는 아이를 이고 다니며 일을 해야 했다.

직장에서 일하는 엄마들은 그렇게 가슴으로 울면서 아이들을 키웠다. 집에서 어린아이들을 키우는 일보다는 우선 돈을 벌어야 하기에 그랬다. 지금 힘들어도 참고 견디며 돈을 모아야 애들이 자라서 대학교에 갈 수 있다는 생각으로 참고 살았다. 대학교육은 꼭 시켜야 한다는 일념으로 살았다.

〈어떤 모정〉을 읽었다. 중학교에서 교편을 잡았던 101세의 박옥랑 할머니가 정부에서 주는 기초생활 보장비를 받아 68세의 전신마비 딸을 간병하면서 살고 있다는 내용이었다. 광주시내 13평짜리 영구 임대아파트에서 그 적은 돈도 아끼고 아껴 한 달에 몇 만 원씩 저축을 하며 산다고 했다. 자신이 죽고 나면 딸의 생활비가 더 많이 필요할 거라고 생각해서다.

백수를 하면 대통령이 하사하는 백세지팡이를 짚고 자손들의 극진한 봉양을 받으며 사셔야 할 할머니다. 그런 할머니가 딸의 간병을 하며 사신다. 저 세상으로 떠난 뒤 딸 혼자 어떻게 살 것인지 생각하면 아득하여 하늘나라로 떠나지도 못하고 늙지도 못한다는 할머니의 모정. 이 세상을 등질 때 딸도 함께 갔으면 좋겠다고 피를 토하듯 말을 하는 모정이다.

1939년 가정부가 업고 있던 네 살배기 딸이 바닥으로 떨어지면서 머리와 목을 심하게 다쳤단다. 병원, 한의원, 침술원, 용하다는 의원을 찾아다녔지만 허사였다. 그 뒤 68세까지 고개조차 가누지 못하고 방에 누워서 천정만 바라보며 살고 있는 딸을 보살피며 살았다. 설상가상으로 남편마저 집에서 떠나버렸다. 딸의 상태가 악화되고, 생업이라는 핑계로 아픈 딸을 혼자 방에 방치했다는 생각이 들자 30년의 교사생활마저 마감했다고 한다.

딸을 쳐다보는 엄마는 내가 집에서 저 아이를 양육했더라면 사랑스러운 내 딸을 저렇게 만들지는 않았을 텐데 하고 후회하는 삶을 살았을 것이다. 한평생을 누워서 천정만 보고 살아야 하는 딸을 보면서, 그 때 직장을 그만 두고 아이를 기르며 가정을 지키지 못한 데 대한 죄의식에 갇혀 괴롭게 살아 왔을 수도 있다.

아이를 기를 때 네 살은 제일 귀여운 나이다. 말을 배워 자기의 의사를 전달하는 시기이고, 아장아장 걸으며 귀여운 재롱을 부릴 나이다. 동물원에 가서 원숭이를 보고 웃으며 엄마와 회전목마도 탈 수 있다. 그런 나이에 몸을 가누지 못하게 만든 것이 모두 엄마 책임이라며 가슴을 치고 통곡하며 살았을 것이다.

할머니의 한 맺힌 설움이 아리랑 고개로 넘어갈 때 흘린 눈물이 되어 서해바다가 되었을까? 101세까지도 생명의 끈을 붙잡고 딸을 간호한다. 한 많은 여자의 일생을 보는 듯하여 가슴이 아리다.

초등학교 때 비 오는 날이면 친구 엄마들이 우산을 가져와서 아이와 다정하게 우산을 쓰고 운동장을 걸어 나가는 모습이 참 부러웠다며 울먹이던 딸.

"엄마, 제발 직장 그만두고 집에서 우리랑 놀아줘, 응?"
하며 매달리던 딸의 말을 못 들은 척하고, 신발을 신고 있던 내 모습이 아이들 눈에 어떤 모습으로 보였을까?

다른 아이들보다 엄마 손길이 미치지 못한 채 자라는 우리 아이들에게 20년이 넘게 미안한 마음으로 살았다. 아이들이 아파서 울 때면 등에 업고 하얗게 밤을 새우고, 열이 나면 찬 수건으로 닦아주며, 내 죄로 아이가 고통을 당하지 않도록 용서를 빌었다. 알지 못하는 죄를 사함이라도 받은 듯 아이가 잠이 들면 죄 많은 엄마는 그 아이 곁에서 새우잠을 잤다.

자녀를 기르는 엄마는 일곱 짐을 짊어진 장사다. 며느리, 부인, 엄마, 직장인, 가정부, 부모님의 딸, 형제들의 동기간으로서의 역할을 감당해야 했다. 그 무거웠던 짐을 덜어준 산소 같은 말,

"엄마, 존경해요. 이제야 우릴 떼어 놓고 직장에 갔던 엄마가 이해가 돼요. 엄마는 커리어우먼이에요. 힘내세요!"

대학에 들어간 아이가 던져 준 이 말 한마디에 눈시울이 뜨거워지며 그간 미안했던 마음을 씻을 수 있었다.

여성의 사회참여가 활발해졌다. 이제는 직장 여성들이 죄의식 속에서 살아가도록 만든 사회구조를 바꿔야 한다. 지금 좋아졌다고는 하나 어린이 탁아문제를 해결했다고는 볼 수 없다. 아직도 아이들 공부시킬 돈을 마련하지 못해 계획했던 자녀수를 줄이는 젊은 엄마들이 많다.

가족의 불행을 책임지지 않고 혼자 도피해버린 남편 이야기도 더 이상 듣고 싶지 않다. 이제는 일방적으로 여성이 희생하는 것보다는 남녀가 함께하는 사회였으면 좋겠다. 남녀가 함께 사는 세상에 남자가 할 일, 여자가 할 일을 구분해서 하는 것보다는 상대를 배려하는 마음으로 궂은일은 내가 먼저 하는 사회이면 더욱 좋겠다.

여자가 불행해야 남자가 행복해질 수 있고, 남자가 불행해야 여자가 행복해 질 수 있는 그런 사회가 아닌, 남녀가 같이 행복을 누릴 수 있는 그런 사회를 만들면 좋겠다. 아이를 같이 낳아 같이 기르고, 행복한 가정을 만들어 그 행복을 같이 누리며 살면 좋겠다. 지혜로운 사람들이 나타나서 사람들이 행복하게 살 수 있는 좋은 정책을 세우면 좋겠다. 아이를 낳아 기르는 일이 꼭 엄마들만의 짐이 되지 않도록 기원한다.

≪참 좋은 사람≫, 2008. 12.

어느 퇴직 공무원의 하루

아침 6시에 눈을 떴다. 딸이 사는 부영 3차아파트까지 걸어가면 45분 정도 걸린다. 아침운동 삼아 걷는다고는 했지만 콧등에 땀이 송알송알 맺힌다. 기름 한 방울 나지 않는 우리나라 실정을 보면 차를 타고 다니는 것이 사치라는 생각도 든다. 전기밥솥이 지어놓은 밥에 어제 만든 반찬으로 아침 밥상을 차린다. 사위와 딸이 먹는 둥 마는 둥 서둘러 먹고 나가며

"다녀오겠습니다."

인사를 한다. 한결같은 내 대답은

"오늘도 좋은 일만 있어라."

크게 대꾸한다. 빨랫감을 걷어다가 세탁기에 넣고 스위치를 누른 뒤 아침밥을 서둘러 먹는다. 아직도 한밤중인 양 코를 골며 자고 있는 현우, 찬우를 깨운다. 늦게 잠자리에 들어 잠이 덜 깼는지 안 일어나려고 떼를 쓰는 찬우가 안쓰럽다. 밥도 먹지 않으려고 떼를 쓴다. 어르고, 달래고 몇 숟가락 밥을 먹인 뒤 세수를 시킨다. 힘든 시간은

지났다. 유치원 원복으로 갈아입히고, 가위, 바위, 보를 하며 계단을 내려간다. 유치원 차량에 태워 보내면 비로소 아침 전쟁이 끝난다.

설거지를 하고, 거실과 방의 먼지를 수습한 다음 세탁기에서 빨래를 꺼내 보자기 위에 차곡차곡 개 놓는다. 꼭꼭 밟아 주름을 펴 건조대에 널고 나면 10시 30분 정도, 인터넷에 접속하여 메일을 열어보니 K교무님이 보낸 이용의 〈10월의 마지막 밤〉이란 노래가 방안 가득 여울진다. 글동무가 보내준 감동의 편지, 고도원의 아침편지 등을 읽고, K교수님의 메일을 열었다. '우리시대 참 아줌마를 찾습니다!'에 응모해보라는 내용이었다. 마로니에 샘가를 훑어보고 등산복으로 갈아입었다. 나 자신의 건강관리를 위해 투자해야 할 시간이다.

기린봉에 올라 시가지를 굽어본다. 맑은 날씨인데도 시내가 선명하게 보이지 않는다. 저 스모그 현상이 언제쯤 사라질까? 매연에 오염되지 않은 맑은 공기를 호흡하며 살고 싶다. 저 아래 내가 사는 동네의 건물과 주변의 나무가 어우러져 아름답게 보인다. 쌈터를 본 양 진한 감동이 밀려온다. 단전호흡 한 번에 가슴이 확 트인다. 기린봉을 지나 중바위로 가는 고갯길에 섰다. 한 번, 두 번을 넘어 약수터로 내려오는 길, 내 머릿속에는 온통 지난날의 이야기들이 들썩인다.

1. 사회참여로 적극적인 활동

우리 어머니는 41세에 노산으로 날 낳으셨다. 7남매 중 막내딸로 태어나 부모님의 무조건적인 사랑을 받으며 어린 시절을 보냈다. 부모님이 나이가 들어 오빠들이 재산관리를 하면서 그 많던 논배미가 타인들에게 넘어가고, 학창시절을 불운하게 보냈다. 우리나라에서는 광부와 간호사를 서독에 파견하여 달러를 벌어들일 때, 정부에서 경제개발5개년계획의 일환으로 추진되는 가족계획요원의 수가 부족했다.

도에서 사람을 모아 9개월 교육을 시켜 우선 면지역으로 발령할 때였다. 기독교회에서 운영하는 유치원 보모를 하며 시간을 보내고 있던 어느 날, 서독도 갈 수 있고, 면사무소 직원도 할 수 있는 시험이 있으니 한번 응시해 보라는 친구의 권유로 서류접수 마감일에 간신히 접수를 하고 시험공부를 했다. 1970년 9월, 시험에 합격하여 군산도립병원에서 교육을 받았다. 수료하자마자 즉시 1971. 7. 1일자로 정읍군 옹동면에서 근무를 시작했다. 6개월 뒤 경희대학교에서 면허증 자격시험을 보고, 그때 받은 간호조무사 면허증을 가지고 한평생 보건사업을 하며 살아왔다.

내가 맡은 업무는 가족계획, 모자보건, 부녀 · 아동사업이었다. 새마을운동과 맞물려 농촌 부녀회원들에게 주 · 야로 계몽활동도 했다. 때로는 역점시책추진을 위해 새벽 출장으로 행정홍보도 열심히 했다. 젊음을 아낌없이 다 소비했다. 인구억제정책 수행에 우수한 성적을 거두었다며 대한가족계획협회장 표창을 받기도 했으며, 식생활개선사업 우수자로 뽑혀 군수표창을 받기도 했었다.

2. 자아발전을 위해서

그 뒤 환경업무를 담당하여 그 업무와 관련된 공부를 하기 위해

'위생사 2급자격시험'에 도전했다. 원광보건전문대에서 2주간의 특강을 들었다. 식품위생학과 교수님이 강의도중 학생들에게 여담처럼 이야기하셨다.

"외부에서 강의를 들으러 오신 몇 분은 이번 시험에 떨어지지 않을 것입니다. 하지만 여러분들은 합격률이 30% 정도밖에 되지 않을 것입니다. 3년간 공부를 하고도 자격증 하나 없이 사회에 발을 내디뎌야 하는 사람이 있다면 참 한심한 일입니다. 심각하게 생각해 볼 문제입니다. 모두 합격하도록 열심히 공부합시다."

그 교수님 말씀대로 자격증 시험에 합격했다. 업무와 연관된 공부를 시작하니 거기서 멈출 수 없어 1994년에는 방송통신대학 보건위생학과에 입학하여 2000년도에 졸업장을 받았다. 학점받기가 너무 까다로웠다. 산업환기기술 한 과목을 넘기기 위해 등록을 했는데, 하필이면 큰딸아이 결혼식 시간과 시험시간이 겹쳐 시험을 포기했다. 그래서 한 과목의 학점을 얻기 위해 두 번씩이나 등록을 했다. 친구가 대학원에 등록하자고 했으나 학점에 대한 두려움으로 대학원 가는 것은 포기를 했다. 그 대신 전주시 직원들을 전북대학교행정대학원에 위탁하여 교육시킬 때 그 과정을 이수했다.

그 뒤 2002년부터 전북대학교 평생교육원 수필창작반에서 공부를 시작했고, 수필을 배우며 쓴 작품 중에 전주시에서 공모한 양성평등에 관한 글 〈새 식구〉가 우수상으로 당선되어 상금 50만 원을 받았다. 큰딸이 교육갈 때 어린 둘째 아들을 우리 집에서 새 식구로 맞아 기르며 쓴 글이다. 사회복지공동모금회에서 〈진달래 집 식구들〉도 우수상으로 뽑혀 50만 원의 상금을 받았다.

'진달래집 식구들'의 이야기는, 2000년 1월에 완산구청 위생계장으로 발령을 받았을 때 일이다. 우리 과에서 매월 둘째 주 토요일을 봉사의 날로 정하고 '진달래집'을 방문하여 목욕도 시켜드리고, 밭일도 거들며, 수녀님이 시키는 일을 했었다. 그 집에 사시는 분들의 먹을거리를 마련하기 위해 삽으로 밭을 가는 수녀님의 모습을 보면서 쟁기를 구입해 드리고 싶었다. 수녀님에게 내 뜻을 전하며 쟁기 구입에 쓰시라고 상금을 모두 드리고 나니 마음이 흐뭇했다. 여러 편의 습작, 그 뒤에 〈아버지 그 상쇠의 혼〉이란 글로 2004년에 ≪수필과비평≫지에 등단하는 영광을 얻었다.

우리 전통문화의 아름다움에 반해서 한국차문화협회의 차생활 기초과정과 전문과정을 마치고 현재 사범과정을 배우고 있다. 좌도풍물을 좋아하는 사람들이 모여 임실필봉농악전수관을 찾아 매주 1회 풍물을 배우고 있으며, 전주시청 풍물패로 크고 작은 행사에서 공연도 했다.

임실 소충문화제 좌도풍물전국대회에 두번 출전하여 우수상도 받았다. 지금은 전북도립국악원에서 한국무용 기초과정을 배우고 있다. 처음 시작한 사람들은 많았으나 다 떨어져 나가고 몇 명만 남아서 춤을 춘다. 몸치인 나도 여러 번 포기하고 싶었으나 한번 빠져들면 헤어나지 못하는 근성 때문에 아직도 헛손질을 하면서 춤을 춘다. 춤 동작이 예쁘지 않으면 건강이라도 하겠지 하는 마음으로.

3. 환경보전을 위하여

70~80년대, 전국 최초로 '어머니환경감시단'을 조직 · 운영하였다. 쓰레기 분리배출의 실천을 강조하고 불법투기단속을 했다. 썩지 않는 비닐봉투 사용을 줄이기 위해서 천으로 만든 시장바구니를 재래시장과 백화점 앞에서 나누어 주는 캠페인도 했다. 정화조 내부청소를 하지 않은 기관이나 가정을 방문하여 이행을 촉구하고, 합성세제 덜 쓰기 시범 아파트를 지정 · 운영하여 세제 사용을 줄이도록 교육했다. 폐식용유를 모아 무공해 비누를 만들어 보급하고, 그 사용을 권장하는 등 수질보전 실천운동에도 적극적이었다.

그 때 지방신문이나 TV에서도 어머니환경감시단에 거는 기대가 컸었다. 환경보전은 이론보다는 실천이 중요하다는 인식으로 실천운동이 하루빨리 정착되게 하고자 노력했다.

공기오염의 주범인 자동차 배출가스가 지구의 온난화를 가져오고 엘니뇨현상 등의 기상 이변이 일어나는 계기가 되고 있음을 시민들에게 알리고 '자전거환경감시단'을 조직하여 자전거타기 운동을 벌였다. 가까운 거리는 걷거나 자전거를 타도록 캠페인도 했다.

국토 가꾸기 실천으로 해병대전우회 잠수부들의 도움을 받아 고무보트 등을 이용하여 전주천, 삼천, 아중저수지의 수중쓰레기를 깨끗하게 치우는 등 어려운 일들을 많이 했다. 이런 일들이 상부의 지시나 예산이 있는 사업들이 아니었다. 내가 맡고 있는 업무부서가 자연보호를 위해 일할 수 있는 단체를 조직하기가 용이한 부서였다.

일반인들이 사업을 시작할 때 자기자본을 투자하듯이, 공직자도 사업을 성공적으로 매듭짓기 위해 자기 자본을 투자해야 한다는 마음에서 예산 없이 내 호주머니를 털어가며 일을 했다. 지금은 회원들 스스로 활동하고 있다는 소식도 들려와 그렇게라도 지역발전에 기여하게 된 것을 생각하면 참 잘한 일 같아 흐뭇하다.

4. 치매노인복지병원 신축을 위해서

노후를 준비할 겨를도 없이 자식들 뒷바라지만 열심히 하고 살아온 노인들이 길거리에 버려졌다. 부모를 구박하는 자식, 함께 떠난 여행지에 버리고 오는 자식 등의 패륜문제가 심심찮게 뉴스에 보도되었다. 치매환자가 있는 가정은 불화가 끊이질 않고 형제간에 우애가 깨져 갔다. 선진국에 비해 빠른 속도로 진행된 준비 없는 노령사회…. 지방자치단체가 노인문제 해결을 위해 나설 때라고 했다. 그래서 패륜을 막고, 가정이 파괴되지 않도록 보호해줘야 한다고도 했다.

1996년에 지방자치단체로는 처음으로 국고보조금을 받아 치매병원 건립을 추진했다. 법적근거를 마련하기 위해 조례와 시행규칙을 제정하고, 1999년 위탁운영자를 선정하는 등 행정절차를 밟아 2000년 6월 삼천동에 노인복지병원건물이 신축됐다.

지역 신문과 방송사들이 그해 10대 뉴스로 뽑을 만큼 많은 보도를 했다. 그 긴 세월 동안 여론의 시달림, 신문기자의 고의적인 오보를 파헤쳐 다투었던 일, 국고보조금을 회수해 간다며 받았던 감사원 감사, 반대하던 시의원들의 비아냥거림, 경제파트 동료들의 따돌림, 지역주민들의 악담과 시위, 청와대, 복지부 등에 접수된 진정서 처리,

인터넷 민원民怨의 접수 처리 등 악몽과도 같았다. 내가 먹고 살기 위한 일이었다면 난 그 일을 포기했을 것이다. 그 일은 시민을 위한 일이기에 참기 힘든 모욕도 참을 수 있었다.

아줌마만이 가질 수 있는 적극적인 사고와 끈기, 일에 대한 애착, 강약을 조절할 수 있는 유연성, 시민에게 성실히 봉사하는 자세, 어느 장소에서나 굽힘 없는 당당함, 정직한 삶에서 배어나는 소신, 학연·지연·혈연의 걸림돌도 없었으며, 청렴결백하게 살아온 삶이 밑거름이 되었기에 감당할 수 있었다.

올바른 일이라고 판단되면 그 일을 추진하는 과정이 아무리 힘들어도, 어떤 어려움에 직면해도 좌절하지 않고 묵묵히 그 일을 추진할 수 있었던 힘은 아줌마의 근성이었다.

시의원들이 전주시를 말아먹는다고 반대했던 치매병원이 날로 발전하여 90병상에서 120병상으로 증축되고, 나 또한 행정자차부정관으로부터 표창까지 받았으니 어렵던 시절의 고통은 골동품처럼 가슴에 깊숙이 묻어둬야겠다. 치매노인복지문제 해결에 작은 도움을 주었구나 하는 생각만으로도 나는 언제나 가슴이 벅차오른다.

5. 행복한 가정을 가꾸어 가며

1971. 1. 25. 결혼하여 한 남자의 아내, 직장에 다니는 여직원, 아이들의 엄마로 살다보니 내 존재는 없었다. 하루라도 결근을 하면 큰일 날 것처럼 몸이 불편해도 습관처럼 일어나 아침밥을 지었다. 아이들 학교 준비물을 챙겨주고, 긴 머리는 양 갈래로 땋아 댕기로 묶고 곱게

차려 입혀 학교에 보냈다. 신랑 도시락 반찬 만들어 직장으로 출근시키고 내 출근준비는 5분 화장에 먼 길을 걸어서 다녔다. 그런 일을 다람쥐가 쳇바퀴 돌듯 매일 되풀이하고 살았다.

큰딸은 전북대학교를 졸업하고, 국가공무원시험에 합격하여 직장생활을 하고 있으며, 둘째딸은 이화여자대학교 통역대학원에서 영문학을 전공한 뒤 지금은 집에서 두 아이를 양육하며 살고 있다. 늦둥이 아들은 한양대학교 건축공학과를 졸업하고 취업공부를 하고 있어 아직 사회인이라 할 수 없어 자녀 양육에 자신감을 나타 낼 수는 없다. 남편도 교장으로 정년을 맞이하고, 자신의 건강관리를 위해 등산을 다닌다. 외손자들을 돌보는 나는 유아원 원장이고, 우리 남편은 무보수 체육교사다.

직장 다닐 때에는 새벽등산을 했지만 이제는 아침 먹은 뒤 기린봉에 올라 중바위와 약수터를 누비며 즐거운 노년을 보내고 있다. 가끔은 남편에게 엉뚱한 걸 요구도 해보지만 노송처럼 변함없는 성격에 먹혀들지 않을 걸 미리 짐작하고 기대하지도 않으니 실망도 없다. 그저 서로가 서로에게 짐이 되지 않도록 자기 건강관리는 스스로 챙기며 산다. 가끔은 치매예방을 위해 고스톱도 하고, 와인 한 잔에 오징어를 씹으며 지금까지 순조롭게 살게 해주신 모든 것들에 감사하며 살고 있다.

집에 돌아와 컴퓨터 앞에 앉았다. 이런 저런 이야기를 늘어놓는데, 남편이 놀이터에 데리고 나간 '찬우가 없어졌다.'는 전화가 왔다. 그네를 타면서 잘 놀던 애가 눈 깜짝할 새 없어졌단다. 다급한 목소리를 듣고 나가보니 얼굴빛이 노랗다. 겁난 목소리로 저쪽 길은 내가 가볼 테니 이 근처를 찾아보라며 허둥댄다. 놀이터 근처에서 목이 터져라 이름을 부르고 다녔다. 그래도 아이가 보이지 않으니 나도 겁이 났다. 애기아빠한테 전화를 했다. 직장 일을 접어두고 아이를 찾으러 오고 있다고 했다. 아이 이름을 목청껏 부르며 허둥지둥 찾아다니는데 찬우가 겸연쩍게 웃으며 문구점 문을 열고 나온다. 부르는 소리가 문구점 안까지 들렸나 보다. 그런 일이 있은 뒤 남편이 긴 한숨을 쉬면서 하는 말,

"놀이터에 어떤 아줌마가 있었는데 찬우가 예뻐서 그 아줌마가 데리고 간 줄 알았지. 만약 손자를 잃어버리면 내가 죽어야지 어떻게 살겠어?"

내가 직장생활을 하면서 아이들을 기를 때 너무 힘든 고생을 했었다. 우리 딸에게는 그 고생을 덜어주어야지 하는 마음으로 외손자들과 놀고 있다. 아침 6시 30분에 일어나 딸네 집에 출근하고, 저녁 늦게 퇴근해야 하는 내 생활이 아무리 불편해도 외손자들의 정서안정에 도움이 된다면 족하다. 귀엽게 자라는 애들을 보고 있노라면 내 마음도 흐뭇해진다. 나를 컴퓨터 앞에 앉아있게 하려고 아이를 데리고 놀이터에 갔다가 마음고생만 하게 된 남편이 고맙기도 하고 미안하기도 하다.

정부에서는 출산율을 높이려고 육아휴직제도, 세 자녀 이상 둔 가정의 세제 혜택, 주택청약 우선권을 준다는 등 홍보를 한다. 그러나

그런 혜택을 얼른 받아들이지 못하는 고민이 있다. 출산휴가의 경우는 아이를 낳고 출산휴가를 다녀오면 근무지 변경 발령이 날까봐 걱정이다. 현재 근무지가 아닌 다니기 힘든 지역으로 발령받을 것 같은 불안감 때문에 이용할 수가 없다. 그리고 세 아이의 교육비를 감당하기도 어렵다. 유치원만 넣어도 한 달에 20만 원 정도가 드니 세 아이면 교육비만 60만 원 정도가 아닌가.

아이를 낳아 유치원에 안 보내자니 남의 아이들과 비교가 되어 안 가르칠 수도 없고, 아이가 장성해서 "어머니, 남들처럼 못 가르치시려거든 낳지 말지, 왜 날 나으셨나요?"

이런 원망만 듣게 될지도 모른다.

월급 몇 푼으로 가정을 꾸려야 하는 주부들의 입장에서 누가 교육비에 겁내지 않고 선뜻 아이 낳을 생각을 할 수 있을까? 결정하기 힘든 일이다. 선진국처럼 정부에서 자녀 교육비 부담을 모두 책임진다는 법이 생기기 전에는 누가 감히 아이를 많이 낳겠는가? 시행이 어려운 그런 제도는 있으나마나 하다.

이런저런 생각을 하면서 어수선한 하루해가 저문다. 두 손자와 남편의 저녁 밥상에 신경을 썼다. 고마운 남편에게 굴비라도 상에 올려줘야지 하며 정성껏 저녁 밥상을 차려주고 한국무용을 배우러 도립국악원으로 간다. 몸치인 내가 포기하지 않고 배우러 다니는 것은 남 앞에 서는 데 자신감을 얻기 위해서다. 기본기를 몸에 읽히면 몸가짐도 예뻐진다니 쉼 없이 배울 일이다.

산길을 내려오면서 잠시나마 내가 이 시대의 참 아줌마라고 착각하고 지난 일들을 되새겨 보았다. 한편으로는 너만 못한 아줌마가 어디

있는데, 하는 생각이 머리를 쳐든다. 그 생각에 짓눌려 결국 나는 이 원고를 제출하지 못했다. 34년간의 일들을 몇 줄의 글로 남길 수는 없겠지만 어느 퇴직공무원의 하루 일기로 적어놓기로 했다.

(2006. 10. 30)

| 작품해설 |

心·情·知로 잘 비벼진 비빔밥 같은 수필가, 박귀덕

— 박귀덕 첫수필집 ≪사랑의 빛, 사랑의 숨결≫ 출간에 부쳐 —

김 학

(수필가, 국제펜클럽 한국본부 부이사장)

1. 박귀덕과 수필의 만남

수필가 박귀덕. 그녀는 입지전적인 인물이요 열정적인 여성이다. 전북 김제시 진봉면 상궐리 해망마을에서 아버지 박병룡님과 어머니 최봉단님의 4남3녀 중 막내로 태어난 박귀덕은 막내라서 그런지 붙임성이 좋다. 누구든 한번 만나면 다정한 친구가 되거나 끈끈한 선후배가 되고 만다. 흡인력이 강한 그녀의 친화력 때문이다.

부잣집 맏며느리 같은 그녀에게도 어린 시절 어려움은 있었다. 부유한 농가에서 태어났지만 오빠가 양계사업을 시작했다가 실패하는 바람에 뼈저린 가난을 맛보게 된 것이다. 가까스로 만경중학교를 졸업한 박귀덕은 고등학교에 진학하지 못하고 독학으로 검정고시를 거쳐 한국방송통신대학교 보건위생학과를 졸업하고 전북대학교 행정대학원(전주시위탁교육생)을 이수하였다.

수필가 박귀덕, 그녀는 일찍이 공무원시험에 합격한 뒤 1971년 7월 정읍시 옹동면사무소에서 공무원으로 출발하여 전주 완산구청 위생계장 자리에서 정년퇴직하기까지 바쁜 공직생활을 하면서도 늘 배우는 일을 게을리하지 않았다. 그녀는 공직생활을 하면서 대학과 대학원과정을 마친 것이다. 그녀의 삶은 주경야독晝耕夜讀의 세월이었다고 해도 지나친 말이 아니다. 그녀는 마치 배우는 것이 취미나 특기인 것 같다.

수필가 박귀덕, 그녀는 공직에 있으면서 퇴직 이후를 충분히 대비할 정도로 지혜로웠다. 한국차문화협회(사) 기초과정, 전문과정 사범과정을 이수한 뒤 지금은 사범으로 활동하고 있으며, 전북도립국악원에서 남도민요를 배우더니 그 수강생들과 더불어 '남도민요 사랑회'를 만들어 김제지평선축제 등 크고 작은 행사장을 찾아가 공연하기도 한다. 또 한국무용을 배울 뿐만 아니라 임실필봉농악전수관에 나가 좌도풍물을 배우는 등, 한시도 배움의 끈을 놓지 않는다. 이순의 문턱을 넘은 나이에도 아랑곳하지 않고 계속 배우려 한다. 참으로 아무나 흉내내기 어려운, 대단한 열정이다.

수필가 박귀덕. 그녀가 수필과 인연을 맺은 것은 2002년 7월 전북대학교 평생교육원 수필창작 야간반에 등록하면서부터다. 그녀는 덕진구청 '환경지도'란 바쁜 업무에 종사하면서도 지각이나 결석 한번 없이 1주일에 한 번씩 꼭 평생교육원 103강의실에 나타났다. 한번 시작하면 끝을 보고야 마는 그녀의 집념 때문이다.

그런 그녀가 두각을 나타내기 시작한 것은 이듬해인 2003년부터였다. 2003년 '전주시 양성평등 실천 사례 수기 공모'에서 〈새 식구〉란 작품으로 우수상을 받더니 이어서 사회복지공동모금회 창립 5주년기념 '함께해요 이웃사랑' 체험수기 공모에서는 〈진달래집 식구들〉로 역시 우수상을 받았다. 그녀는 두 군데서 받은 상금을 모두 불우시설을 운영하는 데 보태도록 기증하기도 했다. 그만큼 정이 많고 어려운 이웃을 도와주기 좋아하는 성품을 지닌 사람이다.

그녀는 꾸준히 수필공부를 하더니 마침내 격월간 ≪수필과비평≫ 2004년 1/2월호에서 〈아버지, 그 상쇠의 혼〉으로 신인상을 수상하여 수필가로 등단하기도 하였다. 지금은 행촌수필문학회 부회장으로서 동인회 살림에 헌신하는 일꾼으로 활동하고 있다.

수필가 박귀덕의 끼는 그녀의 아버지 박병룡님에게서 물려받은 대물림인 듯하다. 농사는 어머니 최봉단 여사에게 맡겨두고 아버지는 사랑방에서 친구들과 어울려 시조창과 풍물놀이를 즐겼고, 설날 같은 명절 때면 동네 풍물패들과 더불어 집집마다 돌며 농악놀이를 했다니 말이다. 그래서 그녀는 어려서부터 풍물에 관심을 갖게 되었을 것이다.

수필가 박귀덕, 그녀는 가정적으로도 다복한 사람이다. 초등학교 교장으로 정년퇴직한 부군 최규준님과 맞벌이 생활을 하면서도 2녀 1남을 낳아 훌륭하게 키웠다. 대를 이어 맞벌이를 하는 큰딸 최현은 전북대학교를 졸업하고 국가직 행정공무원 팀장으로 근무 중이다. 그러니 그 딸과 같은 아파트단지에 살면서 박귀덕 수필가 내외가 큰딸의 아들 형제를 보살펴 주고 있다. 둘째딸 최진은 이화여대 통역대학원을 졸업했지만 지금은 광주에서 전업주부로 1남 1녀를 키우며 살고 있다. 막내인 아들 최근은 한양대 건축공학과를 졸업하고 유명 회사의 대리로 근무 중이다. 이 정도면 맞벌이 부부로서는 비교적 자식농사를 잘 지은 편이 아닌가?

수필가 박귀덕, 그녀는 마음이 후덕하고 인정이 많으며 지혜로운 여인이다. 글은 곧 사람이라고 했으니 그의 작품에는 그녀의 인품이 그대로 녹아 흐를 것이다. 수필가 박귀덕의 수필 속으로 들어가 보자.

2. 수필가 박귀덕의 수필세계

시인이자 수필가인 허세욱 교수는 "쌀로 지은 밥이 수필이라면 쌀로 빚은 술은 시나 소설이다. 수필이 원형 소재 보존의 가공이라면 시나 소설은 원형 소재의 화학적 변체다."라고 갈파한 바 있다. 그럴듯한 비유가 아닐 수 없다. 그러면서 그는 수필이 체험의 문학이긴 하지만 사실을 강조한 나머지 사진寫眞처럼 사물을 한 치의 변동 없이 전달하는 것이 아니라 이젤에 옮겨 놓은 사생화寫生畫 같다고도 했다. 정곡을 찌른 이야기다.

수필은 다른 어느 문학 장르보다 작가의 개성이 글속에 잘 드러나게 마련이다. 그것은 작가 자신이 겪은 것을 자신의 목소리로 풀어내는 까닭이다. 수필은 평범한 일상에 의미의 옷을 입히는 문학이다. 어떤 옷을 입히느냐 하는 것은 작가 나름의 몫이요 능력이다. 의미의 옷을 입히지 않는 글은 진짜 수필이라고 할 수 없을 것이다.

아줌마만이 가질 수 있는 적극적인 사고와 끈기, 일에 대한 애착, 강약을 조절할 수 있는 유연성, 시민에게 성실히 봉사하는 자세, 어느 장소에서나 굽힘 없는 당당함, 정직한 삶에서 배어나는 소신, 학연 · 지연 · 혈연의 걸림돌도 없었으며, 청렴결백하게 살아온 삶이 밑거름이 되었기에 감당할 수 있었다.

— 〈어느 퇴직공무원의 하루〉 중에서

수필가 박귀덕은 34년간 초지일관하여 이런 자세로 공직을 수행했다고 고백한다. 이런 아줌마 정신과 뚝심으로 밀어붙였기에 대표적으로 전주시 완산구 삼천동에 노인복지병원을 세울 수 있었다. 그녀는 유머러스한 표현도 즐겨 사용한다. 외손자를 돌봐주는 자신은 유아원 원장이고 자기 남편은 무보수 체육교사라고 했다. 이 글을 읽는 독자는 슬며시 얼굴에 미소를 그릴 것이다.

차를 마신다. 차를 다 마신 후 손끝으로 잔의 감촉을 살핀다. 잔의 모형과 빛깔을 감상하고 찻잔의 온기를 느껴본다. 물 따르는 소리의 청아함, 연록색의 은은함, 그윽한 풀잎 향기, 입 안 가득 퍼지는 감미로운 맛, 찻잔의 감촉, 이렇게 녹차는 오감으로 마신다.

— 〈선녀의 차생활〉 중에서

자판기 커피를 즐겨 뽑아먹는 사람이라면 이런 경지를 감히 넘볼 수 없을 것이다. 차 사범인 작가가 들려주는 차 이야기를 들으면 저절로 옷깃을 여미지 않을 수 없다. 그러기에 차도茶道라고 하는 모양이다. 수필가 박귀덕은 공무원, 주부, 남도민요, 농악, 한국무용, 차도,

수필 등 다양한 체험을 쌓아왔기에 다채로운 수필소재를 만날 수 있었을 것이다. 수필이 체험의 문학임을 깨달을 수 있는 대목이다.

풍물놀이패는 큰 기, 영기, 상쇠, 꽹과리, 장구, 북, 소고, 대포수, 양반, 각시, 할아범, 할멈으로 구성되어 있다. 모두가 화려한 복장에 울긋불긋 꽃송이로 장식된 고깔을 썼다. 빨강, 노랑, 남색 띠를 두르고 파란 잔디밭 위를 수놓는다. 장구 가락이 하늘을 날고, 북 한번 두드리며 땅을 구른다. 훨훨 나는 몸동작이 예쁜 꽃을 찾아다니는 호랑나비의 춤사위와 흡사하다. 바라보는 것만으로도 흥겹고 화려하다.

— 〈아버지, 그 상쇠의 혼〉 중에서

수필가 박귀덕의 등단작이다. 그녀 자신이 잘 알고 연희도 할 줄 아는 농악에서 글감을 찾아낸 것이다. 섬세하고 나긋나긋한 문장과 입체감을 잘 살린 구성이 산뜻하여 호감이 간다. 풍물놀이패의 연희 못지않게 문세가 아름답고 율동미가 넘치는 글이고, 독자에게 무한한 상상력과 깨달음을 주는 글이다. 이 작품을 읽으면 흥겨운 농악 가락이 귀에 들리는 듯하고, 신바람 나는 굿판에서 한 덩어리가 되어 덩실덩실 춤을 추는 관객의 모습이 눈에 보이는 듯하다. 그녀는 이 작품으로 수필가의 반열에 오른 것이다.

아름다운 섬나라 뉴질랜드를 관광하고 무공해에 반해버린 나는 여러 가지 면에서 뉴질랜드를 닮은 초도에 또 반했다. 나리꽃과 이름 모를 들꽃이 있고, 노랑나비 · 호랑나비들의 유희를 볼 수 있는 곳, 주변의 아름다운 섬들과 비취빛 바다, 도둑이 없고, 공해가 없고, 순박한 인심이 있는 섬. 자연

환경이 아름답게 잘 보존된 초도는 사람들의 손때가 묻지 않은 깨끗한 섬으로 오래오래 기억되리라. 환경과 개발이 조화를 이뤄 별미기행의 아름다운 섬으로 선뵐 날을 기대해 본다.

— 〈그 섬에 가고 싶다 : 초도 이야기〉 결미

초도의 아름다운 풍광과 맛깔스러운 별미에 반해버린 화자는 초도가 지금처럼 손때 묻지 않는 깨끗한 섬으로 남아 있기를 간절히 염원하고 있다. 기행문도 아름다운 수필이 될 수 있다는 본보기라고 하면 과찬일까? 이 작품을 읽은 독자라면 꼭 초도를 한번 찾아가고 싶을 것이다. 초도에 가서 수필감을 찾는 수필가 박귀덕의 형형한 눈빛이 밤하늘의 별처럼 떠오르기도 한다.

수필은 소리 내어 통곡하기보다는 슬픔을 안으로 삭이는 문학이다. 수필은 기쁨을 활짝 드러내기보다는 입가에 살짝 미소를 띠게 하는 글이다. 수필은 분노를 폭발시키기보다는 조용히 잠재우는 글이다. 수필은 고독을 천하에 드러내기보다는 안으로 스며들게 하는 글이다. 수필가 이정림의 이 충고는 수필가들이 꼭 귀담아 들어야 할 명언이다.

원장수녀님은 일꾼도 아닌 우리를 환한 미소로 반갑게 맞아주셨다. 나도 남을 도울 수 있다는 깨달음을 얻고 한없는 기쁨을 맛보았다.

신께서 주신 모든 것들이 새삼스럽게 감동으로 다가왔다. 이제부터는 '내게 주신 모든 것을 감사해야지! 범사에 감사해야지!' 흘린 땀에 비해 값진 선물을 한아름 안고 돌아왔다. 파란 하늘에 하얀 뭉게구름을 타고 날아가는 기분이었다. 분명 수녀님은 심리치료사였다.

— 〈진달래집 식구들〉 중에서

이 '진달래집'은 '예수의수화수녀회'가 운영하는 비인가 복지시설이다. 인가를 받지 못한 곳이기에 정부의 보조를 받지 못하는 불우시설이다. 수필가 박귀덕은 공무원으로 근무할 때 이 진달래집과 자매결연을 하고 매달 둘째 주 토요일이면 동료들과 함께 그곳에 가서 봉사활동을 하였다. 여기에 수용된 20여 명의 할머니와 할아버지들은 모두가 혼자서 생활할 수 없는 중복장애인들이라고 한다. 그러기에 목욕봉사도 하고 야산에 일군 척박한 밭에서 콩과 감자, 채소를 심거나 가꾸는 일도 도와주었다. 수필가 박귀덕은 이 작품으로 받은 상금까지도 운영비에 보태라고 원장수녀에게 건네줄 정도로 고운 심성을 지녔다. 박귀덕은 수필소재를 찾아다니기도 하지만 수필감을 만들어서 수필을 빚는 수필가이기도 하다.

즐겁고 행복한 딸의 가정생활을 보면 흐뭇하다. 가족 모두가 만족한 삶을 살아가도록 서로 인격을 존중하고 있다. 진정한 행복은 서로를 사랑하는 마음에서 피어나는 꽃이다. 서로가 상대를 사랑하고 배려해주면 삶이 훨씬 윤택해지고 진정한 양성평등의 삶이 될 것이다. 새 식구 찬우의 웃음소리가 조용하던 집안에 가득하다. 행복감이 내 마음속에서 샘처럼 솟는다.

— 〈새 식구〉 결미에서

이 수필은 전주시의 양성평등실천사례수기 공모에서 우수상을 받은 작품이다. 공무원인 큰딸이 두 아들을 남겨두고 충청남도 천안으로 연수를 받으러 가게 되자 어린 둘째 외손자 찬우를 맡아 보살핀다는 내용이다. 화자 자신이 평생 맞벌이를 하면서 자녀들을 기르노라 어려움을 많이 겪었다. 그러기에 맞벌이 가정에서는 남편이 가사를 적극적으로 분담해 주어야 한다는 사실을 잘 안다. 큰사위는 그런 면에서 나무랄 데가 없다. 양성평등의 삶, 그것은 남존여비라는 구시대의 유산을 뛰어넘어 꼭 이루어야 할 과제가 아닐 수 없다. 화자는 이 메시지를 독자들에게 설득력 있게 전하고자 이 화소를 끌어들인 것이다.

동트기 전에 자리에서 일어나 세수를 하고, 동백기름으로 머리를 매끄럽게 단장하신 후, 안방 윗목에 등잔불을 밝혀놓고, 단정하게 무릎 꿇고 앉아 기도를 드렸던 정갈하신 어머니의 생전 모습이 아련히 떠올랐다. 가족 모두의 이름을 하나하나 부르시며 기도드리시던 어머니. 그 모습은 성모마리아의 분신 같았다.

〈맹씨행단과 어머니〉 중에서

온양민속박물관 관람실에서 '베를 짜는 여인'의 모습을 보고 화자는 자신의 어머니를 회상하며 눈물을 글썽인다. 누구에게나 어머니는 추억의 보고다. 아무리 퍼내도 마르지 않는 추억의 샘물이다. 이른 새벽 가족을 위한 기도부터 시작한 어머니는 밥 짓고 빨래하는 일 외에도 누에를 기르고 베를 짜며 논일도 해야 하는 등 쉴 틈이 없었다. 그러면서도 명절에는 손수 치마와 저고리를 만들어 주기도 하셨다. 어머니, 그 호칭만 떠올려도 눈에는 눈물이 고인다.

뜨개질을 하면 마음이 차분히 가라앉고 잡념이 사라진다. 남을 원망하던 마음도, 미워하던 마음도, 서운한 마음도 눈 녹듯 사라진다. 모든 시름과 함께 뜨개질을 하며 세월도 엮고, 미움도 엮고, 욕심도 엮고, 고통도 엮는다.

— 〈뜨개질〉 중에서

수필가 박귀덕은 팔방미인이다. 소리, 춤, 풍물, 문학, 뜨개질, 차도茶道, 봉사활동 등 어느 분야에서나 일가를 이루고 있다. 만능 재주꾼이다. 그것도 모두 공직생활 중에 익힌 재주이니 참으로 놀라운 일이다. 어떻게 주어진 시간을 그렇게 잘 활용했는지 연구해 볼 일이다. 그녀의 뜨개질은 단순한 시간 보내기가 아니라 마음을 정화시켜 주는 도구다. 수필가 박귀덕, 그녀는 어떤 소재로도 맛깔스러운 수필을 빚어낼 줄 아는 능력을 갖고 있다.

3. 박귀덕 수필가의 가야 할 길

문학은 상상의 산물이다. 특히 수필의 경우는 두 말할 필요가 없다. 상상에는 재생적상상과 창조적상상이 있다. 그러면 상상이란 무엇인가? 베이컨은 상상이란 사실의 세계에 매이지 않고 사실들을 마음대로 변형시켜 사실보다 더 아름답게, 더 좋게, 더 다양하게 만들어 즐기는 것이라고 하였다. 수필가라면 모름지기 마음에 새겨둘 이야기다.

수필가 박귀덕이 등단 6년 만에 처녀수필집을 상재한 것은 축하할 일이다. 그러나 때늦은 느낌이 없지 않다. 내가 후배들에게 등단 3년 안에 수필집을 출간하라고 권하는 것은 나름대로 이유가 있다. 그것은 꾸준히 수필작품을 창작해야 한다는 주문이다. 1년은 52주이니 2주일에 한 편씩 수필을 쓰면 1년에 26편이다. 그렇게 3년 동안 쓴 작품을 모으면 78편으로 수필집 한 권 분량의 원고가 된다. 그러니 그것은 꾸준히 창작활동을 하라는 이야기나 다를 바 없다. 이미 가버린 세월을 돌릴 수는 없는 일이다. 그러니 앞으로 3년 안에 제2수필집을 선보일 수 있도록 열심히 노력해 주기 바란다.

또 박귀덕 수필가도 이제 이순의 초반에 접어들었으니 앞으로 100세까지 살면서 계속할 수 있는 일이 무엇인지 선별하여 더 정진하면 좋지 않을까 싶다. 더 넓은 수필의 바다로 나가 폭넓은 문단활동을 하기 바란다. 다시 말해서 놀던 방죽을 '전북권'에서 '전국권'으로 활동영역을 넓혀나가라는 뜻이다. 문단의 길은 결국 문인 스스로가 개척해 나가야 하는 외로운 길이라는 것을 깨달아야 할 것이다.

박귀덕 수필집

삶의 빛 사랑의 숨결

인　　쇄 2009년 4월 20일
발　　행 2009년 4월 25일

저　　자 박 귀 덕
발 행 인 서 정 환
발 행 처 수필과비평사

출판등록 1984년 8월 17일 제28호
주　　소 서울시 종로구 익선동 30-6
운현신화타워 빌딩 2층 208
전　　화 (02)3675-5633, 3675-5635
팩　　스 (063)274-3131
메　　일 essay321@hanmail.net

값 9.000원

ISBN 978-89-5925-561-0 03810